A LIBRARY OF DOCTORAL DISSERTATIONS IN SOCIAL SCIENCES IN CHINA

中国
社会科学
博士论文
文库

小趋势探微：
乡村教育在地化研究

The Study of Place-based School Change in Rural Areas

王　红　著

导师　邬志辉

中国社会科学出版社

图书在版编目（CIP）数据

小趋势探微：乡村教育在地化研究 / 王红著 . —北京：中国社会科学出版社，2022.12

（中国社会科学博士论文文库）

ISBN 978－7－5227－0409－8

Ⅰ.①小⋯　Ⅱ.①王⋯　Ⅲ.①乡村教育—研究　Ⅳ.①G725

中国版本图书馆 CIP 数据核字（2022）第 107624 号

出 版 人	赵剑英
责任编辑	陈雅慧
责任校对	李　琳
责任印制	李寡寡

出　　版	中国社会科学出版社
社　　址	北京鼓楼西大街甲 158 号
邮　　编	100720
网　　址	http：//www. csspw. cn
发 行 部	010－84083685
门 市 部	010－84029450
经　　销	新华书店及其他书店

印　　刷	北京明恒达印务有限公司
装　　订	廊坊市广阳区广增装订厂
版　　次	2022 年 12 月第 1 版
印　　次	2022 年 12 月第 1 次印刷

开　　本	710×1000　1/16
印　　张	19.25
插　　页	2
字　　数	325 千字
定　　价	99.00 元

凡购买中国社会科学出版社图书，如有质量问题请与本社营销中心联系调换
电话：010－84083683
版权所有　侵权必究

《中国社会科学博士论文文库》
编辑委员会

主　　任：李铁映
副 主 任：汝　信　江蓝生　陈佳贵
委　　员：（按姓氏笔画为序）
　　　　　王洛林　王家福　王缉思
　　　　　冯广裕　任继愈　江蓝生
　　　　　汝　信　刘庆柱　刘树成
　　　　　李茂生　李铁映　杨　义
　　　　　何秉孟　邹东涛　余永定
　　　　　沈家煊　张树相　陈佳贵
　　　　　陈祖武　武　寅　郝时远
　　　　　信春鹰　黄宝生　黄浩涛
总 编 辑：赵剑英
学术秘书：冯广裕

总 序

在胡绳同志倡导和主持下,中国社会科学院组成编委会,从全国每年毕业并通过答辩的社会科学博士论文中遴选优秀者纳入《中国社会科学博士论文文库》,由中国社会科学出版社正式出版,这项工作已持续了12年。这12年所出版的论文,代表了这一时期中国社会科学各学科博士学位论文水平,较好地实现了本文库编辑出版的初衷。

编辑出版博士文库,既是培养社会科学各学科学术带头人的有效举措,又是一种重要的文化积累,很有意义。在到中国社会科学院之前,我就曾饶有兴趣地看过文库中的部分论文,到社科院以后,也一直关注和支持文库的出版。新旧世纪之交,原编委会主任胡绳同志仙逝,社科院希望我主持文库编委会的工作,我同意了。社会科学博士都是青年社会科学研究人员,青年是国家的未来,青年社科学者是我们社会科学的未来,我们有责任支持他们更快地成长。

每一个时代总有属于它们自己的问题,"问题就是时代的声音"(马克思语)。坚持理论联系实际,注意研究带全局性的战略问题,是我们党的优良传统。我希望包括博士在内的青年社会科学工作者继承和发扬这一优良传统,密切关注、深入研究21世纪初中国面临的重大时代问题。离开了时代性,脱离了社会潮流,社会科学研究的价值就要受到影响。我是鼓励青年人成名成家的,这是党的需要,国家的需要,人民的需要。但问题在于,什么是名呢?名,就是他的价值得到了社会的承认。如果没有得到社会、人民的承认,他的价值又表现在哪里呢?所以说,价值就在于对社会重大问题的回答和解决。一旦回答了时代性的重大问题,就必然会对社会产生巨大而深刻的影响,你也因此而实现了你的价值。在这方面年轻的博士有很大的优势：精力旺盛，思想敏捷，勤于学习，勇于创新。但青年学者要多向老一辈学者学习，博士尤其要很好地向导师学习，在导师的指导下，发挥自己的优势，研究重大问题，就有可能出好的成果，实现自己的价值。过去12年入选文库的论文，也说明了这一点。

什么是当前时代的重大问题呢？纵观当今世界，无外乎两种社会制度，一种是资本主义制度，一种是社会主义制度。所有的世界观问题、政治问题、理论问题都离不开对这两大制度的基本看法。对于社会主义，马克思主义者和资本主义世界的学者都有很多的研究和论述；对于资本主义，马克思主义者和资本主义世界的学者也有过很多研究和论述。面对这些众说纷纭的思潮和学说，我们应该如何认识？从基本倾向看，资本主义国家的学者、政治家论证的是资本主义的合理性和长期存在的"必然性"；中国的马克思主义者，中国的社会科学工作者，当然要向世界、向社会讲清楚，中国坚持走自己的路一定能实现现代化，中华民族一定能通过社会主义来实现全面的振兴。中国的问题只能由中国人用自己的理论来解决，让外国人来解决中国的问题，是行不通的。也许有的同志会说，马克思主义也是外来的。但是，要知道，马克思主义只是在中国化了以后才解决中国的问题的。如果没有马克思主义的普遍原理与中国革命和建设的实际相结合而形成的毛泽东思想、邓小平理论，马克思主义同样不能解决中国的问题。教条主义是不行的，东教条不行，西教条也不行，什么教条都不行。把学问、理论当教条，本身就是反科学的。

在21世纪，人类所面对的最重大的问题仍然是两大制度问题：这两大制度的前途、命运如何？资本主义会如何变化？社会主义怎么发展？中国特色的社会主义怎么发展？中国学者无论是研究资本主义，还是研究社会主义，最终总是要落脚到解决中国的现实与未来问题。我看中国的未来就是如何保持长期的稳定和发展。只要能长期稳定，就能长期发展；只要能长期发展，中国的社会主义现代化就能实现。

什么是21世纪的重大理论问题？我看还是马克思主义的发展问

题。我们的理论是为中国的发展服务的，绝不是相反。解决中国问题的关键，取决于我们能否更好地坚持和发展马克思主义，特别是发展马克思主义。不能发展马克思主义也就不能坚持马克思主义。一切不发展的、僵化的东西都是坚持不住的，也不可能坚持住。坚持马克思主义，就是要随着实践，随着社会、经济各方面的发展，不断地发展马克思主义。马克思主义没有穷尽真理，也没有包揽一切答案。它所提供给我们的，更多的是认识世界、改造世界的世界观、方法论、价值观，是立场，是方法。我们必须学会运用科学的世界观来认识社会的发展，在实践中不断地丰富和发展马克思主义，只有发展马克思主义才能真正坚持马克思主义。我们年轻的社会科学博士们要以坚持和发展马克思主义为己任，在这方面多出精品力作。我们将优先出版这种成果。

2001 年 8 月 8 日于北戴河

摘　　要

　　在履责全球可持续发展议程、全面落实乡村振兴战略、推进教育现代化的新时代，如何提高质量是乡村教育进入"下一个一百年"亟须解决的时代课题。相较于以"资源倾斜论""仿城发展论""撤并进城论"等为改善乡村教育质量的主流议题，当前实践中兴起的将地方资源引入乡村学校的在地化质量提升路径尚待研究者关注。立足于提升乡村教育在地化作为一项实践方法论的理论解释力和实践空间，为何以及以何乡村教育在地化能够发挥作用构成了本书的理论命题。相较于既有研究将"在地化"理解为一种"由外而内的转化机制"，本书对在地化的理解是围绕"基于互动的联结机制"展开的，研究视域下的"乡村"回归到"地方"维度，以学校作为分析单位和研究逻辑起点考察乡村教育在地化的理论合理性、实践智慧以及运转机理的研究架构，弥补了既有研究中对学校维度上在地化实践的合理性、实践做法的碎片化表达以及变革效用机理的忽视。基于"理论的实践化"与"实践的理论化"相结合的研究进路，"纵向历史分析与横向理论融合下乡村教育在地化的合理性阐释"与"跨案例对比分析下的乡村教育在地化运转机理模型构建"两部分内容构成了研究作为"理论研究与跨案例研究综合体"的类型规定。

　　理论层面对乡村教育在地化实践空间的阐释融合了历史和理论两个维度。一方面从历史进路的角度回溯了现代化进程中学校知识构成的泛科学理性、教育管理中的权级关系、基于效率主义的教育生产逻辑所构成的"城市偏向的普遍叙事"形成了乡村由"在场"到"退场"的历史进路，以阐释乡村沦为"空间物理场"在乡村学校教育中空间价值被遮蔽的客观事实。另一方面转向一个融合视域，从人文地理学等理论视角论证了乡村作为"地方"的教育正当性，回归"地方"意义的维度，学校教育中

"乡村的在场"带来了一个融入地方文化特质和个体亲切经验、抽象与具体兼容的、辩证的学校文化空间，一个打破知识既定结论、丰富知识解释框架的知识创新生长空间，一个弥补学校教育中个体纵向经验断裂和具身实践情境缺位的经验补充及知识转介空间，一个联结家、校、社互动交往、拓展学校社会资本的关系空间。转向"地方"的认识思路将乡村变成了一方具有多维意义的教育空间，成为学校教育中的"价值意义场"。

实践层面对乡村教育在地化实践智慧及运转机理的论述是基于多案例与扎根理论译码法相结合的跨案例对比分析的研究设计展开的，在详细阐述"生活化课程素材驱动下的在地化变革""地方文化性资源驱动下的在地化变革""地方产业性资源驱动下的在地化变革"三个本土典型案例的实践智慧后，通过对案例资料的三级编码，抽象出以"前置变项""过程变项""结果变项"为过程维度，以"背景性认识""行动中的主体角色""过程性策略""关联性约束条件""效应反馈"为类属轴，以"对农村学校的正向认知"等19个关键要素为基本框架的乡村教育在地化运转过程模型，概括出内置于乡村教育在地化变革过程中以构建学校、乡村、儿童三者间联结的"空间资源化—资源知识化—知识资本化"的作用路径，提炼出在地化变革过程中"地方资源知识化"以"知识齐性的聚合效应"和"舞台化学校的审美效应"赋予乡村学校"乡村社会半公共空间""附着乡村特质的教育审美空间"二重身份的效应机理。并从实践范式的视域总结提炼出乡村教育在地化变革的本质即为一次以承认乡村作为地方的教育正当性为前提挖掘乡村资源教育能产性的过程，遵循的是以学校比较优势形成学校发展优势的实践逻辑，因而，实践范式视域下的乡村教育在地化表现为一种"基于地方赋权挖潜的优势治理"的教育变革实践方法论。综上，通过对乡村教育基层实践小趋势的理论抽象为处于迷茫期的乡村教育提供方法论指导是研究初衷所在。

关键词：乡村学校；乡村教育；在地化教育；在地化学校变革

Abstract

In the context of global sustainable development trend, implementation of the rural revitalization strategy, and education modernization 2035, how to improve the quality of rural education is a key issue to be solved in the "next 100 years" in the new era. Now, there is a powerful voice to improve the quality of rural education by increasing resource input, imitating urban education or promoting the urbanization of rural education. By contrast, very few people pay attention to the Place-based School Change by local resources for rural education quality improvement. Based on the promotion of Place-based School Change as a practical methodology of theoretical interpretation and practice space, why and how Place-based School Change can improve the rural school inner ecology and students spirit is the constructive theoretical proposition of this study. In this study, Place-based School Change means "Interactivity-based linkage mechanism" but not as a "transformation mechanism from the outside to the inside", and village represents the "place". Following the route from "theory to practice" to "practice to theory", the theoretical legitimacy of Place-based School Change is interpreted by longitudinal historical analysis and horizontal theoretical integration, and the operation model of Place-based School Change is constructed by a Cross-case comparative analysis with three typical cases. Actually, this study is a coalition of theoretical research and Cross-case study. Details are as follows.

On the theoretical dimension, to make clear the practice space of the Place-based School Change is the main task. On the one side, the pan-scientific rationality of school knowledge composition, authoritarian relationship in educational management, and the logic of educational production based on efficiencyism of the modern school in the process of modernization which showed distinct features of "Universal narrative of urban bias" have formed the historical approach of the village from "present" to "exit" in the rural school education. This path explain the objective fact that the village has reduced to "space physics field" in the rural school education. On the other side, By the perspective of integration, the educational legitimacy of the "village" as "place" is explained with the perspective of human geography and others. As a "place", "village presence" in rural school education can change the school inner ecology. It brings an abstract and concrete compatible dialectical school cultural space that integrates local cultural characteristics and individual intimate experience, and a growth space for knowledge innovation that breaks the established conclusion of knowledge and enriches the framework of knowledge interpretation, and an experience supplement and knowledge transfer space to make up for the individual longitudinal experience gap and the absence of personal practice situation in school education, and an expanded relationship space of schools social capital by connecting families, schools and societies. To sum it up, in the view of "place", the "village" turns into an educational space with multi-dimensional significance and becomes the "value and significance field" in rural school education.

On a practical level, the discussion on the practical wisdom and operation mechanism of the Place-based School Change is based on a Cross-case comparative analysis of the research design by Multi-case study and Grounded theory coding combination. First, the practical wisdom of the Place-based School Change is elaborated by three cases which rely on local agricultural, traditional culture, or life resources. Then, the operation mechanism of the Place-based School Change is build by a Cross-case comparative analysis with three-level coding of case data. This step abstracts to "front variable" "process variable" "result variable" as the process dimension, and "contextual cognition" "main body role in action" "procedural strategy" "correlation constraints" "feedback effect" as the category axis, and 19 key elements as the basic framework like "positive cognition of rural schools", etc. Next, based on the operation mechanism of the Place-based School Change, this study summarizes the function path of "spatial resource transformation" to "resource knowledge transformation" to "knowledge capitalization" among the connection of schools, villages and children, and sum up the mechanism of "place resource knowledge-oriented" which converts rural schools' identity as "rural society semi-public space" and "education aesthetic space adhering to rural characteristics" with "convergence effect of knowledge uniformity" and "aesthetic effect of stage schools". In the end, this study inductives practice essence of the Place-based School Change once again from the perspective of practice paradigm. As a paradigm of educational practice, the Place-based School Change is a process of exploiting the education productivity of rural resources on the premise of acknowledging the education legitimacy of village as a place, it follows the practical logic that the comparative advantage of the school forms the advantage of the school development. Therefore, it is a practical methodology of educational reform based on the advantage governance of tapping potential with local empowerment. As a whole, efforts made by this study can guide the Place-based School Change practice in a broader scope and give grass-roots practitioners self-confidence in running schools in a theoretical level. And it is the original intention of the research to provide methodological guidance for the rural education in the confused period through the theoretical abstraction of the small trend of the Place-based school change in grassroots practice.

Key words: Rural School; Rural Education; Place-based Education; Place-based School Change

目　录

导　论 ·· (1)
  第一节　研究背景与问题 ··· (1)
    一　研究背景 ·· (1)
    二　研究问题 ·· (8)
  第二节　研究价值与意义 ··· (10)
    一　学术价值 ·· (10)
    二　现实意义 ·· (11)
  第三节　文献回顾与评论 ··· (11)
    一　国内外研究概述 ·· (12)
    二　对已有研究的评论 ··· (31)
  第四节　核心概念辨析 ·· (32)
    一　乡村教育与农村教育概念释义 ···································· (33)
    二　在地化与本土化概念释义 ·· (36)
    三　乡村教育在地化的实践指涉辨析 ································· (38)
  第五节　研究内容与思路 ··· (42)
  第六节　研究设计与方法 ··· (44)
    一　研究的类型：理论研究与跨案例研究的综合体 ··············· (45)
    二　关于案例选择的说明 ·· (47)
    三　资料收集的方法 ·· (50)
    四　资料分析的方法 ·· (52)
    五　研究推进逻辑进路图 ·· (55)
  第七节　研究创新与不足 ··· (55)

第一章　乡村的退场：现代化进程中的乡村教育之殇 …………（58）
第一节　工业文明、标准化崇拜与现代学校大工厂 …………（58）
第二节　现代化进程中乡村教育标准化的历史进路 …………（63）
第三节　城市偏向的普遍叙事：乡村教育标准化之路的实践特质 ………………………………………………（75）
第四节　沦为空间物理场的乡村与乡村教育的现实遭遇 ………（81）
第五节　本章小结 ………………………………………………（86）

第二章　迈向对学校教育中"地方"价值的综合性理解：重建"地方"在场的乡村教育 ………………………………（87）
第一节　转向地方：乡村空间的再认识 ………………………（88）
　　一　关于乡村空间误识的澄清 ………………………………（88）
　　二　地方、社区与乡村的空间意涵 …………………………（90）
　　三　乡村作为"地方"的空间特质 …………………………（96）
第二节　地方视域下乡村空间教育价值的综合性理解 ………（97）
　　一　乡村作为人文地理学视域下的"地方"：个体成长的原初价值空间 ……………………………………………（98）
　　二　乡村作为知识创新视域下的"地方"：符合知识叙事结构的知识生长空间 …………………………………（102）
　　三　乡村作为学习哲学视域下的"地方"：适宜有机体思维逻辑的经验补充空间 …………………………（105）
　　四　乡村作为大教育视域下的"地方"：作为培植学校社会资本的关系空间 ……………………………………（111）
第三节　本章小结 ………………………………………………（113）

第三章　深山里的"网红村小"——范家小学在地化变革的单案例分析 ………………………………………………（115）
第一节　走进范家小学 …………………………………………（115）
　　一　山村里的"小"小学：范家小学整体面貌素描 ……（116）
　　二　范家小学的孩子们 ……………………………………（121）
　　三　"教育的桃花源"：一人一校一世界 ………………（126）
第二节　范家小学在地化学习的实践图谱 ……………………（128）

一　范家小学在地化学习的推进路线 …………………… (129)
　　二　范家小学在地化学习的嵌入环境 …………………… (133)
　　三　范家小学在地化学习的行动框架 …………………… (138)
　　四　范家小学在地化学习的主体联结效应 ……………… (143)
　第三节　范家小学在地化变革的理论译码 ………………… (143)
　　一　范家小学案例资料的开放性译码 …………………… (145)
　　二　范家小学案例资料的主轴译码 ……………………… (150)
　　三　范家小学案例资料的选择性译码 …………………… (153)
　第四节　本章小结 …………………………………………… (153)

第四章　一朵不凋零的山花——长坑小学在地化变革的单案例分析 …………………………………………… (155)

　第一节　走进长坑小学 ……………………………………… (156)
　　一　教育山花格外香：长坑小学整体面貌素描 ………… (156)
　　二　长坑小学的孩子们 …………………………………… (161)
　　三　"毛竹筒"精神的深耕：三任校长，一群教师，
　　　　同一使命 ……………………………………………… (164)
　第二节　长坑小学在地化艺术教育的实践图谱 …………… (167)
　　一　长坑小学在地化艺术教育的推进线 ………………… (167)
　　二　长坑小学在地化艺术教育的嵌入环境 ……………… (170)
　　三　长坑小学在地化艺术教育的行动框架 ……………… (174)
　　四　长坑小学在地化艺术教育的主体联结效应 ………… (178)
　第三节　长坑小学在地化变革的理论译码 ………………… (180)
　　一　长坑小学案例资料的开放性译码 …………………… (180)
　　二　长坑小学案例资料的主轴译码 ……………………… (185)
　　三　长坑小学案例资料的选择性译码 …………………… (187)
　第四节　本章小结 …………………………………………… (188)

第五章　现代田园教育的佳范——成佳学校在地化变革的单案例分析 …………………………………………… (190)

　第一节　走进成佳学校 ……………………………………… (191)
　　一　嵌入茶乡的学校：成佳学校整体面貌概览 ………… (191)

二　成佳学校的孩子们 ………………………………………（195）
　　三　身体力行的校长与勤勉的教师 …………………………（196）
第二节　成佳学校在地化育人文化的实践图谱 …………………（198）
　　一　成佳学校在地化育人文化的推进路线 …………………（198）
　　二　成佳学校在地化育人文化的嵌入环境 …………………（201）
　　三　成佳学校在地化育人文化的行动框架 …………………（205）
　　四　成佳学校在地化育人文化的主体联结效应 ……………（208）
第三节　成佳学校在地化变革的理论译码 ………………………（208）
　　一　成佳学校案例资料的开放性译码 ………………………（209）
　　二　成佳学校案例资料的主轴译码 …………………………（213）
　　三　成佳学校案例资料的选择性译码 ………………………（214）
第四节　本章小结 …………………………………………………（215）

第六章　基于扎根译码的跨案例比较及在地化运转机理分析 ……（216）
第一节　基于理论译码的跨案例比较分析 ………………………（217）
　　一　关键要素提炼：基于基本范畴的跨案例比较分析 ……（217）
　　二　基于范畴关系的跨案例比较分析 ………………………（224）
　　三　基于跨案例比较的乡村教育在地化变革的故事线梳理 …（225）
第二节　乡村教育在地化变革的运转机理 ………………………（227）
　　一　乡村教育在地化变革的过程模型 ………………………（227）
　　二　乡村教育在地化变革的作用路径 ………………………（234）
　　三　乡村教育在地化变革的效应机理 ………………………（237）
第三节　作为一种实践范式的乡村教育在地化再审视 …………（242）
　　一　乡村教育在地化变革作为方法论的实践优势 …………（242）
　　二　行动表征下乡村教育在地化的实践空间分析 …………（246）
　　三　乡村教育在地化变革型本质下的实践要求 ……………（249）
第四节　本章小结 …………………………………………………（253）

结　语 ………………………………………………………………（255）

参考文献 ……………………………………………………………（262）

附　录 ……………………………………………………………（274）
　　附录1　校长访谈提纲 ……………………………………（274）
　　附录2　教师访谈提纲 ……………………………………（275）

索　引 ……………………………………………………………（277）

后　记 ……………………………………………………………（279）

Contents

Introduction ··· (1)
　Section 1　Background and Issues ································· (1)
　　1. Background ··· (1)
　　2. Issues ··· (8)
　Section 2　Values and Significance ······························· (10)
　　1. Academic Values ·· (10)
　　2. Practical Significance ·· (11)
　Section 3　Literature Review ······································ (11)
　　1. Overview of Domestic and Foreign Studies ················· (12)
　　2. Comments On Existing Researches ··························· (31)
　Section 4　Analysis of the Core Concepts ······················· (32)
　　1. Interpretation of Rural Education ····························· (33)
　　2. Interpretation of Place-Based and Localization ············· (36)
　　3. Practical Discrimination and Analysis of Place-Based School
　　　 Change in Rural Areas ··· (38)
　Section 5　Research Content and Ideas ·························· (42)
　Section 6　Research Design and Methods ······················· (44)
　　1. Research Type: A Synthesis of Theoretical Research and
　　　 Cross-Case Research ··· (45)
　　2. Notes On Case Selection ······································ (47)
　　3. Methods of Data Collection ··································· (50)
　　4. Methods of Data Analysis ····································· (52)
　　5. Roadmap of Research ··· (55)

Section 7　Innovations and Insufficiencies ……………………………（55）

Chapter 1　Absence of the Country: Bad Situation of Rural Education in the Process of Modernization …………（58）

Section 1　Industrial Civilization, Standardization Worship and Modern School Factory ……………………………（58）
Section 2　The Historical Approach To the Standardization of Rural Education in the Process of Modernization …………（63）
Section 3　Universal Narratives of Urban Bias: Practical Characteristics of the Rural Educational Standardization ……………（75）
Section 4　Historical Sufferings of Rural Education After Standardization …………………………………（81）
Section 5　Summary ………………………………………（86）

Chapter 2　Towards A Comprehensive Understanding of "Place" in Schooling: Reconstructing Rural Education from the Perspective of Place ……………………………（87）

Section 1　As A Place: Re-Understanding of the Rural Space ………（88）
　1. Clarification of Misconceptions About Rural Space ……………（88）
　2. Spatial Implications of Place, Community and Country …………（90）
　3. The Spatial Characteristics of the Rural Space as Place …………（96）
Section 2　A Comprehensive Understanding of the Rural Space Value in Schooling from the Perspective of Place ………（97）
　1. Human Geography Perspective: the Homeland of Individual Growth ……………………………………………（98）
　2. Knowledge Innovation Perspective: A Knowledge Growth Space That Conforms the Knowledge Narrative Structure ……（102）
　3. Learning Philosophy Perspective: A Supplementary Space for Experience Growth and Thinking Training out of Classroom …（105）
　4. Education Perspective: as A Relational Space for Cultivating Social Capital of Schools ……………………………（111）
Section 3　Summary ………………………………………（113）

Chapter 3 "An Internet Celebrity Primary School" in Remote
Village——Analysis of the Place-Based School
Change in Fanjia Primary School ······················ (115)

Section 1 Walked Into Fanjia Primary School ······················ (115)

1. A "Small" Primary School in Remote Village: An Overall Sketch
of Fanjia Primary School ······················ (116)

2. Children in Fanjia Primary School ······················ (121)

3. "Peach Blossom of Education": One Person, One School,
One World ······················ (126)

Section 2 The Practice Map of the Place-Based Learning in Fanjia
Primary School ······················ (128)

1. The Route of the Place-Based Learning in Fanjia Primary
School ······················ (129)

2. The Embedded Environment of the Place-Based Learning in
Fanjia Primary School ······················ (133)

3. Framework for the Place-Based Learning in Fanjia Primary
School ······················ (138)

4. Subject Connection Effects of the Place-Based Learning in Fanjia
Primary School ······················ (143)

Section 3 Theoretical Decoding ······················ (143)

1. Open Decoding ······················ (145)

2. Main Decoding ······················ (150)

3. Selective Decoding ······················ (153)

Section 4 Summary ······················ (153)

Chapter 4 A Flower That Never Withers——Analysis of the
Place-Based School Change in Changkeng
Primary School ······················ (155)

Section 1 Walked Into Changkeng Primary School ······················ (156)

1. Mountain Flowers Are Particularly Fragrant: An Overall Sketch
of Changkeng Primary School ······················ (156)

2. Children in Changkeng Primary School ······················ (161)

3. Deep Cultivation of the "Moso Bamboo Tube" Spirits: Three Principals, A Group of Teachers, and the Same Mission ...... (164)

Section 2　The Practice Map of the Place-Based Art Education in Changkeng Primary School ...... (167)

 1. The Route of the Place-Based Art Education in Changkeng Primary School ...... (167)

 2. The Embedded Environment of the Place-Based Art Education in Changkeng Primary School ...... (170)

 3. Framework for the Place-Based Art Education in Changkeng Primary School ...... (174)

 4. Subject Connection Effects of the Place-Based Art Education in Changkeng Primary School ...... (178)

Section 3　Theoretical Decoding ...... (180)

 1. Open Decoding ...... (180)

 2. Main Decoding ...... (185)

 3. Selective Decoding ...... (187)

Section 4　Summary ...... (188)

Chapter 5　An Outstanding Example of Modern Pastoral Education-Analysis of the Place-Based School Change in Chengjia School ...... (190)

Section 1　Walked Into Chengjia School ...... (191)

 1. A School Embedded in A Tea Village: An Overall Sketch of Chengjia School ...... (191)

 2. Children in Chengjia School ...... (195)

 3. dedicated Principals and Diligent Teachers ...... (196)

Section 2　Practice Map of the Place-Based School Culture in Chengjia School ...... (198)

 1. The Route of the Place-Based School Culture in Chengjia School ...... (198)

 2. The Embedded Environment of the Place-Based School Culture in Chengjia School ...... (201)

3. Framework for the Place-Based School Culture in Chengjia School ……………………………………………………… (205)
4. Subject Connection Effects of the Place-Based School Culture in Chengjia School ………………………………………… (208)
Section 3　Theoretical Decoding ……………………………… (208)
1. Open Decoding ……………………………………………… (209)
2. Main Decoding ……………………………………………… (213)
3. Selective Decoding ………………………………………… (214)
Section 4　Summary …………………………………………… (215)

Chapter 6　The Mechanism Analysis of the Place-Based School Change Based On Grounded Decoding of Cross-Case Comparison ……………………………… (216)

Section 1　Cross-Case Comparative Analysis Based On Theoretical Decoding …………………………………………… (217)
1. Refinement of Key Elements: Cross-Case Comparative Analysis Based On Basic Categories ………………………… (217)
2. Cross-Case Comparative Analysis Based On Category Relationship …………………………………………………… (224)
3. Story Line of the Place-Based School Change Based On Cross-Case Comparison ……………………………………… (225)
Section 2　Mechanism of the Place-Based School Change ………… (227)
1. The Model of the Place-Based School Change ……………… (227)
2. The Role Path of the Place-Based School Change ………… (234)
3. The Mechanism of the Place-Based School Change ……… (237)
Section 3　Rethinking of the Place-Based School Change as A Practical Paradigm ………………………………………………… (242)
1. The Pratical Advantage as Methodology of the Place-Based School Change ……………………………………………… (242)
2. The Practical Space of the Place-Based School Chang Under Action Representation ……………………………………… (246)

  3. The Practical Requirements of the Place-Based School
    Change ……………………………………………………（249）
  Section 4 Summary ………………………………………（253）

Conclusion ……………………………………………………（255）

References ……………………………………………………（262）

Appendix ……………………………………………………（274）
  Appendix 1 Interview Outline of Principals ……………（274）
  Appendix 2 Interview Outline of Teachers ………………（275）

Index ……………………………………………………………（277）

Postscript ……………………………………………………（279）

导　　论

第一节　研究背景与问题

一　研究背景

如何发展乡村教育是中国自民国以来百年现代化进程中的重要议题。中华人民共和国成立后,我国乡村教育事业在党的领导下取得了巨大进步,广大乡村地区建起了现代学校,乡村儿童摆脱了"目不识丁"的成长藩篱,"一村一校"的教育繁荣打破了传统社会"学在官府"的阶级自负。尤其是进入21世纪之后,党和政府在设施建设、硬件配置、经费投入、教师补充等方面的政策努力,让"草房子""土凳子""泥孩子"的乡村教育时代已经成为过去时,"农村中小学的办学条件,包括校舍、教学仪器设施、课桌椅、生师比等各项指标均得到了明显改善"[1]。从起步时借用村里闲置民屋或宗祠做校舍,到建起了红瓦白墙、窗明几净的现代教室,坊间的教书先生换成了接受过现代教育的大学生,课堂上的戒尺也被信息化时代的多媒体设备所取代,义务教育普及使得每个乡村儿童都获得了接受义务教育的机会,乡村儿童的受教育权和就学条件得到实质性保障。截至2010年底,我国"两基"人口覆盖率已经达到100%,义务教育全面普及任务完成,[2] 2019年底,全国实现义务教育发展基本均衡的县

---

[1] 柳海民:《农村基础教育发展的拐点:由普及外延转向提升内涵》,《教育研究》2008年第3期。

[2] 邬志辉、秦玉友主编:《中国农村教育发展报告2011》,北京师范大学出版社2012年版,第341页。

(市、区)累计达到2767个,占全国总县数的95.32%。① 可以说,新中国在乡村儿童的受教育权利和公共教育资源均等化配置方面进行的现代化努力是可圈可点的。然而,随着现代化进程中社会形态、产业结构的调整以及学校教育作为个体社会参与的强筛选机制功能的发酵,浸润在现代化进程中的乡村教育正经历着社会快速发展的阵痛,外在的现代表象②与内在的空壳化下的虚假繁荣已蜕变成一种乡村教育发展焦虑,在公平与效率的博弈中前路迷茫,未来该走向何处尚不明朗。当前,世界局势与中国发展正面临着百年未有之大变局,时代变奏、社会转型以及教育变革迎来了乡村教育机遇与挑战并存的三个关键时期,再一次叩问着乡村教育发展的新时代路向。

(一)战略发展期:构建公平且有质量的乡村教育已成为时代命题

首先,从世界范围来看,构建公平且有质量的乡村教育已成为全球可持续发展议程指导下教育行动框架的核心关切。随着世界局势发展,教育作为可持续发展目标全球综合框架的关键是我们努力适应变化,改造我们生活其中的世界的核心。优质的基础教育是在瞬息万变的复杂世界中实现终身学习的必要基础,具有包容性的教育过程对于公平的发展至关重要。③ "创建一个没有贫困、饥饿、疾病、匮乏并适于万物生存的世界。……一个人人平等享有优质大中小学教育、卫生保健和社会保障以及心身健康和社会福利的世界"④ 是193个联合国会员国家在2015年联合国可持续发展峰会上达成的未来15年共同促进人类更好未来的政治承诺和共识性行动愿景。到2030年,确保所有儿童都完成免费、公平和有质量的中小学教育,取得相关和有效的学习成果既是《教育2030行动框架》的奋斗目标之一,⑤ 也是面向2030年世界范围内教育事业改革与发

---

① 中华人民共和国教育部:《2019年全国义务教育均衡发展督导评估工作报告》(http://www.moe.gov.cn)。

② "外在的现代表象"指的是乡村学校的硬件配置越来越现代了,而不是说乡村教育已经实现现代化了。

③ 联合国教科文组织编:《反思教育:向"全球共同利益"的理念转变?》,联合国教科文组织总部中文科译,教育科学出版社2017年版,第3—4、44页。

④ 中华人民共和国外交部:《变革我们的世界:2030年可持续发展议程》(https://www.fmprc.gov.cn)。

⑤ 熊建辉、臧日霞、杜晓敏:《迈向全纳、公平、有质量的教育和全民终身学习——〈教育2030行动框架〉之具体目标和指示性策略》,《世界教育信息》2016年第2期。

展优先关注的议题。当前,位于偏远山区、海岛、渔村、偏乡等广大贫穷落后乡村地区的教育不平等及质量问题依旧凸显,乡村或贫穷落后地区的教育依旧是各国教育事业改革与发展中的薄弱环节,是推进全纳、公平、有质量的教育,增进全民终身学习机会,实现2030教育行动目标的关键项。中国作为全球最大的发展中国家,乡村教育依旧是当前中国基础教育事业的大头和弱项。努力办出更加公平、更高质量的乡村教育是中国政府作为具有国际影响力的大国同国际社会一道,落实践行可持续发展行动议程框架,贡献中国方案、中国智慧,推进全人类福祉的职责所在。

其次,从国家战略发展来看,构建公平且有质量的乡村教育是国家经济进入换挡增速、"提质增优"新时代提升人力资本质量的培养皿,是落实乡村振兴战略的深层动力源。一方面,乡村人力资本质量提升已经成为经济高质量发展的关键一环。世界银行与国务院发展研究中心联合发布的《2030年的中国:建设现代、和谐、有创造力的高收入国家》报告指出,中国若想进入高收入国家行列,实现产业结构转型升级,跨越"中等收入陷阱",迫切需要转变经济发展方式,提高劳动生产率,增强经济的创新能力和创造力。政府可以发展的一个关键领域即是提高人力资本质量,深化和扩大人力资本存量,有效使用人力资本。乡村人力资本作为中国人力资本的重要组成部分,其质量的优劣必然影响到经济发展、产业结构升级对劳动力市场的需求以及国家人力资本质量的整体状况。《2018中国人力资本报告》的数据显示:1985—2016年,乡村人力资本年均增长率为3.84%,而城镇年均增长率则达10.28%,2016年乡村劳动力人口的平均受教育年限为8.5年,城镇则为11.2年,[1] 城乡人力资本差距明显。教育作为人力资本的核心构成要素,是直接和间接促进人力资本积累的不可或缺的重要途径。[2] 无疑,乡村人口的受教育短板对乡村人力资本弱势有着不可推卸的责任。更需要重视的是,美国经济学家埃里克·哈努谢克(Eric A. Hanushek)和德国经济学家卢德格尔·沃斯曼因(Ludger Woessmann)通过研究PISA测试数据与经济增长间的关系发现,延长学生的受教育年限与经济增长之间并不具有稳定的关系,国民的认知技能对于一个国家经济的长期发展来说才是最为核心的因素,相较于受教育年限,认知

---

[1] 李海峥:《2018中国人力资本报告:人力资本四十年增长九倍》(https://edu.sina.cn)。
[2] 杨小敏:《以教育优先发展为乡村振兴提供支撑》,《紫光阁》2018年第4期。

技能的获得与教育质量紧密相关。① 也就是说，若想提升乡村人力资本质量，仅延长乡村人口的受教育年限是不够的，提升"知识资本"即提高乡村人口的受教育质量十分重要。另外，乡村振兴战略的实施对乡村学校发展提出了更高的质量要求。乡村振兴绝不是乡村社会的简单复原，而是乡村居民福祉的整体性增进。现代学校承担着促进社会进步和个体社会化的使命，提供角色分化和社会团结，是现代都市工业社会家庭生活和成人生活之间必不可少的转换机制。② 现代学校的到场重置了传统乡村的社会组织结构，形塑了乡村人口的现代教育观念，已然成为乡村社区与主流社会接轨的重要途径。因而，在乡村振兴过程中乡村学校绝不再是"悬浮的孤岛"，而是深嵌于乡村人口的实际生活需要之中。追求高质量的子女教育是当前乡村人口对公共福祉的重要诉求，"县城陪读风"的盛行就是乡村人口对教育质量追求作出的理性选择，这一选择无疑给乡村的可持续发展造成了潜在隐患。高质量的乡村教育已经变成乡村社会的稳定器。乡村社会的整体性重建离不开乡村教育的重建，打造美丽可持续的健康乡村，减少乡村人口教育性流动风险，必须将乡村人口的教育福祉置于首位，而提高乡村教育质量则是消解乡村振兴中"教育木桶效应"的关键所在，因此，如何提升乡村教育质量将成为乡村振兴过程中绕不开的一项任务。

最后，从教育发展规划来看，构建公平且有质量的乡村教育是建设教育强国，落实《中国教育现代化2035》战略任务的重要内容。当前阶段，聚焦教育发展不平衡不充分的突出问题，提高教育质量、促进教育公平、优化教育结构成为推进教育现代化的重要着力点。③ 教育现代化的全纳性和整体性赋予了乡村教育作为参与者和共享者的合法身份，同时，乡村教育的体量和发展水平决定了教育现代化推进教育公平、提升教育质量的矛盾域和攻坚区。2018年全国共有小学161811所，其中县域内小学占全国总数的82.8%；全国共有初中51982所，其中县域内初中数占全国总数

---

① ［美］埃里克·哈努谢克、［德］卢德格尔·沃斯曼因：《国家的知识资本：教育与经济增长》，银温泉等译，中信出版集团2017年版，第2页。

② ［美］沃尔特·范伯格、乔纳斯·F. 索尔蒂斯：《学校与社会》，李奇等译，教育科学出版社2006年版，第18—33页。

③ 中华人民共和国教育部：《绘制新时代加快推进教育现代化建设教育强国的宏伟蓝图——教育部负责人就〈中国教育现代化2035〉和〈加快推进教育现代化实施方案（2018—2022年）〉答记者问》（http://www.moe.gov.cn）。

的 75.3%。① 可见，乡村学校尤其是乡村小学依旧是义务教育阶段学校的主体，在城乡教育发展不平衡不充分矛盾下，乡村教育的发展状况直接关涉到中国教育公平和教育质量的整体水平。正如有学者所言："如果乡村教育还没有实现现代化，我们就不能说中国教育实现了现代化。"② 乡村儿童是否接受了公平且有质量的教育是衡量教育现代化推进水平的重要标准，提高乡村学校办学水平和教育质量是化解教育发展不平衡不充分矛盾的核心着力点。

（二）矛盾凸显期："流体式学校"大潮映射乡村教育发展的低质量镜像

在构建公平且有质量的乡村教育已成为一项时代发展任务的新时期，客观且审慎地看待和分析乡村教育的现实状况十分必要。当前，资源补给式的乡村教育治理路径所形成的实体资源与教育质量间的效益转换并没有带来乡村学校的稳定发展，反而抵不住城镇化大潮侵袭，造成了乡村学校的"流体式"存在。乡村学校的"流体式"存在既是乡村学校教育质量不佳的诱因，又是乡村教育质量提升的阻碍。乡村学校的流体式存在是这个时代乡村教育低质量镜像的最直观映射。

一方面，随着城镇化进程的推进，不流动的乡土演变成大流动的村庄，穿梭于城市与乡村之间的大规模乡村人口流动造成了乡村学校空间载体的不稳定性，影响着乡村学校的空间位移和存续。梁簌溟曾指出："中国近百年史，原可说是一部乡村破坏史。"③ 时至今日，又一个百年已过，以农耕文明为主的乡村社会在现代化进程中的被动作为与消极应对导致其严重滞后于城市社会发展，伴随制度壁垒的消解，乡村社会的自然、人文及社会生态遭遇全面破坏，有学者甚至指出"从当前乃至未来相当长一个时期看，农村的前途整体是衰落和萧条的"④。"流动社会"是对当前乡村社会整体面貌的形象化表达，乡村人口的大规模流动与乡村空间规划的整体调整酿成了乡村学校存续未卜的时代疑虑。在效益思维钳制下，乡村学校存续的不确定性击退了教育管理者和实践者的主体能动性和教育热情，间接加快了乡村学校衰败的进程。对于缺乏生气、朝不保夕的乡村学

---

① 中华人民共和国教育部：《2018 年教育统计数据》（http：//www.moe.gov.cn）。
② 邬志辉：《乡村教育现代化三问》，《教育发展研究》2015 年第 1 期。
③ 梁漱溟：《乡村建设理论》，商务印书馆 2015 年版，第 222 页。
④ 贺雪峰：《谁的乡村建设——乡村振兴战略的实施前提》，《探索与争鸣》2017 年第 12 期。

校而言，提升教育质量无疑成了一个如天方夜谭般的荒诞谬论，乡村外在生态恶化衍生的乡村学校"流体式"位移成为乡村教育质量提升的主体认识论路障，酿制办学焦虑，更有支持撤并乡村小学、节约办学成本[①]以及让乡村学校进城、消灭农村教育的功利性发展主张。乡村教育的发展现状令人灰心，乡村学校的存在价值遭受质疑。

另一方面，乡村与城市在生活以及教育上的发展差距刺激着乡村学校的教师和学生向城市流动的意愿和速度。作为嵌入村落的乡村学校，在乡村社会的疲敝中弊端丛生，与城镇化互动过程中出现乡村教育生态环境碎片化、乡村教育生态功能功利化、乡村教育生态结构紊乱化三重冲突，[②]在办学条件、师资力量、教育理念等方面无法与城市学校媲美，缺乏发展潜力和竞争优势。低质量运行的乡村学校造成了乡村社会"读书无用亦无望"的教育梦魇。缺乏发展支持与既有发展短板的叠加效应使乡村学校逐渐沦为教育现代化的"弃儿"，逐渐凸显的城乡教育差距建构了"城市教育是现代的，代表着人类的未来发展方向，乡村教育是落后的，是需要着力改造的对象"[③]的主流社会认知，带动了乡村学生和教师的"向城性流动"。数据显示，2017年乡村小学专任教师调出比例为11.22%，[④]义务教育城镇化水平达到77.89%，较常住人口城镇化率高出18.31个百分点，乡村学校已然演变成青年教师的职业练兵场以及乡村社会弱势群体最无奈的选择，正面临生源和教师队伍的双重不稳定性。生源萎缩、教师流失是乡村学校低质量的现实映射，同时，这种"低质量"与"强流动"之间的恶性循环给乡村学校教育质量提升带来了新的挑战。

由此可见，乡村学校外部社会生态与内部组织生态的流动性打破了学校空间的稳定性，这种"流体式"的学校空间加剧了乡村学校的规模萎缩和实体消亡。数据显示，2018年全国共有教学点101398个，其中乡村占98.3%。教学点数量的增加带来的不仅仅是学校管理、教师教学上的困难，亟须重视的是从中滋生的教育质量焦虑正消解着乡

---

① 曹长德、汪洋：《"村小去留"：乡村教育之困与政策选择》，《教育发展研究》2017年第6期。
② 聂清德、董泽芳：《一个值得高度关注的问题：城镇化背景下乡村教育生态危机》，《教育研究与实验》2015年第5期。
③ 邬志辉：《乡村教育现代化三问》，《教育发展研究》2015年第1期。
④ 文中乡村小学专任教师调出比例的计算方法为：乡村教师调出数（减少教师分类下）÷本学年初报表专任教师数（乡村），数据详见《中国教育统计年鉴2017》小学专任教师变动情况表。

村教育实践主体的行动自信和社会对乡村教育的信心。审慎地思考提升乡村教育质量的落脚点、方向和方法论，探索适合乡村教育实际特点、现实处境且具有可持续性的发展道路已成为解决当前乡村教育发展矛盾的关键。

（三）探索破冰期：乡村学校"在地化变革小趋势"重燃教育发展生机

危与机往往是并存的。在当前乡村教育陷入迷途、跌入低谷、招致集体忧虑的大趋势下，国内外乡村基层教育实践中不约而同地出现了一批学校通过依托乡土的、自下而上的自主探索绝处逢生，重建社区信任、生源回流，正在摆脱低质量的泥潭，形成一股散落在实践中的在地变革小趋势，点燃乡村教育范式转型的星星之火。

就国外而言，早在20世纪六七十年代，以在地化教育（Place-based education，PBE）为支点的乡村教育生态转型实践已获得了部分西方国家的欢迎。这种以地方为依托的教育变革多为一种自下而上的教育实践探索，源自美国，当前已在澳大利亚、加拿大等国家的偏远乡村地区显现。有计划、有组织地推进实践多源自非营利性组织对乡村和贫困地区学校改进的尝试，当然也不乏以学校和教师为单位的零散实践。2017年荣获全球最大教育单项奖——"一丹奖"的薇奇·科尔波（Vicky Colbert）所推进的"新学校"改进项目可以堪称依托乡村的乡村学校改进项目的成功典范，该项目已有效提高了农村地区的学校教育质量，并在许多国家得到推广且收效显著，除此之外如美国的狐火基金会等也依托地方资源开展了类似的教育改进实践。而在中国大地，四川阆中、蒲江、广元，江西弋阳，甘肃平凉，河南信阳以及浙江缙云等地的乡村学校也出现了在实践探索中通过转向社区、依靠乡村，摆脱了衰败厄运的零散实践，成为中国乡村教育中的一道特色风景。如借助地方传统文化资源推进学校教育变革的浙江缙云县长坑小学；利用乡村丰富的自然生态资源和社会文化资源将乡村空间转换为学校教学空间的四川广元市利州区范家小学、河南省商丘市王二保小学；将地方产业发展与农村学校文化建设有机结合在一起的四川蒲江县成佳学校；强调家校联系的江西弋阳县朱坑镇学校；注重地方生态建设的河南信阳郝堂宏伟小学；关注农耕文化的阆中市天宫乡中心学校，这些学校正在以不同的路径诠释着乡村空间对于乡村教育突出质量重围的价值视域和多元路径。毋庸置疑，在乡村教育呈现整体萧条和焦虑的

"流体式"学校发展背景下,这些依托乡村的在地变革与之形成鲜明对比,为改善乡村教育低质量现象,构建公平且有质量的乡村教育,探索乡村教育未来发展的可行之路提供了理论启示与实践范型。

综合乡村教育发展的三个关键期可见,当前中国乡村教育正走在改革与发展的十字路口,机遇与挑战并存,迷茫与希望同在。正如有学者所言:"在乡村振兴战略的大背景下,我们必须回答:新时代中国需要什么样的乡村教育,要将一个什么样的乡村教育带入'下一个百年'?"[1] 现下,在构建公平且有质量的乡村教育已经变成一项时代课题的前提下,我们要立足于当前的乡村教育治理实际,对乡村教育的现实境遇进行系统深入的分析:在乡村社区、乡村学校以及乡村儿童普遍遭遇现代性转化的阵痛下,为何分布在不同时空里的教育实践者会不约而同地转向乡村、依靠乡土?为什么基于乡村、依靠乡村的学校能够破茧而出、转危为安,成为乡村教育大困境中的一束微光,重燃乡村学校发展的生机?这种以乡村为中介的乡村学校教育变革与当下乡村教育常态的差别何在?其存在的合理性是什么?这一改革是否是一条潜在的乡村教育发展之路,能否吹响乡村学校重塑的时代号角?以上反思性问题构成本书研究的逻辑起点。

二 研究问题

立足于乡村教育发展的现实境况与实践探索,基于构建公平且有质量的乡村教育的时代诉求,化解乡村教育的质量危机,探索适合当前乡村教育发展之路,已成为乡村教育实践者与研究者的责任与使命。本书立足于新时代乡村振兴的发展当口,尝试进行一次对成功的乡村教育变革实践的理论探索之旅,目的是回归乡村教育本体,站在历史、现在与未来的角度,挖掘乡村教育在地变革实践的理论根据和实践经验,以期为构建新时代乡村教育发展的实践方法论提供新视野。基于上述认识和思考,"乡村教育在地化变革实践为何能够以及何以发挥作用"构成本书的核心理论命题,这一理论命题将围绕以下三个问题展开。

(一)为什么能推进乡村教育在地化变革

回应"为什么能推进乡村教育在地化变革"即回答推进乡村教育在

---

[1] 高书国:《重估乡村教育价值,走出中国特色现代乡村教育之路》,《人民教育》2018年第17期。

地化的必要性、正当性及合理性问题。很显然，对当前乡村教育发展路径总体特征的考察将成为回应这一问题的前置性基础问题。也就是说，在回答为什么能推进乡村教育在地化变革这一问题之前，必须先明确现代化进程中乡村教育发展路径的总体特征这个大前提，只有这样才能进一步挖掘和讨论这种特征之下乡村与学校之间的关系，这种关系之于乡村地区学校教育的影响是什么，继而为回答"为什么能推进乡村教育在地化"提供论述的前提条件。但上述问题只是对推进乡村教育在地化变革必要性的回答，要完成对"为什么能推进乡村教育在地化变革"这一理论问题的系统阐释还需进一步回应推进乡村教育在地化变革的理论正当性和现实合理性问题，即回应"推进乡村教育在地化变革的理论支撑是什么""乡村介入学校教育的合法性空间何在"等问题，进而为推进乡村教育在地化变革提供理论和实践论据。

（二）如何推进乡村教育在地化变革

本书对推进乡村教育在地化变革的探讨绝不是一时兴起或者高谈阔论的虚空倡议，而是一次基于理论解释回应实践可行性的探索尝试。因而，从实践维度回答如何推进乡村教育在地化则成了完成理论维度上推进乡村教育在地化正当性论述之后的核心问题。对"如何推进乡村教育在地化变革"这一问题的回应是从理论迁移到实践的技术步骤。那么，回答推进在地化变革的教育实践主体秩序[①]（包括主体的角色、主体的范围、主体行动的先后次序）是什么？具体的实践逻辑是什么？实践样态如何？配套的保障性条件和约束性条件又有哪些？这些问题将构成回应"如何推进乡村教育在地化变革"的问题集。

（三）乡村教育在地化变革是如何影响乡村学校和学生的

对"乡村教育在地化变革是如何影响乡村学校和学生的？"这一问题的回应即是对乡村教育在地化何以发挥作用的机理进行分析和解释。解释乡村教育在地化何以发挥作用是寻找理论与实践连接点的关键，是校验乡村教育在地化作为一项乡村教育变革实践方法论的实践空间和价值可及性

[①] "教育实践主体秩序"并非一个专业学术用语，作者无意创造一个新的学术词汇，"秩序"一词意指有条理、不混乱的情况，加在"教育实践主体"这一名词短语后面，意在形容在地化变革实践中"教育实践主体"有条理践行具体举措的状态，而对这一有条理状态的描述则是通过具体实践过程中主体成员的构成、角色以及行动的先后次序体现的。后文中再次提到的"主体秩序"一词与此处用意相同，不再赘述。

的关键证据，也就是说，我们需要为乡村教育在地化变革的作用域和达成度提供理论证明。为此，需要进一步明确乡村教育在地化实践是如何运转的？对乡村学校和学生产生了哪些积极影响？这些影响是如何形成的？核心作用变量有哪些？具体的作用路径是什么？借助这些问题达成对乡村教育在地化变革实践运转机理的深度理解。

第二节 研究价值与意义

把脉乡村教育的时代发展方向既需要实践探索，又需要理论破题。本书立足于乡村教育发展的时代当口，着眼于乡村教育基层实践中在地化变革小趋势，以"乡村教育在地化实践为何能够以及何以发挥作用"这一理论命题为核心议题，在回应"为什么能推进乡村教育在地化""如何推进乡村教育在地化"以及"乡村教育在地化是如何影响乡村学校和学生的"三个要题过程中，力求在拓展乡村教育在地化理论的实践化空间、归纳乡村教育在地化实践的抽象化理论的基础上，提升本书的学术价值和现实意义。

一 学术价值

学术价值既是展开研究论题的初衷，也是审查学术论文的标准之一。对乡村教育在地化问题开展研究，学术价值主要表现在两个方面：一方面，这一选题的灵感来源于正在兴起的乡村教育在地化基层变革实践。我们不得不承认，对这种小趋势客观存在的合理性和效用性的挖掘是未来乡村教育研究的一个潜在学术生长点。虽然在既有学术文献中有研究者已经敏锐地意识到了乡村教育进入新发展阶段及潜在的变革趋势，也不乏对乡村教育未来发展路向的深刻省思与研判，但对乡村教育在地化实践的学术反应是迟滞的，对乡村教育在地化研究的系统性论述相对匮乏，本书有助于丰富当前以政策研究为主流的乡村教育研究谱系，为拓展乡村教育研究空间提供了有益的学术选项；另一方面，本书对乡村教育在地化合理性、实践策略以及带动乡村学校变革运转机理的回答遵循的是"实践—理论—实践—理论"的螺旋式研究进路，是一次理论与实践相结合的学术尝试。这种基于实践的学理解释在完成实践理论化、结构化的过程中能够更加生动且立体地展现乡村教育在地化的合理性与实践空间，而非一幅枯燥的理论虚象，在一定程度上减少了学术研究中普遍存在的就理论谈理论、理论缺乏实践可操作性的弊病，为乡村教育在地化研究提供了一种新的研究思路，丰富了乡村教育在地化的理论解释范畴。

二 现实意义

学术研究的现实意义是对理论走出文本的实践指导价值的考察。当前基层存在的乡村教育在地化变革是散落在乡村教育总体实践中的碎片化的探索，相较于网络新闻的简短式报道与期刊论文的"摘要式"介绍，本书对乡村教育在地化合理性、实践智慧以及运转机理的阐述既是对乡村教育在地化变革实践作为的呼应，又是为发掘乡村教育可能发展路径的探索。一方面，本书对"如何推进乡村教育在地化变革"问题的解答，运用基层在地化变革实践的理论抽象化技术，客观、详细地呈现了乡村教育在地化变革的发力点、实践逻辑、约束条件以及具体经验等，这种系统化的论述在一定程度上降低了碎片化实践带来的乡村教育在地化应用和推广价值的折损，作为一种有意义的实践总结，可以给当下乡村学校以变革的希望和实践的指导；另一方面，本书从理论层面解释乡村教育在地化的合理性与运转机理的努力，是在赞论乡村教育地方创新实践基础上的理论沉淀，有助于为乡村教育在地化变革的普遍实践提供理论支持和实践自信。同时，本书不仅仅呼应了乡村教育在地化变革的成功范型，更是在回应乡村教育整体萧条的发展焦虑，为乡村教育发展提供另一种发展可能，这种基于实践的抽象化认知为乡村教育发展的现实困境注入了理论活水，为乡村教育未来路向提供了新的发展选择。

第三节 文献回顾与评论

基于乡村、依靠乡村是乡村教育在地化变革的实践表现，这一实践范型内置的是对乡村社区与学校教育之间关系的把握。而反思乡村学校与乡村社区之间的关系、强调互动，倡导把乡村社区与乡村学校联系起来共同发展并不是一件新鲜事，在乡村教育研究的学术史谱系中，如何在乡村社会的发展框架下定位乡村学校教育的价值和方向，理解和处理乡村学校教育问题一直是国内外乡村教育研究者和实践者讨论的重要话题，既有理论层面的价值叙事，也有实践层面的方法探索。然而由于乡村教育所处时空的文化差异、研究者的语言表达偏好及学科视角等差异,围绕这一话题的学术表达,国内外学者存在着明显的不同。本书主要以中国知网、Web of Science 核心合集、谷歌镜像三个数据库为主要依托,在中国知网数据库通过"乡村教育"or"乡村学校"or"农村教育"or"农村学校"并含"乡村社区"or"社区"为关键词进行文献检索和筛选,而在 Web of Science 核心合集和谷歌镜像两个数据库中检索的文献多是以"place-based education""place-based learning"[①]"community-oriented schooling"为检索词进行文献检索和筛选的,除此之外在文献阅读过程中通过参考文献追踪检索,进一步补充了相关文献。除数据库文献外,电子书籍和纸质书籍也是文献的主要来源,但因与本书直接相关的书籍有限,在文献综述过程中仅选择了部分关联度较高的著作作为综述材料。本书文献检索、筛选、阅读分析工作主要是在 2018 年 3 月至 2019 年 3 月完成的,文献综述的文字材料是伴随着文献的累积性阅读逐渐修改完善的,对于后期发表的文献则大多作为后续研究的参考资料处理的。总体上,无论是国内研究还是国外研究,理论研究侧重于讨论如何看待乡村学校和社区之间的关系、二者之间的交互作用域以及乡村教育发展方向及价值定位等问题;实践研究则倾向于回答基于乡村的学校教育该"怎么做"的问题。

一 国内外研究概述

总的来看,乡村教育作为各国教育现代化进程中的薄弱项,如何定位和发展一直是政策制定者、学术研究者关心的话题。无论是国内还是国外,基于学校与社区关系的乡村学校重建构想和理念均由来已久,并且与时代的变革保持着呼应,在研究问题的把握上、研究视域的转换上、研究方法的使用上逐渐走向精细化和丰富化。就现有研究来看,中文公开发表的期刊文献中专门以乡村学校与社区关系为主题展开研究的并不多,关于乡村学校与社区关系的讨论大多内嵌于对乡村教育发展方向以及乡村教育目标定位的论述中,相较之下,公开出版的学术著作、博硕论文积累的相关研究素材更多一些,多数集中在教育领域,部分来自社会学者之手,较早可追溯至民国时期以陶行知为代表的乡村教育实验派的相关论著。国外

---

① 在英语语境下,国外学者关于"place-based education"的研究中多数涵盖了乡村社区与学校之间的关系。

公开发表的期刊文献以"在地化教育"为主题的有百余篇,其中较多出自美国、澳大利亚、加拿大三个国家,主要分布在教育学、生态学、地理学三个研究领域,也不乏围绕农村地区小规模学校、地方性知识、农村教育、家校社关系等相关研究中,较早论及学校与社区关系的学者可追溯至美国教育哲学家杜威。对比综合国内外相关研究的历史发展脉络,随着时代的变迁和研究的深入,以乡村或乡村社区与乡村学校关系为主题的研究大致可分为以下三种类型。

(一)基于乡村社区与乡村学校交互功能的宏观理论叙事体

功能主义是关于怎样看待社会事件和社会公共机构的一般理论取向。就学校教育与社区/地方关系研究的文献来看,国内外研究中基于功能取向探讨乡村教育与社区/地方关系的论述多为宏观性的理论叙事。相较之下,国内学者的论述主要偏向从乡村地区社会、经济、产业、文化等方面的发展需要探讨如何定位和发展乡村教育,即回应基于乡村的学校教育定位问题,其本质是对乡村教育发展目标和方向的探索;国外学者的论述则以地方现实发展问题与学校教育功能相耦合作为理论意图,并未上升至对乡村教育发展定位问题的宏观把握。

国内学者基于功能取向对乡村教育发展方向的论述可追溯至民国时期,代表作有陶行知的《中国教育改造》、梁漱溟的《乡村建设理论》、晏阳初的《平民教育与乡村建设运动》、傅葆琛的《我国乡村小学课程的几个缺点》、顾复的《农村教育》、顾兆文的《农村教育实施法》以及秦亚修的《农村教育讲义》等。总的来看,这一时期对乡村教育发展方向的定位是建立在学校改造社会的基本认识上的,本质上是一种"乡村教育改造乡村论"的表达。陶行知、梁漱溟、晏阳初等人躬身践行的乡村教育实验表达了通过学校化民救国的时代宏愿,对乡村教育功能的讨论多集中于以改造乡村学校达成乡村社会之改造的社会现实必要性上,在当时乡村社会现实疲敝的基础上对乡村教育目的、内容、课程设置、教学方式等方面进行了探索,积累了较为丰厚的理论研究成果和实践经验。

作为民国时期乡村教育改造派的典型代表,陶行知从当时中国社会现实出发,疾呼:"中国乡村教育走错了路,它教人离开乡下往城里跑,它教人吃饭不种稻,穿衣不种棉,做房子不造林。它教人羡慕奢华,看不起务农。它教人分利不生利。它教农夫子弟变成书呆子……前面是万丈悬崖，同志们务必把马勒住，另找生路！"① 在乡村教育的方向定位上，陶行知志在通过改造乡村教育培植最具生活力的农民，鼓励乡村教育者向着农民"烧心香"，为中国乡村开创一个新生命。他提出乡村学校是改造乡村生活的唯一可能中心，而乡村学校发挥改造乡村社会功能的关键在于建设适合乡村实际生活的活教育，摒弃死读书的教学陈弊，运用活的教学方法、教学环境，发展学生征服自然改造社会的活本领，叫乡村变为西天乐园，村民都变成快乐的活神仙。而这一切实现的关键在于培养适合乡村实际情况的教师，因此，他将乡村教育改造的重点放在创建乡村活教育和改进乡村师范教育两方面。② 在具体实施层面，陶行知以"没有生活做中心的教育是死教育，没有生活做中心的学校是死学校"③ 的教育认知，提出了"生活即教育"的理念，主张"社会即学校"。在他看来"马路、弄堂、乡村、工厂、店铺、监牢、战场，凡是生活的场所，皆是我们教育自己的场所"，④ 打破了学校的固有边界，承认了社会资源和力量对学校教育的补充和乡村社会教育的正当性。

相比之下，梁漱溟所倡导建立的乡农学校则旨在加强乡民团结、重塑乡村文化、促进乡民自觉以及对"人生向上"的追求，创建乡村社会的文化运动团体系统。梁漱溟的乡村建设实验其实是期望构建民国时期乡村社会的"新乡约"，而乡农学校则是乡约的构成之一，是推进乡村自治的进步机关，其实质则是一个伦理情谊化的组织，一个人生向上的教学化的组织，性质类似于乡村改进会，实行"以学包事"，主要教育对象是成人农民，注重新知识和社会的改进。⑤

晏阳初的平民教育促进会则是在目睹了中国劳工在法国被当作奴隶、被非人式对待的触动下创办的。他总结了乡村社会农民"愚、贫、弱、私"四大基本问题，将乡村社会的改造寄希望于教育，并提倡运用"学校式""社会式""家庭式"三大教育方式对农民进行文艺教育、生计教育、卫生教育和公民教育，以期培养知识力、生产力、强健力和团结力，

---

① 陶行知：《中国教育改造》，商务印书馆2016年版，第81页。
② 陶行知：《中国教育改造》，商务印书馆2016年版，第54—55、71—72、81、83—84页。
③ 陶行知：《中国教育改造》，商务印书馆2016年版，第169页。
④ 陶行知：《中国教育改造》，商务印书馆2016年版，第218页。
⑤ 梁漱溟：《乡村建设理论》，商务印书馆2015年版，第215—240页。

医治农民"愚、贫、弱、私"的社会旧疾。①

总地来看,虽然三人对于开展乡村教育的理念和核心关切不尽相同,对乡村社会里学校组织性质的界定有所区别,但均用实际行动肯定了教育、乡村学校对改造乡村、复兴乡村甚或改造中国社会的价值,同时也肯定了学校与乡村社区发展紧密联结的价值。

相较于陶行知等人对乡村学校寄予的改造抱负,民国后期,一些研究者虽依旧受陶行知的影响,但更加强调乡村教育要适应乡村社会,对乡村学校改造社会功能的论述逐渐弱化。如郭人全在《农村教育》一书中提出乡村教育需要基于"农民底",② 强调乡村学校应在适应农村社会的基础上发挥改造农村社会环境、达成促进社会进化、使广大民众享有福利之目的。教材应体现农民与自然的、社会的、国家的关系,应从个人所处的地位、所处的社会出发,而以民族的生存,世界之纽带控制的理解为终结者,方法应依照地方情况而便于实施并能提高教育效能而为达到目的之手段者,使智识文字能够用于生活而建设生活之教育。③

中华人民共和国成立以后,伴随国家发展农村生产的需要,研究者对农村教育发展的定位更加强调为地方经济服务、适应农村社会发展需要的立场,对乡村社区与乡村教育之间关系的把握转向了"乡村教育服务乡村论"。20世纪50年代初期,李子平在《农村小学教育》一书中分析了农村小学教育之于农村生产的必要性,他认为消除农村群众生产上的障碍是恢复生产的当务之急,农村小学教育必须结合生产的需要,农村教师既需懂得农业生产知识,又要注意农业的普通科学知识,将学校教育与社会教育结合起来。④ 相比之下,林金藻的《中国农村教育之研究》则强调农村与都市之间的区别,并将农村教育定位为"让农村与都市,农业与工业之并重,教育机会之均等,农村生活之改良与适应各种农村特殊环境与

---

① 晏阳初:《平民教育与乡村建设运动》,商务印书馆2014年版,第32—33、78页。
② "农村教育之意义可以三字括之曰:'农民底'。所谓'农民底'具体有三方面含义:第一,基于'农民底'的教育是面向建设劳动生产之教育,而非'朝为田舍郎,暮登天子堂'的跨越阶级的教育;第二,基于'农民底'的教育是解放农民思想而建设革命之教育;第三,基于'农民底'的教育是工学合一的教育,使智识文字能够应用于生活上,而建设生活之教育。综上,基于'农民底'的农村教育实为教育生产化、教育革命化、教育生活化之合一。"详见郭人全《农村教育》,黎明书局1932年版,第88—89页。
③ 郭人全:《农村教育》,黎明书局1932年版,第82页。
④ 李子平:《农村小学教育》,察哈尔文教社1950年版,第1—3页。

建国需要之教育也"。在他看来,对农村教育的研究要适应农村社会,农村教育的目的既要与一般的教育目的相同,分为经济的、公民的、个人的三大项,又要结合乡村社会的特殊环境,纠正农村学生的缺点,培养爱国观念及世界知识,发扬其互助合作的精神,发展其试验改进的理想,使其有讲求公益的理想与习惯,培养参加公民活动的兴趣、讲究卫生、从事高尚娱乐的嗜好,以及知道树立农村经济组织的必要性。①

改革开放之后,"乡村教育要为地方经济和社会发展服务"成为学术主流观点,代表人物有李少元、陈敬朴、赵家骥、余永德、张传燧等。在认识论层面,赵家骥总结了当时农村教育存在的与社会、经济建设实际和群众脱离的"三大危机"和"六大尖锐矛盾",强调改革脱离实际的弊端,提出适应市场经济需求的多元教育结构,构建农村基础教育、职业教育、成人教育有机结合的"三元论"发展路径,围绕培养人、提高人并服务于社会这一共同根本目的而发挥各自独特的职能,变"知识中心"为"能力中心",从而给学生打下全面的素质基础,不求人人升学,但求个个成才,为农村一二三产业的发展服务。②亦有学者看到了"人的教育"与"劳动力的教育"之间的辩证发展关系,强调处于社会主义初级阶段的中国农村尚不具备满足每个人全面发展需要的条件,着眼于地方社会经济发展需要,培养合格的劳动者,才是提高社会生产力,发展农村教育的当务之急。农村基础教育应逐步由传统的升学模式向劳动者的素质教育模式转换,注重培养学生的自学能力和创造能力,要在基础教育体系中增设生产技术基础课和实用技术课,为从事现代化农业生产打下文化知识基础和科学技术基础,使之成为一个灵活地适应各种不断变化的生产过程的劳动者。③可见,这一阶段对乡村教育发展方向的讨论多是"为乡村"的,乡村实际需要是乡村教育发展的逻辑起点。

21世纪以来,在国家高度重视农村教育发展的战略安排下,中国农村教育观的理论和实践正在成为教育学更新的新的生长点。④ 学者们对如

---

① 林金藻:《中国农村教育之研究》,正中书社1953年版,第38—39页。
② 赵家骥、杨东:《农村教育的困境与出路》,四川教育出版社1994年版,第10—15、81—85、111—120页。
③ 游心超:《农村教育综合改革的理论与实践》,北京理工大学出版社1992年版,第32—33、68—71页。
④ 陈敬朴:《中国农村教育观的变革》,《东北师大学报》(哲学社会科学版)2001年第4期。

何把握乡村教育与乡村社会之间的关系，如何定位乡村教育摆脱了传统服务乡村的"一边倒"式乡村教育发展立场，转向嵌入社会宏观结构和基于人本位的乡村教育探讨。部分研究者将乡村教育置于城镇化、全面建设小康社会背景中，强调乡村教育促进农村城镇化和现代化的时代发展价值。譬如李少元从城镇化进程对农村教育决策的重大影响出发，基于对城镇化发展趋势的判断，提出要加强对农村居民的"离农教育"以及"城市文明"教育。① 张乐天基于全面建设小康社会背景，认为由于农村本身处于现代化变革过程中，农村教育的培养目标不能是静态的、单一的，农村向现代化的转型，经济的繁荣、城镇化的推进以及生态环境的改善均需要对农村人力资源进行开发，而满足这些需要树立农村教育的"大教育观"，坚持与时俱进，将促进农村人口转移视为使命，要指向农村人的幸福，促进人与自然的和谐相处，② 从而跳出单一的为农村以及农业建设培养人才的静态育人目标。相较之下，葛新斌从农村教育发展现实出发，发现农村教育在现代化进程中被双重边缘化、沦为"弃儿"的现实，强烈批判将培养目标限于安于农村、服务农村的偏狭教育观，呼吁抛弃维系"田园风光"的浪漫主义幻想，在服务乡村社会的同时，更应促进农村人口的阶级跃迁和向城性流动，通过普适性知识的习得促进乡村人口与城市接轨，适应城市生活。③ 黄金来则认为将农村基础教育的培养目标限定在农村和农业既不符合乡村中小学校的办学实际，又欠缺对教育公平理念的考量。一方面，普通农村学校不具备成功传授先进农业技术的条件，定位于服务农村和农业缺乏现实条件支撑；另一方面，通过升学实现阶层流动是农村对子女教育的最高期望，而立足于农村和农业的观点偏离了当前的教育评价体制，使得农村孩子通过教育改变命运的路途变得更加艰难，因此农村学校应该通过传授科学文化知识，实现为农民子弟有效参与现代生活和提供阶层流动渠道两项功能。尽量让学生的学习生活充实而美好，而不是期望农村学生能够在学校中学到很多的农业职业技能。④

---

① 李少元：《城镇化的挑战与农村教育决策的应对》，《东北师大学报》（哲学社会科学版）2003 年第 1 期。
② 张乐天：《重新解读农村教育》，《教育发展研究》2003 年第 11 期。
③ 葛新斌：《农村教育：现代化的弃儿及其前景》，《教育理论与实践》2003 年第 23 期。
④ 黄金来：《再论农村基础教育的方向——对一种错误观点的澄清》，《教育发展研究》2007 年第 9 期。

还有学者将对乡村教育发展的定位转向了乡村儿童与乡村教育关系的讨论上。韦颖认为农村教育应该秉持以人为本的价值取向，以农村人口的生命价值为最高宗旨，重视农村人口发展的整体性与能动性，满足农村人口的学习需要，促进农村人口的可持续发展，提升农村人口的需要层次，丰富其精神世界，使农村人口体验到生命的价值与生活的幸福。[1] 冯青来看到了工具理性膨胀下的乡村教育价值理性的式微，强调在城市文明冲击下，乡村教育在认识上要避开受目的理性驱使的利益纷争，超越当下以满足人的生存需求为目的、漠视人的存在方式的导向，指向人的文化存在方式，给尚在接受乡村教育的学子们以更多真正意义上的人文关怀，让每个学生能够认识自己并了解社会，发现自己更适合并更愿意选择哪种生活而不是局限学生的视界乃至限制他们选择的空间。[2] 也有研究者基于对教育筛选制度下乡村儿童发展弱势的担忧设计了"第二种选择"，相比之前单纯强调农村教育服务农村和农业的价值取向，这些研究者既承认农村学生升学的合法性，同时也看到了农村学生升学的现实性。朱永新肯定了农村教育传授基本知识技能、培养学生积极人生态度的基本功能，但同时也表达了对有限升学机会诱致下农村教育城市化带来的乡村儿童升学危机与发展出路担忧，因而建议改造农村教育内容，在小学教育中增加乡土化内容，在初高中阶段增加职业教育内容，引导乡村儿童认识农村、热爱农村并掌握一技之长。[3] 廖其发则提倡在坚持农村受教育者德智体美劳综合素质全面发展的本体性价值下，兼顾受教育者个人当下生活的充实与为未来生活做准备的需求，推进农村普通中小学应试教育与素质教育相统一，同时适当渗透职业教育，适当培养学生"为农"的素养。[4] 更有学者将基础教育本质同小康社会目标相结合，提出农村基础教育大众化取向，将农村基础教育的目标定在培养具有现代文明素质、能适应现代社会生活和社会发展需要的公民。摆脱农村基础教育长期在农村取向和城市取向之间纠缠不清的状态，实现城乡基础教育在发展方向上的融合，有助于打破城乡二

---

[1] 韦颖：《以人为本：构建新型的农村教育目的论》，《云南师范大学学报》（哲学社会科学版）2006年第2期。
[2] 冯青来：《乡村教育方向之我见》，《教育发展研究》2009年第Z2期。
[3] 朱永新：《农村教育的方向是什么》，《教育科学研究》2008年第11期。
[4] 廖其发：《多元一体：中国农村教育的价值取向》，《中国农业大学学报》（社会科学版）2015年第1期。

元分割，实现城乡一体化和教育现代化。① 同时有学者强调教育发展受社会发展的规约和影响，社会转型要求重新思考农村教育的着力点，除了农村对象本身的发展，还要在农村教育系统自身发展以及农村学校社会服务发展方面致力改革。② 然而无论是对乡村学生作为受教育者的本源思考还是对其发展弱势的担忧，无疑都是一种"来自他者的替代性选择"，因此，亦有研究者强调农村教育应当尊重教育对象的个人选择，提供适当的发展空间，让学生自主选择未来发展路向，只有这样才能真正解决农村教育目的问题。③

相较之下，西方学者对乡村社会与乡村教育之间关系的论述与国内相比略有差异，他们更加强调乡村学校和地方之间的交互关系。总地来看，西方学者对乡村社会与乡村教育关系的讨论可大致分为两个阶段。早期来自于杜威、苏霍姆林斯基、裴斯泰洛齐等人的经典理论。美国实用主义教育家约翰·杜威（John Dewey）在《学校与社会·明日之学校》一书中就提到了伊利诺伊州里弗赛德的"村舍学校"和康涅狄格州格林威治的"森林小学校"两所乡村学校是如何利用乡村自然资源开展自然课研究的，并强调学校教育与儿童的家庭生活、日常生活以及周围社会环境的联系。④ 瑞士民主主义教育家裴斯泰洛齐（Johan Heinrich Pestalozzi）的穷人教育学则强调乡村学校对乡村社会的服务功能，在他看来，将土地贫瘠、人口稀少地区的农业科学与城镇产业结合起来是民众教育和文化的真正基础，有利于农村地区人口发展和经济繁荣。如果穷人的孩子在学校中不仅可以学到某一方面的技术工作，还可以受到基本的、智力的、体力的、能力训练，那么就会使得原来通过教育仅能使其维持生计的贫穷城镇青年获得那些与经济上的独立性密切相关的尊严和道德的情感。⑤ 作为一名资深的农村学校校长，苏联教育家苏霍姆林斯基（Василий Александрович

---

① 鲍传友：《论现代视阈中的农村基础教育取向》，《教育理论与实践》2005 年第 3 期。
② 凡勇昆、邬志辉：《社会转型背景下农村教育发展新走向》，《中国教育学刊》2014 年第 5 期。
③ 庞守兴：《农村教育到底为了谁——对当前发展农村教育两个误区的辨析》，《教育发展研究》2006 年第 8 期。
④ [美] 约翰·杜威：《学校与社会·明日之学校》，赵祥麟等译，人民教育出版社 2018 年版，第 257—261 页。
⑤ [瑞] 裴斯泰洛齐：《裴斯泰洛齐教育论著选》，夏之莲等译，人民教育出版社 2017 年版，第 343 页。

Сухомлинский）认为"农村学校跟城市学校有很大的区别，农村学校是农村最重要的、主要的、有时候由于已经形成的条件还是唯一的文化策源地。它对农村的整个智力生活、文化生活和精神生活有着很大的影响"，①他强调农村学校的教育教学要和农业生产劳动有机地结合起来。

  20世纪70年代以来，西方学者注意到现代化进程中工业化、城市化、标准化带来的自然生态破坏、地方认同危机以及文化不平等对乡村的破坏，基于对学校标准化测试的批判和对乡村自然、社会、文化生态重建的希冀，他们提出了构建学校教育、儿童生活以及社区福祉三者之间相联系的理论倡导。较早提出构建以地方为中心乡村教育发展哲学的是美国学者温德尔·拜瑞（Wendell Berry），进入21世纪之后，格林沃尔德（David A. Gruenewald）、鲍尔斯（Chet A. Bowers）、史密斯（Gregory A. Smith）、索贝尔（David Sobel）等人成为美国在地化教育运动的积极倡导者。拜瑞批判了美国乡村教育以培养生产者和消费者为教育目的所造成的乡村凋敝、文化丧失、自然破坏等现实，强调乡村教育不应该简单模仿和复制城市学校，必须关注它们自己生存和生活的地方，教育内容应以自由课程和本土化知识为主，发展学生的判断力、增进个体的幸福并为社区和生态体系谋福祉，建立民主化的乡村社区。② 美国环境教育专家大卫·奥尔（David Orr）提出要从"生态区域主义"视角来审视日益工业化和城市化的乡村教育，③ 越来越多的研究者开始反思生态危机背景下乡村教育发展哲学以及农村区域可持续发展的教育方法论问题。一批持生态正义观点的环境教育、生态教育研究者将生态文明作为农村地区可持续性以及更广泛教育的关键因素，重新思考人类作为一个物种与生物圈的关系，并把此作为生态危机时代的教育担当。澳大利亚学者比尔·格林（Bill Green）从农村地区可持续发展视角出发，以澳大利亚农村为例阐释了教育和可持续发展之间的关系，认为农村教育作为一个领域，经常是限制的和散漫的架构，这种状态只能关闭农村教育发展的可能性而不是提升其可能性，考虑到生物区域性和生态社会变化，比尔提出了"农村—区域可

---

  ① ［苏］苏霍姆林斯基：《给教师的建议》（下册），杜殿坤译，教育科学出版社1981年版，第270页。
  ② 徐湘荷、谭春芳：《温德尔·拜瑞的乡村教育哲学》，《比较教育研究》2009年第1期。
  ③ 徐湘荷、赵占强：《生态区域主义视野下的乡村教育哲学》，《外国教育研究》2009年第4期。

持续性"的批判观点,强调作为促进农村地区可持续发展的学校教育应该得到更好的定义,要重新界定公共教育的概念,对学校进行重新定位,在新的社会生态条件下改变与之关联的乡村工业、乡村人口以及乡村环境之间的复杂联系,将学校定位为更大教育生态中的重要机构。[1] 生态批判主义教育学者鲍尔斯认为,生态危机需要教育的转型,要将文化模式与自然系统的持续能力相对应,倡导以"生态公正"作为教育理论和实践的重要框架,理解生态系统和文化系统之间的关系,解决环境种族主义以及社会不公正和环境污染的地理维度,振兴不同种族、民族群体和社区的非商品化传统,特别是那些支持生态可持续性的传统,以不会危及子孙后代环境的方式来促进和改变我们的生活方式。[2] 奥尔则提出了"一切教育皆是环境教育"的主张,意将学校教育引向其深嵌的环境之中。索贝尔也发出了只关注全球环境问题容易造成学生对自然世界"生态恐惧症"的担忧,提议转换教学方式,让学生扮演环境发展管理者的角色,参与本地环境问题的解决。[3] 格林沃尔德则融合了批判教育学与在地化教育的观点,提出了基于地方的批判教育学。在他看来,批判教育学更多关注于人际关系而忽视了人与自然的关系,忽视了对生态的关注。基于地点的批判教育学不能只与人类的压迫作斗争,还必须接受作为人与他人、与自然世界相联系的经验,以及为子孙后代保护和恢复我们共同环境的责任,激发所有的教育工作者反思他们所从事的教育事业、居住的地方以及为子孙后代留下东西之间的关系。为了发展一种能引起生态理解和知情政治行动的强烈地方意识,格林沃尔德认为教师和孩子必须经常花时间与熟悉的、日常的地方建立长期的关系。[4] 正如鲍尔斯和西奥博尔德(Paul Theobald)提出的,在地化教育是鼓励学生积极参与学习和关爱他们的社区,即振兴公共资源——自然系统(水、空气、森林等)、文化模式和传统(代际知

---

[1] Green, B., "Australian Education And Rural-Regional Sustainability", *Australian and International Journal of Rural Education*, Vol. 25, No. 3, 2015.

[2] Bowers, C. A., *Educating for Eco-Justice And Community*, Athens: The University of Georgia Press, 2001, p. 266.

[3] Sobel, D., "Beyond Ecophobia: Reclaiming the Heart in Nature Education", *Nature Study*, Vol. 49, No. 4, 1999.

[4] Gruenewald, D. A., "The Best of Both Worlds: A Critical Pedagogy of Place", *Environmental Education Research*, Vol. 14, No. 3, 2008.

识)的一种方法。① 基于生态正义视角的教育与地方关系的探讨,将工业时代的人拉回到和谐共生的自然和社会生态系统中,将学校教育带回"地方",强调学校教育在生态危机中肩负的责任,同时承认地方问题的教育性价值,这种对基于地方的学校教育范式的理论倡导重新解释人与自然、人与地方、人与人之间的关系,将人看成是一种生态存在,所提倡的是一种多元的、复杂的、共生性的乡村教育生态系统,讨论重点在于建立乡村教育、社区福祉与儿童生活的发展共生体。

综合对比国内外学者对乡村社会与乡村教育之间功能关系的理论叙事,中国学者更偏向于将"乡村教育"作为独立事项来探讨,热衷于建构适合乡村社会和乡村儿童的学校教育,这是一种"乡村为体,教育为用"的理论叙事路径,而国外学者则较少从宏观角度探讨乡村社会和儿童教育的问题,而多是对儿童、地方、学校三者之间依存关系和功能联结的探讨,强调的是交互性和耦合性,而非基于乡村教育发展方向的理论设计。

(二)基于乡村社区与乡村学校文化冲突的人类学解释性研究

不同于功能主义,冲突论强调的是社会生活中冲突的存在及其所具备的推动社会变迁的正负双向功能。冲突论视域下的乡村社区与乡村学校关系的讨论更多聚焦于文化、权力、知识三个方面,一部分研究讨论了现代学校与传统乡村间文化、权力的互动与冲突所产生的社会整合正向功能;另一部分研究则看到了现代学校对乡村知识、地方性知识的排斥以及乡村社区与乡村学校之间的隔离。多数研究是对微观乡村社区内乡村教育变迁的历史人类学考察,比较具有代表性的著作有廖泰初的《动变中的中国农村教育——山东省汶上县教育研究》、李书磊的《村落中的"国家"——文化变迁中的乡村学校》、曹诗弟的《文化县——从山东邹平的乡村学校看二十世纪的中国》、翁乃群、刘云杉等的《村落视野下的农村教育——以西南四村为例》、司洪昌的《嵌入村庄的学校——仁村教育的历史人类学探究》、巴战龙的《学校教育·地方知识·现代性——一项家乡人类学研究》、张济州的《文化视野下的村落、学校与国家——一个地

---

① Mcinerney, P., Smyth, J., Down, B., "Coming to a Place Near You? The Politics and Possibilities of a Critical Pedagogy of Place-based Education", *Asia-Pacific Journal of Teacher Education*, Vol. 39, No. 1, 2011.

方社区基础教育变迁的历史人类学考察》等。

其中,一部分研究者在二元对立思维下,认为现代学校组织与传统的乡村社区所代表的是两种不同的文化、知识与权力,并从知识与权力的视角出发论述了现代学校组织与传统乡村社区之间的知识冲突。从旧学到新学,从私学到公学,乡村社会从"文字不下乡"到"文字下乡"是传统与现代交锋的过程,经过百余年的洗礼,文字从庙堂走进乡野,新学、"洋学"战胜了乡村私塾获得了政治上的合法性。"不同于以乡土自给自足农耕经济、父系士绅和宗法社会为基础的科举制,新学则是以西学、工商经济、城镇市民社会为基础"[①],使得村落中的学校充满了城市化、外来性、工业导向的文化意象,李书磊将乡村学校比喻为"村落中的国家"。[②] 乡村学校象征着国家权力和形象,成为国家"现代化"赶超的手段和意识形态控制的机器,[③] 文化的精致性与教育的功利性奇妙地结合在一起,与在泥土里讨生计的农民相距甚远,成为乡村社会主流文化的代表。而地方性知识"因其不够成熟或不够精致而被认为是不合格的知识,即幼稚的知识,位于知识等级体系的底层,在认知性或科学性规定的标准下"[④]被称作"被压迫的知识",在中心宰制边缘的文化权力框架下,作为普遍性知识体系的传播机构,农村学校教育在教育宗旨、教育导向和教育内容等方面与城市教育高度"一体化""同质化",这种城市本位、外向型、精英主义的农村教育对乡土社会中的习俗和地方性知识体系的宰制,使得习俗和地方性知识只能从公共机构退缩到私人领域,不仅削弱了家庭教育,也阻隔了学生与农村社会的联系,失去了耳濡目染的濡化环境和空间,致使传统文化的传承被中断,造就了一批文化上的"不适应者",[⑤] 导致我国传统乡村知识人与广大乡民的日益分离,致使乡村文化

---

① 翁乃群:《城市导向的农村教育》,载翁乃群主编《村落视野下的农村教育:以西南四村为例》,社会科学文献出版社2009年版,第16页。

② 李书磊:《村落中的"国家"——文化变迁中的乡村学校》,浙江人民出版社1999年版,第5页。

③ 张济州:《文化视野下的村落、学校与国家——一个地方社区基础教育变迁的历史人类型考察》,教育科学出版社2011年版,第11页。

④ 张济州:《文化视野下的村落、学校与国家——一个地方社区基础教育变迁的历史人类型考察》,教育科学出版社2011年版,第127—128页。

⑤ 李小敏:《村落知识资源与文化权力空间——滇西北永宁乡拖支村田野调查》,载翁乃群主编《村落视野下的农村教育:以西南四村为例》,社会科学文献出版社2009年版,第78页。

价值在以物的现代化诉求中发生整体贬值并逐渐步入边缘化,也导致了精英文化传播在乡村社会中的整体缺席和传统乡村社会结构的整体瓦解,致使部分乃至整个乡村社会的集群异化。[1] 也有研究者从教育功利性视角表达了异于乡村文化的现代学校并没有带来乡村社会以及乡村儿童实质性教育收益,相反成为现代性破坏乡村的同谋。李红婷基于对大金村乡村小学百年历程的考察发现,随着市场化、现代观念逐渐向乡村社区的渗透,学校与社区、国家之间的关系转为以权力为基础的对有限资源与空间的共享、交换与争夺,可交换的资源是学校和社区互动的前提,学校由"村落中的国家"变为"村落中的集市",成为"资本""服务""商品"的集散地。[2] 乡村社会和乡村儿童难以获得实质收益。一方面,对于自古以来有着"耕读"传统的乡村社会而言,读书与耕作不分离,因而读书为仕、告老还乡并不稀奇,因此从某种意义上说,读书是乡村社会知识和文化的蓄水池,而在现代教育与乡土知识割裂的情况下,农村学校传授的知识不是"躬身山林的知识,而是走入庙堂的知识",[3] 学校变成人才筛选机器,加之农村居民对"学而优则仕"以及"跳出农门"的孜孜以求,不谋而合的功利性取向导致受教育者与农村社会"离心离德",割裂了现代与传统的关系,并从根本上割断了人与土地的血肉联系,[4] 追求离开农村和农业变成非农人口,逐渐将知识分子抽离出农村,培养了一批批对农村社会的"不适者"或"叛逆者",加速了乡村社区的衰败,由此引发了乡村教育走向"离农"与"为农"之争。另一方面,乡村学校的目标建构、课程设置、教师管理等方面游离于乡村社区之外,所使用的教材和课堂上所传递的知识和价值取向与乡村社会的知识和价值取向相去甚远,[5] 学生从小就生活在一个与家庭情境、与乡村场景疏异的学校教学世界、叙事世界与精神世界中,[6] 这种隔阂和排斥所造成的儿童"文化不连续性"

---

[1] 容中逵:《当代中国乡村教育发展的根柢问题及其解决思路》,《教育研究与实验》2010年第6期。

[2] 李红婷:《无根的社区·悬置的学校》,博士学位论文,中央民族大学,2010年,第158页。

[3] 翁乃群主编:《村落视野下的农村教育:以西南四村为例》,社会科学文献出版社2009年版,前言第6页。

[4] 万明钢:《"文字上移"——渐行渐远的乡村教育》,《教育科学研究》2010年第7期。

[5] 张济州:《文化视野下的村落、学校与国家——一个地方社区基础教育变迁的历史人类型考察》,教育科学出版社2011年版,第221页。

[6] 刘云杉:《村庄与教育——黔西南一个民族混居村庄的田野研究》,载翁乃群主编《村落视野下的农村教育:以西南四村为例》,社会科学文献出版社2009年版,第331页。

使得儿童处于矛盾之中,面临学习风险。学生一旦读不出去,就会陷入"进退两难"的境地,想进入城市工作和生活,脱离农业劳动,摆脱农民身份,却缺乏高学历文凭而求职无门,想退回农村,又往往因为不识稼穑、肩不能扛、手不能提、怕吃苦,加上思想的不适应而难以下决心和感到害怕。可见,乡村社区与乡村学校在文化和知识上的冲突不仅造成了二者之间的区隔,更深深地影响着乡村下一代的生命质量,对于被筛选出局的农村学生而言,所受过的教育成为"鸡肋",在乡村社会缺乏实用性,又不及城市社会的门槛,乡村青年成为游荡在街头的鬼蜮,"读书无用论"在乡村社会泛滥也是情理之中。虽然我们今时今日的乡村教育不必非要掌握"吃饭种稻""穿衣种棉""做房造林"的本领,"但教育内容与乡村社会的殊异性所导致的农村教育仅止于人才的选拔与输出功能而无益于乡村的生计与生活,这是教育的大不公"[①]。

相较之下,少部分研究者讨论了现代学校与传统乡村的文化、权力冲突所产生的社会整合正向功能。如果说二元思维下的乡村社区与乡村学校之间的文化、知识和权力冲突所表现出来的隔离具有对乡村学校"单向度指摘"的嫌疑,那么强调乡村社区与乡村学校整合功能的论述则应概括为一种互动论。坚持互动论的学者同样看到了乡村社区与乡村学校之间的冲突,表达了乡村教育给乡村及其儿童造成的困扰,但同时也看到了冲突所带来的社会整合功能。郝金花、王先明基于教育现代化的宏观视角,认为现代性与传统之间并不是界限分明、相互割裂的,相反现代性与传统之间是一个连续的过程,现代性在乡村社会的渗透,是一个与传统交锋的过程,但更是通过与传统之间的互动完成的,教育现代化不应被看成是一个新式学校取代旧式私塾、科学知识征服八股科举的过程,而应看成一个传统与现代互动的过程,一个妥协与创造并存的过程。[②] 司洪昌则从学校角色的微观视角出发,认为村落中的学校作为国家意志的转换器,是作为国家"细胞"的乡村社区与外部世界互动的"安全阀",拉动着乡村走向一个更大的外部世界,完成国家以教育促进整个社会整合的愿望。而嵌入村庄的学校,在与村落民间规范互动的过程中进行一系列的文化和社会调

[①] 刘云杉:《中国乡村教育实践的检讨》,载翁乃群主编《村落视野下的农村教育:以西南四村为例》,社会科学文献出版社2009年版,第366页。

[②] 郝锦花、王先明:《论20世纪初叶中国乡间私塾的文化地位》,《浙江大学学报》(人文社会科学版)2005年第1期。

适、治理结构和氛围的演变，显示出一种在地色彩。① 也就是说，乡村学校一方面将乡村带向外部世界；另一方面也在与乡村互动的过程中逐渐转变以适应乡村社会。

（三）基于乡村社区与乡村学校关系质量提升的实践改进研究

重建乡村、学校、儿童三者之间的联结是一次将理论实践化的探索行动。综上所述，国内外并不乏学校教育与乡村社区交互价值的理论论述，但对于如何改进和重塑乡村、学校、儿童三者之间联结，指向理论落地的实践性研究并不多见，国内学者的代表性研究尤为鲜见。相较之下，国外的研究起步略早，为乡村、学校、儿童三者之间关系的重建积累了一定的研究参考素材。总的来看，国外指向改进乡村社区与乡村学校互动实践质量的研究行动大体上是围绕"资源""关系"两个联结学校与社区的核心要素展开的。

围绕"资源"展开的教育行动，是指学校、社区作为资源态的教育实践。也就是说，学校、儿童、乡村三者之间关系的重建是建立在资源依存性基础上的，强调的是三个主体的交互性存在，最具代表性的即为"在地化教育"。在地化教育虽然并未形成系统性的理论架构和官方话语，但其探索性实践可追溯至 20 世纪五六十年代，肇始于美国，现已获得部分西方研究者的青睐。

其中一部分研究者是通过呈现具体的在地化实践范例来阐释如何建构乡村社区与乡村学校互动关系的。在美国，较早提倡在地化教育改革的是美国的狐火基金（The Foxfire Fund）、农村学校和社区信托组织（The Rural School and Community Trust）、社区学校联盟（The Coalition of Community ty Schools）等学校改进组织。② 其中，狐火基金可能是美国最古老、应用最广泛的地方意识教育的例子。它最初起源于美国佐治亚州拉邦县拉邦加普—纳库奇学校（Rabun Gap-Nacoochee School）艾略特·维金顿（Eliot Wigginton）教师和学生在英语课上发起的一项写作项目，该项目旨在通过学生采访自己的亲戚和当地居民关于生活方式及变化以及如何处理农村

---

① 司洪昌：《嵌入村庄的学校——村教育的历史人类学探究》，教育科学出版社 2009 年版，第 424 页。

② Mcinerney, P., Smyth, J., Down, B., "Coming to a Place Near You? The Politics and Possibilities of a Critical Pedagogy of Place-based Education", *Asia-Pacific Journal of Teacher Education*, Vol. 39, No. 1, 2011.

地区传统等问题并出版一本杂志。1966 年杂志首次出版,涵盖了阿巴拉契亚南部人民的生活方式、文化、工艺和技能等主题。随后,该校学生筹建了一个非营利性教育和文学组织——狐火基金,并建立了阿巴拉契亚文化博物馆。① 狐火项目链接了人们对阿巴拉契亚乡村民俗和文化的广泛兴趣。此后,在其影响下,美国其他地区的学生都出版了类似的出版物。② 另一个在美国乡村推广在地化教育且影响深远的代表性机构是农村学校和社区信托组织。该组织是一个非营利性的教育组织,成立于 1995 年,前期经费来源于"安纳伯格乡村挑战"(Annenberg Rural Challenge)项目的赠款,后期获得了多家机构的资助。该组织致力于通过加强乡村学校和社区之间的关系以及让学生参与社区公共工作来提高学生的学习和改善社区生活,③ 不仅实施了一系列吸引学生和农村居民参与的改进项目(如乡村艺术教育计划、教育更新区试点项目等),还建立了连接农村学校设施、社区设计、规划和金融等方面的虚拟信息和宣传支持网络,④ 创办了《农村根》(Rural Roots)和《农村政策事项》(Rural Policy Matters)两本杂志。⑤ 进入 21 世纪以后,在地化教育实践倡导者更多回应了环境教育、生态教育以及户外教育的时代要求。如在地化教育得到澳大利亚农村教育提供协会(Society for the Provision of Education in Rural Australia)的强烈支持,并越来越多地出现在如澳大利亚环境教育协会(Australian Association for Environmental Education)等专业组织的会议主题上以及与地方文学、教学和面向社区的学校教育研究项目中,⑥ 以及葡萄牙地方发展协会(the Portuguese Association for Local Development)与教育社区协会(the

---

① Wikipedia:*Foxfire*(*magazine*),https://en.wikipedia.org.
② Mcinerney, P., Smyth, J., Down, B., "Coming to a Place Near You? The Politics and Possibilities Of a Critical Pedagogy of Place-based Education", *Asia-Pacific Journal of Teacher Education*, Vol. 39, No. 1, 2011.
③ Lewicki, J.: "100 Days of Learning In Place: How a Small School Utilized "Place-based" Learning to Master State Academic Standards", https://Files.Eric.Ed.Gov/Fulltext/Ed459023.Pdf.
④ Wikipedia: "The Rural School and Community Trust Annual Report 2001", https://files.eric.ed.gov/fulltext/ED459032.pdf.
⑤ Wikipedia: "Rural School and Community Trust", https://en.wikipedia.org/wiki/Rural_School_and_Community_Trust.
⑥ Mcinerney, P., Smyth, J., Down, B., "Coming to a Place Near You? The Politics and Possibilities Of a Critical Pedagogy of Place-based Education", *Asia-Pacific Journal of Teacher Education*, Vol. 39, No. 1, 2011.

Institute of Educational Communities）合作开展的为期15个月的"发现农村世界"（Discovering the Rural World）项目，[①] 澳大利亚墨累—达令流域委员会和小学英语教学协会合作的旨在促进学生对当地环境作出文学和艺术反应的"特别永远"（Special Forever）项目[②]等。目前，在地化教育越来越受欢迎，已经在美国和世界其他国家的特许学校、私立学校甚至一些公立学校的教室里得到应用。[③] 在实践中，在地化课程的实施，一部分是在学科内进行的，如加拿大不列颠哥伦比亚省一个偏远乡村社区为6—12年级学生实施的音乐项目，通过组建学生乐队、演出活动，加强了乐队成员、教师和学生、家长和学生之间的交流，培养了学生的音乐素养，通过演出活动加强了学生对家乡以外世界的联系和认识，为学生与外界的联结提供了一条途径。[④] 还有一部分课程是通过学年主题的方式在多学科进行，如美国俄勒冈州波特兰市的环境中学（Environmental Middle School）提出了一个以河流、山脉和森林为主题的课程。整个学年中社会研究、科学、语言艺术和数学的课程都将从中选择主题作为教学组织单元，学生们不仅对自然环境有了深入的了解，而且参与到野外环境治理中，并在校外创建了生态实验室。[⑤] 此外，还有针对提升学生就业机会的在地化课程实践，如美国加利福尼亚州的弗里蒙特高中媒体学院（Media Academy at Fremont High School）通过学生为当地办报纸、发布公告和新闻等形式，一方面增加了学生的就业机会；另一方面发展了学生对文化有效性的责任感，促进了学生生活与社区的可持续性发展。[⑥]

[①] Lúcio, J., Ferreira, F., "Rural Schools and Local Development in Portugal: Rehabilitation, Participation and Socio-educational Innovation", *Australian and International Journal of Rural Education*, Vol. 27, No. 2, 2017.

[②] Bartholomaeus, P. A., "The Potential of Place-based Education to Enhance Rural Students' Educational Experience" (file:///C:/Users/wangh803/Downloads/Education_ relevance_ and_ rural_ development.pdf), Australia, Conference: First International Symposium For Innovation in Rural Education, 2009 - 02, P68.

[③] Deringer, S. A., "Mindful Place-based Education: Mapping the Literature", *Journal of Experiential Education*, Vol. 40, No. 4, 2017.

[④] Brook, J., "Placed-Based Music Education: A Case Study of a Rural Canadian School", *Action, Criticism & Theory for Music Education*, Vol. 15, No. 4, 2016.

[⑤] Smith G, A., "Place-based Education: Learning to be Where We are", *Phi Delta Kappan*, Vol. 83, No. 8, 2002.

[⑥] Evans, R. T., Kilinç, "History of Place-based Education in the Social Studies Field", *Journal of Social Sciences /Sosyal Bilimler Dergisi*, Vol. 6, No. 14, 2013.

另有一部分研究者则通过研究提供了在地化教育实施效果的实践证据及建议。在地化教育作为理论指导下的教育探索行动，旨在通过基于地方的乡村学校教育范式转型实现学校教育、儿童生活以及地区福祉的共同发展。在实践效果方面，利伯曼（Lieberman Gerald A.）和胡迪（Hoody Linda L.）在调查了美国各地的40所学校之后发现：在地化教育比标准化测验更能促进学生的读、写、数学、科学以及社会研究等方面的成就。[①] 美国评估合作组织（PEEC）的评估证据也支持了在地化学习在改进学生的学习，提高连接和传输知识从熟悉到陌生环境的能力，减少纪律问题，以及在更高层次上学习的机会。[②] 此外穆尔尼·西安图里（Murni Sianturi）等人对印度尼西亚巴布亚偏远地区一所小学展开的调查发现，在地化教育对学生的影响不仅仅是学业层面，更包括写作技能和自信。同时通过发展和实践在地化课程，土著教师也获得了新的文化意识。[③] 在课程实施上，史密斯描述了五种在地化的学习方法：地方文化学习、地方自然学习、当地实习和创业、问题调查以及解决问题和社区决策，这些方法均包含了学校和社区、教师和家长、教师和学生之间的合作。[④] 索贝尔构建了一个基于生态环境的在地化课程发展框架，他认为"如果我们想让孩子们茁壮成长，真正获得能力，那么应该先让他们热爱地球，然后再要求他们拯救地球"。[⑤] 他强调课程设计应遵循从培养学生对熟悉的人的同情心开始，到对家庭范围的探索，继而引导社会行动和恢复的逻辑次序

[①] Lieberman, G. A., Hoody, L. L., "Closing the Achievement Gap: Using the Environment as an Integrating Context for Learning" (https://files.eric.ed.gov/fulltext/ED428943.pdf), quoted from: EVANS, R. T., KILINÇ, E, "History of Place-based Education in the Social Studies Field", *Journal of Social Sciences / Sosyal Bilimler Dergisi*, Vol. 6, No. 14, 2013.

[②] Bartholomaeus, P. A., "The Potential of Place-based Education to Enhance Rural Students' Educational Experience" (file:///C:/Users/wangh803/Downloads/Education_relevance_and_rural_development.pdf), Australia, Conference: First International Symposium For Innovation in Rural Education, 2009-02, p. 68.

[③] Sianturi, M., Chiang, C. L., Au Hurit, A., "Impact of a Place-based Education Curriculum on Indigenous Teacher and Students" *International Journal of Instruction*, Vol. 11, No. 1, 2018.

[④] Smith, G. A., "Place-based Education: Learning to be Where We Are", *Phi Delta Kappan*, Vol. 83, No. 8, 2002.

[⑤] Sobel, D., "Beyond Ecophobia: Reclaiming the Heart in Nature Education", *Nature Study*, No. 49, 1999.

展开。①

围绕"关系"要素展开的教育改进行动研究，是以"学生行动域"为基点，旨在提升学校效能的家庭、学校和社区的教育合作体系。现代社会的高复杂性和不确定性使得个体或单方面力量应对社会风险的能力和成功概率减弱，通过合作治理构建人类命运共同体是大变革时代的必然趋势，尤其是进入21世纪之后，合作治理与社会变迁的契恰性日益明显。深嵌于社会变迁和国家结构之中的学校，尝试通过内部改进或变革提升效能的道路并没有收到良好的效果，越来越多的研究者和实践者认识到"拆除学校围墙"的重要性。加拿大学者迈克尔·富兰（Michael Fullan）在《变革的力量》中提到，学校变革的复杂性决定了与外界环境建立联系的重要意义，②学校变革已由关注学校内部治理转向对所处的整个教育生态系统的关注，加强学校与社会的联系与沟通已经成为中外学者的共同话语。然而在实践场域里，由于家庭、学校、社区的权责划分、认知观念以及利益考量上的差异，乡村学校往往掌握着教育的主导权和专业话语权，③家长经常被学校控诉"裹乱""不配合"抑或"素质不高"。④而社区则成了索取"报"与"偿"逻辑下的冷漠组织，⑤学校与社区之间的互动仍由工具理性主导，在互动过程中，存在互动目标不一致、互动关系不对等、互动缺乏计划性和连贯性等问题。因而在具体实践上，国内研究者在引介美国、英国、加拿大、新加坡、日本等国学校与社区互动实践与改革经验的基础上指出，家校社之间的合作不仅仅是三者之间的联合更是资源、功能以及活动上的融合，需要建立组织需求联结，拓展组织功能域，继而形成发展共同体。⑥另需要遵循目标一致、地位平等、多方共赢

---

① Gruenewald, D. A., "The Best of both Worlds: A Critical Pedagogy of Place", *Environmental Education Research*, Vol. 14, No. 3, 2008.

② ［加］迈克尔·富兰：《变革的力量——透视教育改革》，中央教育科学研究所等译，教育科学出版社2000年版，第50页。

③ 张泽东、任晓玲：《农村幼儿园与社区互动的价值及其存在问题与解决策略》，《学前教育研究》2017年第9期。

④ 林玲：《家校合作关系的检视——一种批判的视角》，《教育科学研究》2013年第6期。

⑤ 朱志勇、韩倩、张以瑾：《村落中的堡垒：风险社会学视角下的农村学校与社区发展》，《清华大学教育研究》，2016年第1期。

⑥ 施克灿：《浅析日本的"学社融合"论》，《外国教育研究》2002年第9期。

和跨界协商等原则,[①] 以保障家校合作中信任的构建和民主、平等的沟通机制的形成。美国约翰·霍普金斯大学的乔伊斯·爱泼斯坦（Joyce L. Epstein）为家校社综合性合作体系设计的六类参与行为工作框架（简称"六分框架"），区分了教养技能、志愿服务、双向交流、在家学习、参与决策、社区合作六种类型的家校参与行为，在每种类型下又包含许多不同的合作项目，为教育工作者开发更为全面的家校合作体系提供了指导。这一体系能为家庭提供各种在学校、社区里参与的机会，而这些参与行为将为学生、家长和教师带来各种潜在的重大成果。为了使家庭、学校及社区之间进行更好的沟通与合作，爱泼斯坦构建了合作行动团队（ATP）、家长—教师协会（PTA）、家长—教师组织（PTO）等专门的组织，负责家校之间的联系以及家校社合作项目的改进与协调工作。他还组织成立了全美合作型学校关系网（NNPS），旨在将研究人员开发出的各种工具性材料和工作方针提供给学校、学区、州教育部门和其他教育负责人，帮助广大中小学做好本校综合性、目标导向型的学校、家庭与社区合作体系的策划、实施与持续维护工作。[②] 目前国内的江西省已将其家校社合作的理论和实践引入乡村教育治理实践中，并取得了一定的效果。

二 对已有研究的评论

总的来看，无论是国内还是国外，基于理论叙事与文化解释学的相关研究从功能域和必要性两个方面给出了构建乡村社区与乡村学校之间联系的结论，大多数研究以强调乡村学校所负载的地方政治、经济、文化、生态建设的责任，规划了乡村学校教育的发展路向，对乡村学校教育的内容和形式提出了内置乡村发展因子的价值规定。很显然，这种来自政治、经济、文化、生态等视角对乡村学校内容和功能预设的多方尝试对乡村重建、乡村学校定位以及乡村学校与乡村社区关系重塑的把握积累了丰富的研究素材，拓宽了对乡村社区与学校关系的理解面向与建设路径，对于乡村及其学校发展均有着一定的理论指导价值；实践导向下的行动研究围绕"资源""关系"两个主题为如何构建和改善乡村、儿童以及学校之间的

---

① 朱永新：《家校合作激活教育磁场——新教育实验"家校合作共育"的理论与实践》，《教育研究》2017年第11期。
② ［美］乔伊斯·L. 爱泼斯坦等：《大教育：学校、家庭与社区合作体系》，曹骏骥译，黑龙江出版集团2016年版，第19、31页。

关系提供了具体实例和行动策略，很多国家的变革实践经验以更加广阔的视域、更加多样化的策略丰富了重建乡村、学校、儿童三者之间联结的建设思路和行动方向，对于乡村学校的具体行动实践有一定借鉴意义。但是，无论从理论还是实践上看，由于嵌入型的理论叙事与概要式的实践行动使得既有研究对乡村、学校、儿童三者之间关系的讨论多停留在碎片化表达层面，缺乏整体性关照和系统性论述。

首先，无论是冲突论视域还是功能主义视域，既有研究对乡村社区与学校之间交互功能和价值关系把握的乡村偏向论调，均是以学校的工具属性作为讨论前提的，在本质上是一种"乡村为体，学校为用"的研究取向，缺乏"学校为体，乡村为用"的研究面向，即缺乏乡村社区之于乡村学校教育价值的深度挖掘和系统论述，更缺乏对如何结合乡村教育现实、借助乡村社区来发展学校教育的研究和关注。

其次，就已有研究对当前乡村、学校及儿童三者之间的联系和作用域的论述来看，要么是基于时代的乡村教育功能的更新，要么是重申经典理论的当下意义，重复性、断裂式的理论呼唤较多，停留在对乡村社区与学校所肩负的时代任务等责任规定，泛泛而论者居多，鲜有关于三者内在联系和作用机制的整体性论述和理论追问。

最后，实践案例多以举例子的形式出现，行动研究尚未提供系统性的实践策略，缺少有生命力的、可参照的本土实践范例，对乡村社区介入学校变革内在机理的解释不足。因此，尚需更加深刻、全面、细致的理论挖掘和实践范例对为什么要推进乡村教育在地化、为什么能推进乡村教育在地化以及如何推进乡村教育在地化等问题进行解释。

基于以上研究缺陷，本书尝试进行一次对乡村教育在地化的理论探索与实践寻踪。从当下乡村教育的现实处境出发，从理论层面解释乡村教育在地化的合理性，从实践层面提供乡村教育在地化的本土案例，并以此为基础探索乡村教育在地化的作用机理。

第四节　核心概念辨析

本书主题涉及三组核心概念，有待进一步厘清和阐明。第一组概念为"农村教育"和"乡村教育"。既有的学术研究中并没有明确区分农村教育和乡村教育两个概念，很多学术研究语境中二者是不加区分使用的，辨析这组概念意在进一步明确本书研究对象的空间边界及其教育指向的规定。第二组概念为"在地化"和"本土化"。辨析这组概念源于既有的学术表达和实践认识中对两者内涵的模糊化处理,厘清两者的内涵指向并说明为何本书选择"在地化"一词,明确乡村与学校之间的关系定位是展开本书的逻辑前提。第三组概念是"综合实践活动课程""地方课程/校本课程""在地化教育""家校社共育"等。辨析这些概念有助于明确这些教育举措与乡村教育在地化之间的差异与联系,可进一步厘清乡村教育在地化的关注范畴和实践表达方式。

一 乡村教育与农村教育概念释义

在当前的学术研究中,"农村教育"和"乡村教育"两个概念是同时存在的。但追溯学术脉络可以发现,民国时期研究者多使用"乡村教育"一词,而中华人民共和国成立之后"农村教育"一语较为常见,近年来随着国家政策语境的变化,"乡村教育"这一用法再次获得研究者的欢迎。总体上,从中华人民共和国成立后的相关研究来看,关于农村教育的内涵界说主要有五种。

第一种是区位说。一直以来,有学者认为农村教育是城乡二元社会结构发展下的产物,因此将农村教育的内涵建立在地理区位之上,对农村教育的解释多是基于城乡行政区划的视角,如有学者认为"农村教育主要是指在农村经济环境里,对农村居民(或农民)及其子女进行的教育"[1]。亦有学者认为农村教育是对县以下农村地区人口实施的各种形式的学校教育和社会教育的总称。[2] 还有学者认为农村教育实际上是根植于发展中国家二元社会结构的一种现象,如果中国未来社会实现了从二元社会到城乡一体化的转变,农村教育的概念也会随之消失。[3]

第二种是产业说。持产业说的学者主要依据教育服务对象的从业种类来界定"农村教育"的概念。如李少元把农村教育定义为"以农业为基

---

[1] 明庆华、程斯辉:《发展我国农村教育要处理好几个关系》,《中国教育学刊》2004年第10期。
[2] 王慧:《中国当代农村教育史论》,光明日报出版社2014年版,第3页。
[3] 邬志辉、杨卫安:《"离农"抑或"为农"——农村教育价值选择的悖论及消解》,《教育发展研究》2008年Z1期。

础产业的农村的区域性教育";① 廖其发则认为农村教育主要是指有农、林、牧、副、渔业等涉农产业及从事这些产业的农民的县或县所辖的区域的教育,但重点是指农民居住的乡村的教育。② 可见,相较于"区域说","产业说"对农村教育的理解是建立在农村社会产业功能基础上的,在区域限制的基础上提高了对教育的要求。

第三种是对象说。按照教育对象界定乡村教育概念的大体分为两种:一种指向乡村人口,指发生在乡村且以乡村人口为教育对象的教育;另一种指向农村人口的年龄阶段和教育层级,如1991年联合国教科文组织将农村教育界定为农村地区的基础教育、职业技术教育和成人教育,包括有文凭的全日制正规学习和短期非正规的成人扫盲学习以及技能培训。陈敬朴的农村教育概念还明确了教育的形式内涵,认为农村教育是"在农村地区对各个年龄段农村人口实施的包括农村学校教育(基础教育、职业教育、高等教育)与社会教育(社区教育等)在内的各级各类教育与各种形式教育的总称"③。

第四种是功能说。从功能角度论述乡村教育概念的学者一般关注教育对乡村人口和乡村社会发展的价值。按照《国际教育百科全书》的说法,农村教育旨在帮助人们改造他们(农村人口)的生活标准,使他们能自力更生,有创造性。也有学者认为农村、农业和农民的生产生活的实际需要决定了农村教育必须为农村发展服务,使农村人口受益,一方面使农村人口获取知识和劳动技能;另一方面使农村人口获取现代公民意识。④ 亦有学者认为农村教育是一种大教育,应将传统的区位概念转化为功能概念,将农村教育定义为农村现代化发展服务的教育,包含但不囿于农村中的教育,以促进农村人口转移为使命,指向农村人的幸福,促进人与自然和谐。⑤

第五种是动态说。杜育红结合城乡社会结构的动态性,认为从地理区位出发理解农村教育过于简要和空洞,要站在城乡二元结构立场把握农村

---

① 李少元:《农村教育论》,江苏教育出版社1996年版,第1页。
② 廖其发:《多元一体:中国农村教育的价值取向》,《中国农业大学学报》(社会科学版)2015年第1期。
③ 陈敬朴:《农村教育概念的探讨》,《教育理论与实践》1999年第11期。
④ 马培芳、马晓晴:《教育为农村发展服务》,甘肃教育出版社2003年版,第3页。
⑤ 赵清福:《农村基础教育功能拓展的理论与实践》,哈尔滨地图出版社2007年版,第7页。

教育概念，从生产方式、生活方式与社会制度三个层面抓住农村教育的关键特征。从以上三点出发，他认为农村教育是以自然经济为主体，与低收入群体和传统的、在自然状态下形成的比较分散的居住方式相联系的，与社会制度密切相关的，如随迁子女虽身在城市，但受户籍和社保制度限制，他们的教育仍应包含在农村教育中，且由于这几方面都是一个动态变化的过程，因而农村教育的内涵也是一个动态变化的过程。[①]

综上可见，既有研究中对农村教育内涵的阐释是在特定参照系下进行的，"农村"和"教育"的边界与指向直接影响着农村教育的内涵指涉，尤其是对"教育"边界的规定是嵌入在对"农村"概念的理解和界定的基础上。因此，厘清"农村"和"乡村"两个概念便成为进一步定义"乡村教育"概念的基本前提。从人类聚落、社会生产生活结构变迁的历史视角出发，"乡村"一直是作为区别于"城市"的行政区划单位存在的。如有学者认为"以社区结构的视角来看，乡村是相对于城市的包括村庄和集镇等各种规模不同的居民点的一个总的社会区域概念"，[②] 即"今'乡'，则市以外之名称也，举凡同在一地人口数目不及一市者概为乡"，[③] 可见，划定"乡村"边界是以人口聚居程度展开的，"乡村"被看作是民众居住的场所。相较之下，"农村"则是以产业结构为主要依据进行划分的，作为一个经济概念，"农村"指向以农业生产为主的区域。[④]所以从本质上看，"乡村"属于行政空间概念，"农村"属于经济空间概念，之所以两者之间并未形成严格的区分，只不过是就我国特有的社会生产生活发展结构来看，农业分布区域、从事农业生产的人群与乡村所辐射的区域基本是重合的，因而在很多情况下农村即指乡村。从这个意义出发，前文中所呈现的既有研究者对"农村教育"概念的界定中也包括了对"乡村教育"概念的界定。

本书中选择以"乡村教育"代替"农村教育"的概念，意在以"乡村"的概念边界规定教育的指向。按照将"乡村"作为行政区划概念来理解，本书中的乡村指的是县级以下的区域，包括乡、镇以及村屯在内。

[①] 杜育红：《农村教育：内涵界定及其发展趋势》，《华南师范大学学报》（社会科学版）2013年第1期。

[②] 王先明：《中国近代乡村史研究及展望》，《近代史研究》2002年第2期。

[③] 喻谟烈：《乡村教育》，商务印书馆1927年版，第4页。

[④] 李森、崔友兴：《社会变迁中的乡村教育》，福建教育出版社2017年版，第40—41页。

以此推之，一般情况下，当前乡镇一级的学校教育多为义务教育，因而将乡村教育定义为乡镇及以下义务教育阶段学校教育的总称。① 在此需要强调的是，"乡村"作为行政空间概念和社会空间概念对"乡村教育"一词指向的限定，在教育目的上从属于义务教育总体目的而拒绝"农村教育"概念所倡导的培养适应农村经济和产业发展所需人才之目的，在教育对象上是面向区域内适龄儿童而非"农村教育"概念下包揽职业教育和成人教育的。从当前乡村学校的存在样态来看，位于村落的学校多为非完全学校，即教学点、微型小学，位于乡镇的学校一般为完全学校，即乡镇小学、乡镇初中、九年一贯制学校，多为寄宿制学校。此外，使用"乡村"一词能够更加明确本书研究对象的具体边界，即对乡村教育在地化问题的讨论是以作为社会空间概念的"乡村"为基底展开的，既有地理边界的要求，又有空间聚落特质的约束。

二 在地化与本土化概念释义

在中国知网数据库中，按篇名含"在地化"和"本土化"两个词为条件进行检索发现，"本土化"一词的使用频率要远高于"在地化"。很显然，"在地化"并不是学术研究中的常用词汇。通过中国知网工具书（词典+百科）功能对"在地化""本土化"两个词语的基本释义进行检索发现，当前尚未收录"在地化"这一词条。② 对"本土化"一词的释义有以下几种：《现代汉语新词语词典》将"本土化"一词定义为"从国外引进的先进技术或产品，根据国情进行改进或改造，使之适应本国的需要"；而《100年汉语新词新语大辞典·中册》的解释是"使外来产品、技术等具有鲜明的本民族或本地区的特色"。相较于前者，后者的内涵范围由原来的"国外—国内"拓展到"国外—国内"或者"地区之外—地区之内"，对"本土化"一词宽泛化的解释在学术文献中也被广泛使用。基于此，可将"本土化"一词的内涵归为一种"由外向内的转化机制"。进一步对比"在地化"和"本土化"两个词嵌入的具体学术语境发现，对两个词的理解和使用既有重合又有差异。从"本土化"和"在地化"

---

① 基于对"乡村教育"内涵的规定，本书"乡村教育"概念，非特殊说明，均指义务教育阶段的乡村学校教育。

② 在中国知网工具书（词典+百科）中对"在地化"一词的检索时间截至2019年8月2日。

对应的英文单词来看,"本土化"对应的是"location",而"在地化"的对应词却有"location"和"place-based"两个,当"在地化"对应"location"时与"本土化"的内涵是一致的。从表 0-1 可以看出,二者只有形式上的差异,但却保持着内涵的一致性。总地来看,"本土化"应用于"国外—国内"的场合要远多于"地区之外—地区之内",相较之下,历史学者、人类学者对"在地化"一词的使用重在强调研究对象与地方文化和传统之间的耦合。而当"在地化"一词与"place-based"对应时与"本土化"一词所表达的内涵存在明显的差异。汪明杰在《在地化教学:教育生态化转型的支点》一文中将"place-based teaching"一词译为"在地化教学",可以看作国内将"place-based"词组译作"在地化"的代表性文献,他对"在地化教学"案例的描述提供了一种对"在地化"概念的崭新解释,即"在地化教学"是一种基于一方水土的、新的生态教育方式,强调的是地方的教育性以及地方与学校之间的教育联结,是一种"基于地方的学校行动"。① 由此可见,当"在地化"对应"place-based"时,代表的并不是一种"由外向内的转化机制",而是一种"基于互动的联结机制",对场所或地方的强调表现为空间场所与学校教育之间的有效联结而非单向度的学校适应地方的逻辑,这是明显区别于与"location"相对应的"在地化"的内涵的。

表 0-1 以 location 释义的"在地化"和"本土化"的部分文献对比

篇名含"在地化"一词的文献示例	篇名含"本土化"一词的文献示例
1.《香港华商总会对五四在地化的迎拒》《在地化:五四运动在香港的行进轨迹》 2.《"全球化"与"在地化"的当代新儒家——以刘述先和蔡仁厚为例》《"在地化"——新儒学与其他传统精神的会通之道》 3.《郑杭生"在地化"社会学理论的建构:自觉机理及意义》《在地化——郑杭生基于中国本土的社会学研究》	1.《论文化诗学的本土化及其现实品格》《本土化——文化诗学(西方后现代主义文论思潮)中国化的过程》 2.《中国教育学本土化研究的困境及超越》《本土化——突破异域理论框架和方法论规约的基于中国本土的教育学研究》 3.《民国时期"训育"的本土化实践》《本土化——民国时期西方训育思想在中国的具体实践》

① 汪明杰:《在地化教学:教育生态化转型的支点》,《世界教育信息》2018 年第 12 期。

回归本书得以展开的实践起点和期待回应的理论问题,本书的研究起始于实践中依托乡村的学校自下而上的自主变革,重点在于探讨及解释为何以及何以依托乡村的乡村学校能够实现自主变革的问题。因此,以具体实践和理论期待比照"在地化"一词的内涵释义,本书对"在地化"一词的理解是以"基于互动的联结机制"而非"由外而内的转化机制"为基础的。"乡村教育在地化"的表达方式呈现的是学校教育与作为空间概念的乡村之间的互动关系。也就是说,在明确"乡村教育在地化"一词的研究关切之后,本书将"乡村教育在地化"定义为一种建立在乡村、学校、儿童三者之间联结基础上的教育实践发展方式,其本质是一种依托乡村(资源)的学校教育变革发展的实践方法论。同时,这一规定性内涵是对本书中观学校立场的再次阐明和确认,即以概念化的学术表达重申了从学校变革发展维度探讨乡村教育在地化问题是本书的核心所在。

此外,为了避免陷入既有研究中惯常理解的陷阱,这里对"乡村教育在地化"的内涵指向做进一步的厘清:其一,本书对"乡村教育在地化"的理解并不是强调一种区别于城市教育的乡村教育发展定位,而是重在强调学校与其嵌入的乡村空间之间的意义联结,而这种基于乡村、依靠乡村的学校发展变革更多是方法层面的,不能将其升级为价值层面区分于城市教育的乡村教育发展定位的证据;其二,本书对"在地化"内涵的理解是建立在"基于互动的联结机制"基础上,这一规定意在解释乡村空间的教育价值和之于学校发展的意义,而非强调对"外来的现代学校"进行改造以适应乡村社会及其文化,即是说"在地化"肯定地方性知识的合法性与乡村空间资源的教育价值,却不主张以转化的逻辑来展开实践行动。

三 乡村教育在地化的实践指涉辨析

以什么为载体、通过什么方式推进乡村教育的在地化是在明确概念内涵之后的另一个重要问题。乡村教育在地化无论是作为一项认识论还是作为一项方法论,均称不上是一个创新的教育思想,经典教育理论中并不乏对加强教育与生活、教育与实践、地方与课程相联系的呼唤,现实教育场域中也不乏基于地方、生活和实践的教育改革探索。那么,乡村教育在地化与当前教育实践场域中所提到的"综合实践活动课程""地方课程/校本课程""在地化教育""家校社共育"之间是一种什么关系?在理念起点、实践形式和价值范畴维度上又有何异同点？对上述教育实践形态间的比较能够进一步加深对乡村教育在地化内涵边界和功能范畴的理解。

（一）乡村教育在地化与"在地化教育"之间的关系

"在地化教育"（place-based education）一词是一种西方语境下的学术话语表达方式和教育实践。从理念起点来看，"在地化教育"源于西方环境、生态以及教育学者对"地方"的关注，是一种以承认和重建人与地方之间内在联结为前提基础的教育实践努力，内涵涉及使用学生的生活环境、地方的自然、社会和文化资源作为教授语言艺术、数学、社会研究、科学和其他物体概念的起点。从实践形式看，在地化教育的目的和实践可以与实验学习、情境学习、基于问题的学习、建构主义、户外教育、环境和生态教育、生物教育、民主教育、多元文化教育、以社区为基础的教育、批判教育学、服务学习、公民教育和基于项目的学习相联系。[1] 可以说，"在地化教育"涉及的教育实践领域和方式是十分广泛的，教育空间的拓展、地方性教育素材的引入、在地化的教与学方式等均是在地化教育的实践表现形式，而学校的学科课程和诸如环境、生态教育等非学科课程等均可作为在地化教育实践的课程载体。从价值范畴来看，在地化教育的核心是学校教育、儿童及青少年生活以及社区福祉三者进程之间的关系，[2] 旨在促进个体的地方认同，改善学校教育质量、教育公平以及重建地方生态和社区福祉。所以，"在地化教育"作为一种实践形态，不仅仅是从实践和方法层面学校教育的变革尝试，更是一种基于"地方""学校""儿童"关系认识基础上的学校教育范式理念的重建，因而"在地化教育"是作为一种教育理念与教育设计的结合体的型本质[3]存在的。本书的"乡村教育在地化"表达方式深受这一教育范型的启发，如前所述，"在地化"一词即是源于对"place-based"一词的中文转译，但不同之处在于，其一，"在地化教育"不局限于乡村范围内；其二，"在地化教育"的逻辑起点是"地方"，是基于地方和为地方的一种教育行动，而本书

---

[1] Gruenewald, D. A., "The Best of both Worlds: A Critical Pedagogy of Place", *Environmental Education Research*, Vol. 14, No. 3, 2008.

[2] Cuervo, H., "Problematizing the Relationship Between Rural Small Schools and Communities: Implications for Youth Lives", *Alberta Journal of Educational Research*, Vol. 60, No. 4, 2014.

[3] "型本质"一词并非作者为创造新的学术名词而有意为之，而是作为一个概括性词汇存在的，意在表达"在地化教育"所属的类型本质，即对范式所属的抽象概括。后文中还会使用到"型本质"一词，不再赘述。

"乡村教育在地化"的起点是乡村学校教育的现状,是以推进乡村学校变革和教育质量改善为初衷的;其三,"在地化教育"的型本质表现为教育理念与教育设计的结合体,而"乡村教育在地化"基于地方是作为一种学校发展方法论上的考量,学校在实践指涉上有着本体地位的合法性,乡村是作为一种外在支持存在的。也就是说,"乡村教育在地化"对国内乡村教育而言象征着一种促进学校变革的实践方法论智慧,是在"在地化教育"理念哲学指导下的一种基于学校层面的补充性论证。

(二) 乡村教育在地化与"综合实践活动课程"之间的关系

按照《教育部关于印发〈中小学综合实践活动课程指导纲要〉的通知》(教材〔2017〕4号)的描述,综合实践活动课程是从学生的真实生活和发展需要出发,从生活情境中发现问题并转化为活动主题,通过探究、服务、制作、体验等方式培养学生综合素质的跨学科实践性课程,可分为考察探究、社会服务、设计制作、职业体验等课程形式。[①] 自2001年新课程改革后落地,源于学校教育中过分强调书本知识、应试教育脱离实际的弊病以及培养具有创新精神、实践能力和社会责任感的时代新人,以迎接信息时代和知识社会的挑战。综合实践活动课程的理念起点为学生完整的生活世界,期待通过生活化的教育选题使学生建立生活与学习之间的有机联系。从实践形式上看,当前"综合实践活动课程"被定位为基础教育学段与学科课程并列的必修课程,也就是说,综合实践活动课程是对当前课程样态的革新和补充,型本质是一门综合性、生活化、强实践的课程设计。其价值范畴主要是以学生能力获得为中心的,获得丰富的实践经验,提升对自然、社会和自我之内在联系的整体性认识,具有价值体认、责任担当、问题解决、创意物化等方面的意识和能力是"综合实践活动课程"的目标所在。[②] 对比来看,虽然"乡村教育在地化"与"综合实践活动课程"两者在理念上均强调生活世界的教育意义,但从实践起点、价值范畴来看,二者却有着明显差异。"综合实践活动课程"的逻辑起点为学生的学习内容和学习方式,价值范畴回归到学生的实践能力和创新精神等方面,课程是主要的实践方式,而"乡村教育在地化"则不

---

① 中华人民共和国教育部:《中小学综合实践活动课程指导纲要》(教材〔2017〕4号),2017年9月25日。
② 中华人民共和国教育部:《中小学综合实践活动课程指导纲要》(教材〔2017〕4号),2017年9月25日。

局限于学生个体而是学校整个组织，作为一种"基于互动的联结机制"，以生活化教育素材为选题的综合实践活动课程当然不失为建立乡村社会与学校教育之间联系的有效载体，但"在地化"绝不仅是一种单纯意义上的课程革新，而是基于对"地方"与"学校"内在联结认识基础上的一种发展选择。总体上，二者的关系表现为综合实践活动课程可以包含在乡村教育在地化实践形式之中，但综合实践活动课程不能完全容纳"乡村教育在地化"的实践所指。

（三）乡村教育在地化与"地方课程/校本课程"的关系

"地方课程/校本课程"是国家基础教育课程体系的重要组成部分。自 2001 年《基础教育课程改革纲要（试行）》实施以来，地方课程/校本课程与国家课程共同组成三级课程体系。从理念上看，地方课程/校本课程意在从课程管理和课程内容两个维度改变课程由国家集中管理带来的地方和学校的适切性缺憾问题。从实践形式来看，"地方课程"中所指的"地方"是与"国家"相对应的，代指地方教育行政部门在遵循国家规定和本省、市、县地方发展需要基础上而制定的课程，课程素材来源于地方的自然生态、政治经济、社会文化等方面。"校本课程"则是学校本身作为课程开发主体的一种课程形态，是学校基于自身优势、学生特点以及可供选择的素材作出的课程开发尝试或对国家课程、地方课程校本化处理生成的校本课程。地方课程/校本课程强调了地方、学校作为课程实施主体的地位，依据地方素材教育性和学校校情补充与调适了国家课程内容、成就了课程管理的灵活性、课程内容的适切性和丰富化。由此可见，当乡村学校"校本课程"的教育素材来源于学校所依托的乡村空间时，"校本课程"便自然而然地成了乡村教育在地化的一种实践方式，但若"校本课程"表现的仅是一种对学科知识的再组织（如古诗、朗诵等）或学校特色活动的构建（如跳绳、仪式教育等），那么与乡村教育在地化的初衷就相去甚远了。也就是说，"地方课程"空间域限与"校本课程"组织内容与"乡村教育在地化"的实践指涉是存在差别的。除此之外，二者的理念起点、实践形式、价值范畴、型本质与"乡村教育在地化"并不是一种对等命题，仅当"校本课程"的组织内容围绕乡村空间内的资源和素材展开时，"校本课程"才构成了"乡村教育在地化"的实践表达形式之一。

（四）乡村教育在地化与"家校社合作"之间的关系

"家校社合作"表达的是一种以学生发展为共同目的的家庭、学校、社区组织内主体间的合作互动实践，其理念源于家庭、学校、社区对学生的重叠影响以及组织间相互联结的交互性社会资本对组织发展的有益影响。其实践形式包括组建学校家长委员会，邀请社区和家长代表参与学校管理和监督，加强家校联系并联合社区开展活动，组织社区和家长参与学校文娱体活动等。当前，构建"家校社互动合作"的大教育体系已成为提升学校教育质量、建设有效学校的一种趋势，它强调发展合作关系推进学校发展、促进学生学业成绩提高。因而，"家校社合作"的型本质可概括为基于构建个体成长及教育空间内在联系与合力的一种学校教育治理策略。"乡村教育在地化"作为一种"基于互动的联结机制"必将与家庭、社区建立互动交往的组织联系，这种联系无疑是助益于学校发展和变革的，从这一点来说，"家校社"之间的互动联系构成了"乡村教育在地化"实践指涉的表现形式之一。但相较之下，"乡村教育在地化"却不限于主体间的交往维度，以空间素材的教育维度建立起来的"乡村"与学校教育间的互动是"乡村教育在地化"实践所指的重要方面。由此可见，"家校社互动"作为一种实践形式内置于"乡村教育在地化"的广泛实践中。

第五节　研究内容与思路

"正确的行动需要正确的理论，要振兴乡村教育需要做好理论准备。"[①] 本书是对乡村教育在地化变革作为一项实践方法论的一次理论探索与实践寻踪。基于当前乡村教育发展三个关键期的宏观视域，乡村教育的现实遭遇是本书的逻辑起点，回溯乡村教育现代化的历史进路、构建乡村教育的未来行动方向构成了本书的探索路径，以"是什么""为什么""怎么办"的逻辑问题链形成了以现在为基底，以历史和未来为两翼的倒三角形研究进路。因此，本书跨越了实证横断研究的主流范式，一方面，遵循理论研究的一般性逻辑，通过跨学科融合视角，整合历史发生学与哲

---

① 高书国：《重估乡村教育价值，走出中国特色现代乡村教育之路》，《人民教育》2018年第17期。

学思辨演绎的研究范式,以对乡村教育现实审视、反诸历史、推演未来的研究进路,借镜乡村教育现代化的历史进程,以多学科的理论解释为基石,构建乡村教育在地化的理论正当性;另一方面,通过对实践中乡村教育在地化变革案例的系统挖掘,以期在提供多元化乡村教育在地化实践智慧的同时,挖掘影响乡村教育在地化的共性要素及其内在运转过程所呈现出来的一般规律,构建乡村教育在地化运转的理论解释模型,总结并提炼乡村教育在地化促进学校变革的运转机理,提升将在地化变革作为乡村教育发展实践方法论的合理性与可行性。

基于以上思考,本书主体由两部分构成,共计六章。

本书的第一部分为第一、第二章,为理论阐释部分,是构建乡村教育在地化"理论实践化"落地的认识论基石,即从历史和理论两个层面论述乡村教育在地化的理论正当性。其中,第一章重在回溯乡村教育发展的历史进程,通过回顾现代化进程中乡村教育标准化之路、探索现代化进程中乡村与学校之间关系的变动以及乡村、学校、儿童三者之间的现实关系样态,回应现代化进程中所形塑的乡村、学校、儿童三者之间的关系与当前乡村教育低质量镜像表现之间的因果联系,反思在构建公平且有质量乡村教育发展诉求的当下,推进乡村教育现代化该如何重建乡村、学校、儿童三者之间关系,以历史发生学的回溯性反思完成对"为什么能推进乡村教育在地化"议题的现实解释。第二章旨在提供乡村教育在地化的理论依据,即通过构建教育学、哲学、人文地理学等多学科融合视角阐述"地方在场"的乡村教育的正当性,探讨作为空间概念和社会概念的乡村介入乡村教育的能产性与价值空间,为构建一种新的乡村教育生态提供理论依据。

本书的第二部分为第三、第四、第五、第六章,是对乡村学校在地化变革机理的探索性与建构性研究。其中,第三、第四、第五章为案例呈现编码部分,系统再现了三个案例学校的变革过程,每一章都详细呈现了学校在地化变革的具体做法和实践智慧,以案例的详细呈现具象化地回答了"如何推进乡村教育在地化"问题,并根据扎根理论的编码方法对收集到的案例材料进行编码、概念化和范畴化。第六章是对三个案例学校的对比分析,主要回答以乡村为中介的乡村教育在地化变革的具体过程是什么样的?内在机制是什么?实践逻辑是什么?关键要素和约束条件又是什么?继而勾画出乡村教育在地化变革的过程模型,阐释其效应机理,这是一次

"实践理论化"的尝试，以期通过对乡村教育在地化实践的理论抽象和再提炼，提高乡村教育在地化的理论解释力和实践应用空间。

第六节　研究设计与方法

按照罗伯特·殷（Robert K. Yin）的理解，研究者所要回答的问题类型、对研究对象的控制范围和程度以及研究对象的时代性质是选择研究方法的三个前提条件和判断标准。[①] 无疑，研究问题的类型与研究方法的匹配性是影响论文解释力的关键要素。因而，从研究问题的类型出发选择恰切的研究方法是展开本书的重要前提。罗伯特·K. 殷按照研究问题的类型（即什么人、什么事、在哪里、怎么样、为什么五个问题）与是否需要对研究过程进行控制、研究焦点是否集中在当前问题三个指标综合判断了实验法、调查法、档案分析法、历史分析法以及案例研究法的适用范围（具体见表0-2）。

表0-2　　　　　　　　　不同研究方法的适用环境

研究方法	研究的问题的类型	是否需要对研究过程进行控制	研究焦点是否集中在当前问题
实验法	怎么样？为什么？	是	是
调查法	什么人？什么事？在哪里？有多少？	否	是
档案分析法	怎么样？为什么？在哪里？有多少？	否	是/否
历史分析法	怎么样？为什么？	否	否
案例研究法	怎么样？为什么？	否	是

资料来源：[美] 罗伯特·K. 殷：《案例研究：设计与方法》，周海涛、李永贤、李虔译，重庆大学出版社2010年版。

总地来看，本书是围绕"为何以及何以乡村教育在地化能够发挥作

[①] [美] 罗伯特·K. 殷：《案例研究：设计与方法》，周海涛等译，重庆大学出版社2012年版，第8页。

用"这一核心论题的关切对乡村教育在地化变革的理论合理性与实践运转机理问题展开研究的,研究问题来源于乡村教育的普遍现实遭遇与在地化变革实践之间"冰火两重天式"的强烈反差,是一种基于实践的研究冲动,研究对象是已经发生并正在进行的实践,决定了研究者无法对研究过程进行完全的控制,且本书要回答的核心问题是对乡村学校在地化变革的实践机理进行探索,因此研究焦点将集中于当前问题。基于以上三重考量,从研究性质上来看,本书属于理论研究与案例研究的综合体,在遵从研究问题与研究方法一致性原则下,针对侧重点的不同使用了不同的研究方法。第一部分重在回应乡村教育在地化的理论合理性,即为乡村教育在地化奠定理论基础,因而使用的是文献法。第二部分重在解释和探索乡村教育在地化的实践运转机理,是对在地化变革实践的理论化寻踪,使用的是跨案例研究,方法包括文献法、访谈法、扎根理论的编码方法等。全书通过理论与实践相结合的方式以期增强论证的阐释力。

一 研究的类型:理论研究与跨案例研究的综合体

本书由两大部分构成,基于两部分回应问题类型上的差异及其关联性,本书可看作是理论研究与跨案例研究的综合体。

第一部分意在回应"为什么能推进乡村教育在地化"即推进乡村教育在地化的合理性问题。对乡村与学校关系的历史发生学考察和理论综合证明的研究进路需要回归到文献中寻找证据支撑和解释逻辑,因此文献法是支撑这部分研究工作的主要技术。文献法是一种十分常见的研究方法,常被应用于逻辑思辨、理论建构及历史分析,它既包括资料的收集方法,也包括资料的分析方法,主要利用现存的二手资料,挖掘事实证据、寻找理论依据。文献是"情境的产物",它们是社会互动的驱动器、媒介(渠道)、中介(过滤器)和结果。[①] 因此,第一部分并不是对文献的简单堆砌,而是占有文献资料基础上的综合性分析和论证,既有研究资料是作为论证的观点和逻辑的背景的辅助性材料存在的,通过把握权威和经典文献,一方面可以加深对研究问题和研究对象所置身的社会背景的理解;另一方面可以寻找到既有的支持性和反对性的研究观点,以期通过文献研究

---

① [英]刘易斯·科恩、劳伦斯·马尼恩、基思·莫里森:《教育研究方法》(上册),程亮等译,华东师范大学出版社2015年版,第294页。

解释乡村教育在地化的必要性、合理性以及本体指向，为乡村教育在地化"理论的实践化"转化提供学术支持。

第二部分综合回应"如何推进乡村教育在地化"以及"在地化实践是如何影响乡村学校变革和乡村学生发展的"两个问题，即乡村教育在地化的实践智慧和推进学校变革的运转机理问题。很显然，如若仅靠"书斋式的臆想"想当然地来构建乡村教育在地化的实践方法论不仅苍白无力，亦有纸上谈兵之嫌。因此，本部分对推进乡村教育在地化变革及其运转机理的解释是建立在实践基础上的，而非来自理论抽象后的主观想象。面对丰富的乡村教育在地化变革实践，抽象在地化变革的运转机理不失为提供乡村教育在地化实践智慧的一条可行进路。因此，本部分采用的是跨案例研究。跨案例研究是案例研究范式的一种。案例研究作为一种研究方法被普遍运用于社会科学研究，特别适用于研究发生在当代且无法对相关因素进行控制的事件。案例研究的核心意图在于展现系列的决策过程，即回答"为什么做出这一决策、决策是怎样执行的、决策执行的结果如何"三个问题，它在不脱离现实生活环境的情况下研究当下现象，本质上属于实证研究。[①] 根据研究问题的类型及分析单位的差异，案例研究可分为四种基本类型（如图 0-1 所示）。

本书使用案例研究主要解决的是乡村教育在地化的实践智慧和运转机理两个问题。理论构建式案例研究强调的是"差别复制"的反复证实，跨案例的"分析性归纳"可以通过案例比较从丰富的现象类、经验类数据中识别和产生关键的理论构念，并对现象背后的因果逻辑进行深入的系统性分析，[②] 对于提炼乡村教育在地化这种"现象驱动型"案例的运转机理是较为适切的。根据案例研究的四种基本类型，结合研究对象的特点，为满足增强案例解释力的需要，本书遵循了嵌入式多案例研究的原型设计方式，以当前正在推进在地化变革的三所乡村学校为案例，以课程、教学及非教学性综合活动、学校制度为嵌入性分析单位，对乡村学校在地化变革的过程进行系统对比分析。

---

① ［美］罗伯特·K. 殷：《案例研究：设计与方法》，周海涛等译，重庆大学出版社 2012 年版，第 13、19、21 页。

② 马蔷：《互联网平台企业竞合战略选择的多案例研究》，博士学位论文，吉林大学，2017 年，第 46 页。

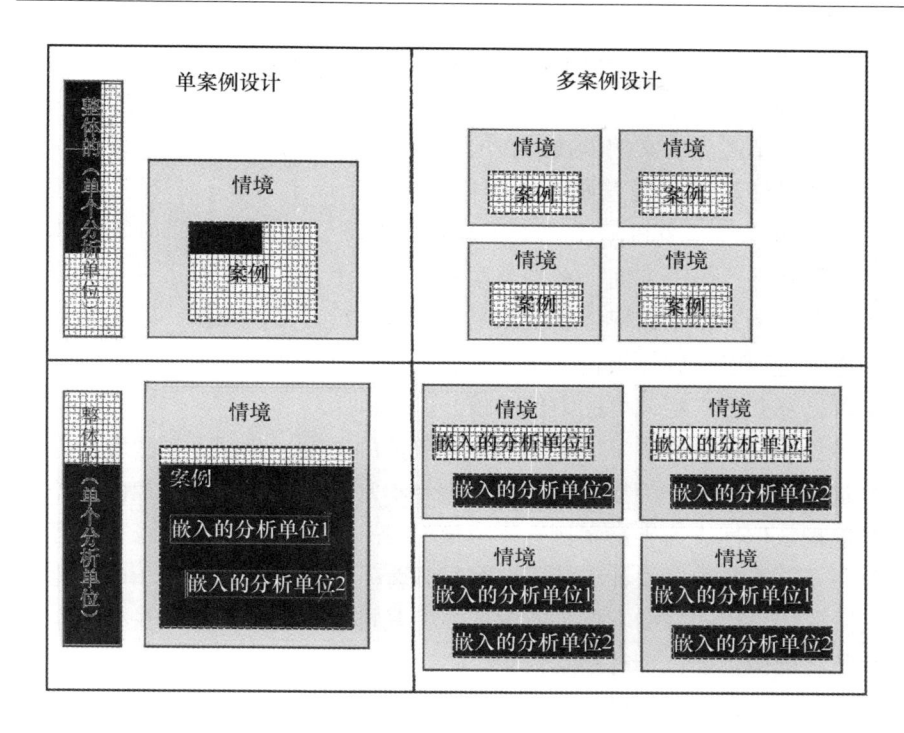

图 0-1 案例研究设计的基本类型①

二 关于案例选择的说明

总地来看,本书的案例筛选主要基于以下几点考虑。

首先,符合探寻乡村教育在地化实践机理的研究设计。因此,"是否是在地化实践"是案例选择的重要标准。符合前文所提到的对"乡村教育在地化"的释义即"依托地方资源推进乡村学校发展的变革即为在地化变革"的具体规定成为案例选择的基本前提和首要准则。

其次,被选案例的典型性是案例筛选过程中的一个重要标准。在多案例研究中,"使用典型案例设计意味着所有个案都将成为引起兴趣的积极的强有力的例子"②。也就是说,从研究需要出发选择对所论证内容具有较强解释力的案例是对案例筛选典型性的内在要求。因此,本书对案例典

---

① [美]罗伯特·K.殷:《案例研究:设计与方法》,周海涛等译,重庆大学出版社 2012 年版,第 53 页。
② [美]罗伯特·K.殷:《案例研究方法的应用》,周海涛等译,重庆大学出版社 2014 年版,第 131 页。

型性的定位主要基于两个层面的考量：一方面，基于本书是将"在地化"理解为一种基于"学校""儿童""乡村"三者互动的联结机制，那么，探索不同变革起点的案例学校的在地化推进路线有助于全面、深入地挖掘其实践的运转机理，提升研究的解释力。基于以上考量，选择三所基于"学校""儿童""乡村"不同变革起点的案例学校则成为回应案例典型性的前置标准；另一方面，在同类案例的筛选上进一步考察了其实践变革的效应和影响力，根据媒体层次和曝光频度进行了二次筛选，获悉案例的途径多通过网络、媒体报道，学术期刊论文以及学术会议推介，选择其变革实践已经获得广泛认可的案例学校。

最后，受地区经济发展水平和教育政策的影响，我国乡村教育形态和类型是复杂多样的，为提高案例解释力和丰富性，关照乡村学校内部差异性和地理区位性成为丰富案例选择考量的另一维度。由于当前乡村教育在地化变革并不是顶层设计支持下的乡村教育系统化变革，尚处于碎片化的探索阶段，可供选择的案例是有限的，尤其推进在地化变革的乡村中学尚属少数，因而主要以乡村小学为主。

综上考虑，本书选择了西部四川省广元市利州区的范家小学，其在地化变革的实践起点为保护学生的学习兴趣，即变革起点为学生层面，该学校已经成为央视新闻调查等多家媒体争先报道的对象；东部浙江省缙云县的长坑小学，其在地化变革的实践起点源于寄宿生的闲暇时间管理，即变革起点为学校层面，当前该学校已成为缙云县乡村学校办学的典范，累计参访人员超5.2万人次；西部四川省蒲江县的成佳学校，其在地化变革是以服务地方产业为朴素初衷的，即变革起点为地方层面，该学校已成为《中国教育报》以及教育领域研究者推介蒲江县现代田园教育的典型学校（见表0-3）。三所案例学校的变革起点刚好代表了"在地化"的乡村学校变革作为一种联结机制所关涉的"学校""儿童""乡村"三个面向。关于三所案例学校是如何通过在地化变革构建"学校""儿童""乡村"三者之间联结的具体阐述将在本书的第三、第四、第五章中做具体陈述，此不赘述。

这里需要针对案例研究的典型性和代表性做进一步的澄清，按照罗伯特·殷的解释，"在统计方法中样本（如果样本挑选得好的话）应该能够代表一个大的总体。但是，在案例研究中用样本来类推总体是错误的。统计调查依据的是'统计性归纳'，而案例研究（以及实验）依据的是'分析性归纳'。在分析性归纳中,研究者也会尽力从一系列研究结果中总结出更抽象更具概括性的理论"[1]。换言之,统计学上的代表性强调由样本推断总体的一般特征,而案例研究中的典型性则重在表达所选案例对研究对象的解释力,即个案在某一类别或类型上所能体现出来的共同属性程度。因此,那种希冀以案例推断总体,指摘案例代表性的研究抱负是不现实的。

另需再次强调的是,如前文所示,本书中对案例典型性的确认是依据在地化作为变革方法论对学校、儿童、乡村三者间联结关系的把握,而将其变革起点作为前置标准,与乡村学校的类型并不存在本质联系。简单地说,乡村学校的类型与在地化变革实践之间并不存在因果关系,所选案例也无意于能够代表当前乡村教育的全貌,仅是为提供不同变革起点的在地化实践尽研究努力,那些发难于所选案例学校类型代表性的批评,也是脱离研究考量范畴的。

表 0-3 样本案例的基本情况

	学校区位	学校所在地	学校类型	变革起点	资源要素
范家小学	西部	村	半寄宿制村小小规模学校	儿童	乡村空间内可供学习的资源
长坑小学	东部	村	全寄宿制村小	学校	婺剧和民乐
成佳学校	西部	镇	九年一贯制半寄宿制学校	乡村	茶叶产业

注:关于每个案例的详细情况,在接下来的分章写作中会具体描述,此不赘述。

(一) 关于分析单位的说明

基于学校、个人、乡村三者关系的考量,本案例研究以学校为分析单位,研究资料来自实地访谈和网络报道。由于乡村教育在地化变革是内嵌于整个学校系统的,学校系统的多层次性和复杂性意味着除学校单位之外还存在很多更微观的关于在地化运转机理的富有竞争性解释力的证据,因

---

[1] [美] 罗伯特·K. 殷:《案例研究:设计与方法》,周海涛等译,重庆大学出版社 2012 年版,第 49 页。

此在以学校作为案例分析单位的同时，还加入了诸如课程实录、活动材料、制度文本等嵌入单位。

（二）关于案例研究路径的说明

为寻找案例中那些"复现"的现实，本书借用扎根理论的编码方法，以期寻找三所学校在地化变革的共性，以此构建乡村教育在地化变革运转机理的理论解释模型。由于三所学校的在地化实践是在乡村场域进行的难能可贵的探索，因此全景式描写在地化实践的推进过程和实践举措，既有助于满足研究者的好奇心，也有助于为其他感兴趣的实践者提供鲜活的素材。基于以上考量，本案例研究遵循"两步走"策略，第一步基于实地调查素材呈现每个学校在地化变革的实践图谱和基本样貌；第二步则基于跨案例的扎根编码方法，先分章逐个案例进行理论编码，然后再进行跨案例编码分析工作，基于理论编码的跨案例对比分析重在找寻三所学校在在地化变革之中的共性要素（如何提取共性要素，后文中会详细解释）。在此，需要澄清的是，跨案例对比是基于三所学校在地化变革的具体实践过程及内容展开的，案例学校的自然类型（学校层级、所在地、规模等）并不是跨案例对比的基础和参考要素，跨案例对比的初衷在于找寻其变革的共性特征和实践规律。

三 资料收集的方法

本书既有一手资料也有二手资料。理论研究以二手资料为主，运用文献法收集资料；跨案例研究以一手资料为主、二手资料为辅，使用实地调查法收集资料。

（一）文献法

本书依托文献法获取资料的具体途径有三种：一是以中国知网、Web of Science 核心合集、谷歌镜像三个数据库为主对国内外关于乡村学校与乡村社区关系、互动及在地化教育等相关文献进行检索筛选，最终确定核心研究文献 210 余篇，其中中文 150 余篇，英文 60 余篇。这些文献既为理论研究提供了论点论据参照，也为理解乡村教育在地化实践案例提供了背景资料参考。二是以文献追踪和关键词检索方式，通过亚马逊网上商店、图书馆图书借阅、读秀中文学术搜索（图书）数据库三种途径购买公开发表文献中提及的或者依托相关关键词获取的相关纸质书籍、电子书和读秀数据库图书全文，涵盖哲学、社会学、政治学、教育学、地理学等领域，共计60余本，为理论研究的解释逻辑建构、论点陈述，实践运转机理阐明提供了理论佐证。三是以自媒体、网络媒体、报纸媒体为途径收集的关于乡村教育创新、乡村学校变革以及实践案例报道、采访或视频等资料，以加深对乡村教育、乡村学校变革及乡村教育在地化的理解。

（二）实地调查法

调查法是一种受到广泛欢迎的、被普遍采用的获取一手研究素材的资料收集方法，多在田野调查过程中以实地考察、访谈、问卷、观察等途径收集多类型材料，也可以通过电话、计算机等网络媒介展开问卷或访谈获取一手研究资料，如电话访谈、电子问卷调查等。本书的跨案例研究采用网络报道和实地调查相结合、一手资料与二手资料相结合方式收集资料。一手资料采用线上访谈和线下调研两种途径获取，具体技术包括：

（1）访谈法。访谈法是本书一手研究资料收集的主要方法，有线上访谈和线下访谈两种途径。线上访谈内容是调研展开前的准备性问题和调研完成后的补充性问题，主要通过微信和电话方式进行。线下访谈主要以开放式访谈为主，[①] 通过短期驻校方式对调研学校校长、教师、学生进行实地访谈（以校长和教师为主）以获取学校的校况、实践举措、变革心得、教育思考等。

（2）参与式观察法。参与式观察是一种感受学校整体氛围、洞察学校主体状态、捕捉细微主体特征的辅助性研究技术，以与校长、教师、学生闲谈共餐，参与学生作业、活动实践，走进课堂听课等方式对案例学校的课程、活动、制度等进行微观层面的体察，所观所想以录音、小视频、笔记等方式留存。

（3）文件或实物收集法。文件或实物来自校长的介绍，包括学校宣传册、规章制度等。

总地来看，在实地调研期间，[②] 获取一手资料的类型包括文本、录

[①] 研究者在调研前准备了访谈提纲，预设了系列问题，通过与被访者互动调查学校在地化变革过程中的举措、态度和行为。

[②] 实地调研以获取案例学校具体实践做法和想法为主，涉及学校在地化变革的实践过程、举措以及主体行为背后映射的真实态度、想法、附着在学校现象事件背后的行动逻辑等。故而，针对事实性和主体行动经验问题，短时间、高频率、聚焦式访谈能够满足获取真实且相对完整的一手资料。也就是说，调研时间的短长是由解决问题的性质决定的。笔者在每所学校停留的时间以当时在学校调研的切身感受和对问题资料的掌握度为依据的。

音、视频、图片四类,其中文本资料包括学校制度文本、宣传资料、活动资料等;录音资料包括校长(4 位)访谈录音、教师(10 名)访谈录音、课程(5 节)录音;视频资料来源于网络,包括课程视频和活动视频,图片则包括学校的建筑风貌、学校成员的精神风貌以及学生作品等内容(见表 0-4)。

表 0-4　　　　　　　　　　资料收集的基本情况

资料类型	资料来源	关涉主体	资料计量
文本资料	学校文件	课程、文化、活动、制度等	15 份
图片资料	实地拍摄	校园环境、学生及作品等	260 余张
录音资料	实地访谈	校长、教师等人访谈	26 份/转 20 余万字
视频资料	网络公开	校长、教师等人	3 个

注:录音文件数多于访谈总人数,一是因为对校长的访谈不止一次;二是因为存着一些完全聊天形式的访谈录音,尤其是与学生的交谈是在纯粹的聊天场景中进行的。

四　资料分析的方法[①]

在资料分析阶段,为了避免案例研究变成"实践材料的堆砌",为了预防研究者陷入冗长复杂的资料而遮蔽了对乡村学校在地化变革机理的真实把握,因此在具体分析技术上采用了扎根理论的编码方法和理论建构逻辑,通过编码技术将文本资料概念化、范畴化,通过跨案例对比分析技术进行归纳总结,生成乡村学校在地化变革运转机理的理论模型。总地来看,编码是超越数据具体陈述、获得分析性解释的第一步,是收集数据、形成解释、生成理论的关键环节。扎根理论的编码至少包括两个主要阶段:一是初始阶段,包括为数据的每个词、句子或片段命名;二是聚焦和选择阶段,使用最重要的或出现最频繁的初始代码来对大部分数据进行分类、综合、整合和组织。在初始编码中,对所有可能的、由数据阅读所指出的理论方向都保持一种开放的状态;在第二阶段聚焦编码,形成最突出

[①] 资料分析的方法指的是案例研究部分的资料分析方法,文中所使用的资料分析方法及分析过程借鉴了管理学学科中案例研究的常用方法,其中基于扎根译码的跨案例研究设计借鉴了哈尔滨工业大学徐光博士学位论文中的研究进路。详见徐光《组织即兴诱发机理研究》,博士学位论文,哈尔滨工业大学,2013 年。

的类属。① 本书的编码及分析过程是遵循巴尼·格拉泽（Barney G. Glaser）和安瑟伦·施特劳斯（Anselm L. Strauss）的版本展开的，译码程序分为开放性译码、主轴译码和选择性译码三个步骤。其中开放性译码即将一手资料归纳、精简到概念和范畴层面，以便于后续分析；主轴译码即假设、验证、识别、建立范畴之间的关系，形成初步理论；选择性译码即开发反映资料的故事线，提炼并围绕核心范畴丰富理论（见图0-2）。② 在此，需要再次明确的是，本书将扎根理论编码仅仅当作一种处理和分析资料的方法，借用的是其编码技术，若将本书定义为单一的扎根理论研究范式则遮蔽了作者在理论研究和案例研究上所做的努力。

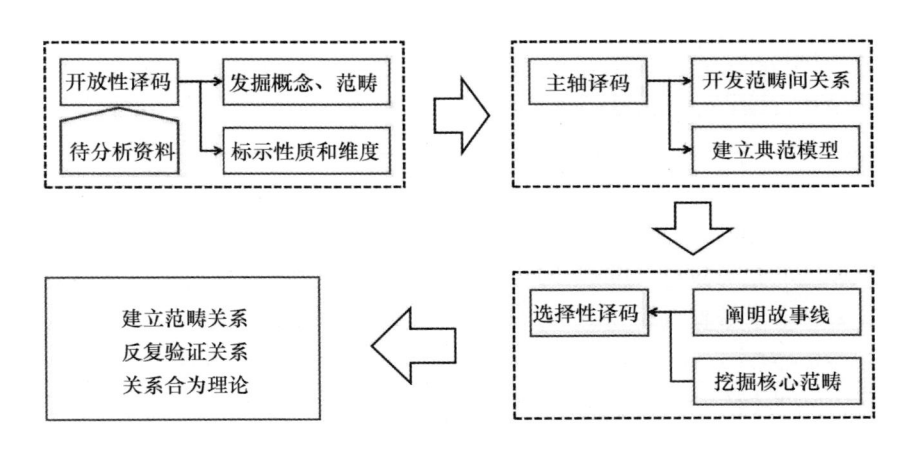

图0-2　案例分析的译码过程③

（一）正式编码前的工作

本书的编码资料来源于实地访谈、听课录音转录文本、网上视频资料转录文本、媒体报道文字等。在正式进入编码之前，一方面要依赖第一手访谈资料；另一方面又要防止查阅烦冗、重复性资料所导致的耗时或减少重复性、机械性查找，以提供来源清晰的佐证资料，给烦冗的文字资料以清晰化的代码是非常必要的。为此，研究者对已有的文本资料做了分类代

---

① ［英］凯西·卡麦兹：《建构扎根理论：质性研究实践指南》，边国英译，重庆大学出版社2016年版，第56—59页。
② 徐光：《组织即兴诱发机理研究》，博士学位论文，哈尔滨工业大学，2013年，第55页。
③ 徐光：《组织即兴诱发机理研究》，博士学位论文，哈尔滨工业大学，2013年，第56页。

码处理，通过代码对材料的类型和来源进行了细分。代码的编写是按照"省份—学校—资料类型—资料类别"的顺序进行的，每个维度的代码均由汉语名称的首字母构成（见表0-5）。

表0-5　　　　　　　　　文本资料的代码编制规则

代码顺序	1. 省份	2. 学校	3. 资料类型	4. 资料类别
代码符号	四川（S） 浙江（Z）	范家小学（F） 长坑小学（C） 成佳学校（C）	一手资料（F） 二手资料（S）	访谈资料（I） 视频资料（V） 新闻报道（N） 其他资料（O）

注：表格从左至右即代表了资料的代码顺序，因访谈或其他类别的文本资料涉及多个主体，为了区分会以括号的形式选用材料主体名称的首字母加在资料类别的后面，如文本资料来源于四川范家小学一名教师的访谈资料，初期代码为：S—F—F—I/Y。

（二）开放性译码

开放性译码是按照逐句编码的原则，对已完成筛选的原始数据进行概念化和范畴化的过程。第一步即是完成对原始数据的贴标签工作。标签的制定要紧贴着数据并保持开放，尽量用能够反映行动的词语来编码，获得的初始标签用"小写字母+数字"表示。完成贴标签工作后，需对具有相同内涵的标签进一步归纳并概念化，这一步骤的编码用"双小写字母+数字"表示。完成标签概念化步骤后，需进行概念之间的进一步归类和整合即概念范畴化的过程，提炼出在地化变革中涉及的范畴维度集，这一步编码用"大写字母+数字"表示。

（三）主轴译码

主轴译码是对获得的开放性译码进一步归纳、比较、范畴化的过程。此过程重在挖掘开放性译码间的区别与联系，将原本看似相互独立的开放性译码进行聚类分析，找寻开放性译码之间的关系和解释逻辑，进行高一阶的维度提炼，形成主轴译码，用"双大写字母+数字"表示。

（四）选择性译码

选择性译码是对现有范畴进行再比较、挖掘核心范畴的过程。核心范畴代表的是整个案例资料的一条故事线，即一个简要反映在地化变革过程的核心范畴。

关于案例编码的详细规则详见表0-6。

表 0-6　　　　　　　案例扎根编码的规则

	开放性译码			主轴译码（范畴比较）	选择性译码
	贴标签	概念化	范畴化		
范家小学	g1，g2…	gg1，gg2…	G1，G2…	GG1，GG2…	核心范畴化
长坑小学	y1，y2…	yy1，yy2…	Y1，Y2…	YY1，YY2…	核心范畴化
成佳学校	p1，p2…	pp1，pp2…	P1，P2…	PP1，PP2…	核心范畴化

五　研究推进逻辑进路图

综上可见，本书以"学校为体，乡村为用"为旨趣研究乡村教育在地化，以反刍历史回应现实的理论寻踪，以探索实践抽象机理的案例归纳研究架构构建了从"理论的实践化"到"实践的理论化"的研究逻辑进路，通过理论与实践的双向回应以期有效解释乡村教育在地化的合理性、实践智慧和作用机理的问题（见图 0-3）。

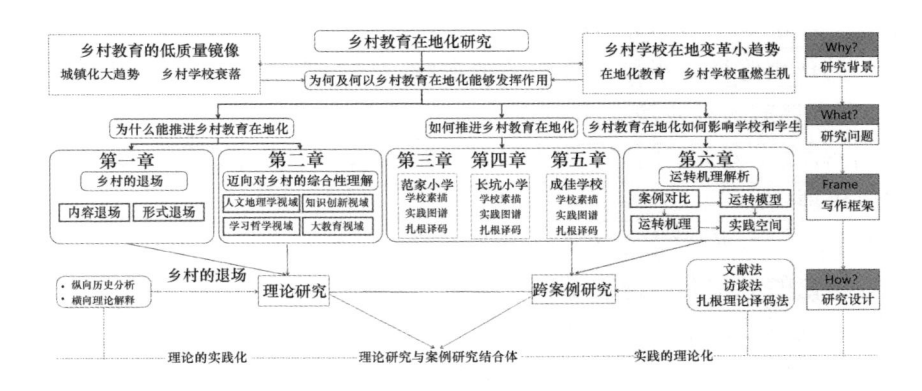

图 0-3　研究整体逻辑进路与框架

第七节　研究创新与不足

创新是博士论文的灵魂。在网络媒介日益发达的今天，快速率、大容量的知识传递方式既给我们提供了极大的信息获取方便，也容易让我们陷入思想肤浅化的沼泽。在这样一个时代里，铺天盖地的学术研究资料让创新变得异常艰难。毕竟个体时间和精力有限，所谓的创新很有可能是研究者的"自吹自擂"和"自我想象"，社会科学领域尤甚。本书绝不敢声称提出了什么新想法、新概念，或者找到了一片空白的学术领域，抑或是生产出了新知识，只是在笔者有限的知识储备和认识积累下对现有研究作出了一点点补充。如果这一点点补充算作一篇博士论文的创新性的话，那么本书可能称得上创新的地方有三点：

第一，当前关于乡村学校与乡村社区关系的研究，理论叙事和民族志的解释性研究偏多，对乡村教育在地化需要什么条件、变革支持及变革效果怎么样多为碎片化的表达，深刻揭示乡村教育在地化变革过程及其运转机理的偏少。本书以三个乡村学校在地化变革的本土实践案例为背景材料，抽象概括出以"前置变项""过程变项""结果变项"为过程维度，以"背景性认识""行动中的主体角色""过程性策略""关联性约束条件""效应反馈"为类属轴，以"对农村学校的正向认知""校长的实践理性"等19个关键要素为基本框架的乡村教育在地化运转过程模型。在进一步与学术理论的对话中完成了对乡村教育在地化运转机理的解释，抽象概括出内置于乡村教育在地化变革过程内以围绕构建学校、乡村、儿童三者间联结的"空间资源化—资源知识化—知识资本化"的作用路径，阐释了乡村学校在将"地方资源知识化"过程中以"知识齐性的聚合效应"和"舞台化学校的审美效应"赋予乡村学校"乡村社会半公共空间""附着乡村特质的教育审美空间"二重身份的效应机理。

第二，本书从实践范式的视域出发对在地化作为一项学校变革实践方法论的本质类型进行了抽象概括，总结提炼出乡村教育在地化变革以"地方资源知识化"将乡村由空间物理场转化为价值意义场的过程，本质即为一次以承认乡村空间教育正当性为前提挖掘乡村资源的教育能产性的过程。由此得出，乡村教育的在地化实践既是一种借助地方资源以促进学校发展的治理实践，也是一种挖掘地方资源教育潜力的实践，而这种对乡村空间的赋权挖潜遵循的是一种以学校比较优势形成学校发展优势的实践逻辑。因此，文中将乡村教育在地化变革作为一种方法论范式的本质概括为"基于地方赋权挖潜"的优势治理范式。这种从实践范式维度概括乡村教育在地化实践本质的论述是既有研究中相对缺乏的。

第三，本书采用多案例研究法，将嵌入式多案例研究与扎根理论编码方法相结合，这种研究设计对研究方法谱系来说虽不是创新，但在乡村教育在地化研究中却是一次大胆的尝试。本书对三个学校在地化变革实践的记录也为后续的研究者提供了鲜活的实践案例,更为大众了解乡村教育的另一种生态提供了素材。

  相较之下,本书的不足之处更加明显。总体来看,因本人研究能力和知识储备有限,理论自洽性和统摄性还需深入打磨和再建构,现在的理论阐释还只是一堆理论观点的简单重构,缺乏更深层次的挖掘和论证。尽管研究者自身不愿如此,但囿于能力,目前还没找到一个一以贯之的解释路径。在今后的研究中,笔者将为此而持续深耕和探索。另外,对三所学校案例的挖掘和分析深度不足,理论观照有限,案例的实践性与解释的理论性之间还有待进一步对恰和修正,理论的解释力亦有待进一步提升。

第一章

乡村的退场：现代化进程中的乡村教育之觞

> 当代社会把自己称为"现代的"时，它借助于与过去的区分而确认了自己。它在一种时间维度中确认了自己。
>
> ——［德］尼克拉斯·卢曼[①]

推进乡村教育在地化"理论的实践化"的努力是建立在对乡村、学校、儿童三者间关系深刻认识基础上的。而对于一个以私塾为主要教育载体、文字未被普及的传统乡村社会而言，现代学校成为一种普遍性存在的社会组织是在中国现代化进程开启之后的事情。"透过现象认识本质""追根溯源"的基本常识提醒我们，对乡村社会中学校形态转变的把握将成为理解、挖掘、解释乡村、学校、儿童三者实践互动关系的根本前提。因而，回溯现代化进程中现代学校发展的时空表征及其嵌入乡村社会的历史推进理路、介入身份变化以及内容指向转换等问题则成为弄清楚乡村、学校、儿童三者关系处境，反刍当前乡村教育现实遭遇，回应乡村教育在地化合理性的必要步骤。

第一节 工业文明、标准化崇拜与现代学校大工厂

学校教育是社会发展的衍生存在，考察学校教育的特征样态需结合时

[①] 转引自［德］杰拉德·德兰蒂《现代性与后现代性：知识、权力与自我》，李瑞华译，商务印书馆2015年版，第121页。

代发展的宏观结构。现代学校普及于标准化盛行的工业文明时代,因此,无论是教育模式还是管理模式都是遵循标准化的逻辑展开的。对于"不需要文字"①的中国传统乡村而言,现代学校无疑是以外来者的身份介入的。换言之,从现代学校进驻乡村社会伊始即注定了中国乡村教育已经踏上了一条外在的标准化之路。

标准的形成源于人类适应共同社会生活的需要,是推进人类文明的重要机制。"人类组成集团,依靠社会共同生活。毫无疑问,人类社会共同生活的范围越扩大,为谋求生活上的方便,就越需要产出统一的规定。例如,人们为了相互交流意见、感情、思想等而有了语言、文字。又如,为了事物进行数量上的处理而有了单位,等等。"②在国际社会,对"标准"一词的经典定义源自美国的约翰·盖拉德(John Gaillard),他将标准理解为"以口头或书面形式,或用任何图解方法或用模型、样品或其他物理方法确定下来的一种规范,用以在一段时间内限定、规定或详细说明一种计量单位或准则、一个物体、一种动作、一个过程、一种方法、一项实际工作、一种能力、一种职能、一项义务、一项权利、一种责任、一项行为、一种态度、一个概念或观点的某种特点"③。按照一般理解,标准化是指为在一定范围内获得最佳秩序,对实际的或潜在的问题制定共同和重复使用的规则的活动。从方法原理看,具有简化、协商、优化、统一、约束等特性。④换言之,标准化是促进人类生产生活规范化、符号化的过程,源于人类的弱结构化和差异性,是对自然世界与人类社会原始多样性的统一。从此意义上说,多样化是标准化的逻辑起点,标准化的本质表现为去多样化的抽象统一,这种多样化在认识上的统一已成为人类认识和改造自然的一种高级适应形式。以被"标准化的森林"为例,现代森林是

---

① "不需要文字"指的是传统的乡村大众社会。费孝通曾在《文字下乡》《再论文字下乡》两篇文章中提到,文字的发生是在人和人传情达意的过程中受到了空间和时间阻隔的情境里。而对于乡村而言,一方面,乡村是"面对面的社群",面对面的直接接触,连语言都是不得已而采用的工具,有话可以直接说明白,不必求助于文字;另一方面,乡土社会是一个生活很安定的社会,历世不移,人不但在熟人中长大,还在熟悉的地方长大,语言足够传递世代经验了,哪里用得着文字? 因此,在费孝通看来,中国的基层是乡土性的,而中国的文字并不是在基层发生,最早的文字就是庙堂性的,基层是有语言而无文字的。参见费孝通《乡土中国·生育制度·乡土重建》,商务印书馆 2015 年版,第 14—24 页。
② [日]古川光、田中宏:《标准化》,李自卫等译,中国标准出版社 1984 年版,第 16 页。
③ 叶柏林、陈志田:《标准化》,中国科学技术出版社 1988 年版,第 17 页。
④ 蔡好获、张芳霖:《人类历史最早的标准化活动探源》,《江西社会科学》2017 年第 4 期。

被人类重新设计的森林，原始的纷繁杂乱，与其他野生植物交相生长的弯曲的枝干和多余的树枝在人类追求整齐的视觉美感的需要下被砍伐、修整，树的多样化的生态性价值和使用价值被单一的木材和燃料所取代，那些涉及人类与森林相互影响的事物几乎全部被遗忘，作为栖息地的森林消失了，取而代之的是可以被有效率和有效益管理的经济资源。① 可见，在人类理性世界里，绝对的多样性消失了，人类所理解的自然界是一个简化的多样化的世界、概念化的世界、抽象化的世界，同时还是一个被标准化了的理性的世界。②

　　回溯人类生产生活实践的发轫史可见，标准化的思维由来已久。据考证，早在史前社会的旧石器时代晚期，以十二平均律为基础的四声自然音阶所代表的音律被视为人类社会最早的标准，贾湖骨笛的制造和使用则是迄今为止有据可考的人类历史上最早的标准化实践活动。③ 随着人类社会的演进，为了互相交流而逐渐形成的语言、文字等信息符号均是人类逐渐推进标准化的表现。我国古代有意识的标准化活动是从春秋战国时期开始的，如《孟子·离娄上》中已提到"不以规矩，不成方圆"，④ 秦始皇统一六国后所推行的统一文字、货币、道路、兵器以及度量衡等改革举措，将标准化作为国家政治稳定器被正式合法化。标准化升级为一种国家规定之后渗透于人类生活的方方面面，尤其是随着社会结构复杂性的增加，标准化常见于商业、手工业以及生产的诸多领域，成为推动社会经济发展、政治稳定、文化传承的一项人类重大发明。近代以来，工业文明逐渐取代农业文明之后，标准化的科学性、清晰性和效率性更好地契合了工业时代人类生产方式变革的需求，尤其是科学技术的勃兴和持续发展再次强调了标准化的应用价值，拓展了标准化的适用空间，标准化与科学、效率紧密地联系起来，在工厂式和市场化作业逻辑的驱使下，标准化成为工厂生产实践、市场经济运转的常规法则，科学技术快速推进的重要推手，并全面介入人类社会生活。

---

　　① ［美］詹姆斯·C. 斯科特：《国家的视角：那些试图改善人类状况的项目是如何失败的》，王晓毅译，社会科学文献出版社 2004 年版，第 5—7 页。
　　② 袁朴：《标准化纵横谈》，印刷工业出版社 1993 年版，第 6 页。
　　③ 蔡妤荻、张芳霖：《人类历史最早的标准化活动探源》，《江西社会科学》2017 年第 4 期。
　　④ 叶柏林、陈志田：《标准化》，中国科学技术出版社 1988 年版，第 2 页。

现代蜂农的标准化

在前现代化时代，采集蜂蜜是很困难的工作，甚至在蜜蜂都被关进稻草的蜂箱以后，采集蜂蜜仍然需要经常赶走蜜蜂，这经常损坏蜂群。每一个蜂箱的孵化格和储蜜格的格局都很复杂，不同蜂房之间互不相同，这使养蜂人无法干净地将蜂蜜抽取出来。而现代的蜂箱则不同，它的设计解决了采蜜人的问题。它使用一个名为"隔王板"的装置将下面的孵化格和上面的储蜜格分开，防止了蜂后将卵产在上面。此外，蜡巢也被设计成垂直的框架，每一个蜂箱里面有九到十个蜂框，这使得收集蜂蜜、蜂蜡、蜂胶很容易。现在只要看一下"蜂的空间"，也就是为蜜蜂飞来飞去所留出的蜂框之间的距离就可以采蜜了，而不需要再建造相互交联的蜂巢来连接各个蜂框。从养蜂人的观点看，现在的蜂箱更整洁，更"清晰"，使得养蜂人更容易观察蜂群和蜂后，（根据重量）判断蜂蜜的产量，用标准单元扩大或缩小蜂箱，转移到新地方，更重要的是可以在温和气温下抽取足够的蜂蜜从而使蜂群能够安全过冬。

资料来源：詹姆斯·C. 斯科特：《国家的视角：那些试图改善人类状况的项目是如何失败的》，王晓毅译，社会科学文献出版社2004年版，第2—3页。

除此之外，公园、街道定期修剪和整饬的花草树木，养殖场里被饲养家畜的标准化程序以及大同小异的城市建筑群等，均是标准化介入人类生活的印记。当前，标准化作用于人类社会主要体现在三个维度上，最常见于生产和生活中，如工业生产中的生产标准、质量认证标准、标准化作业，科技发明中的数理公式、仪器设备、实验程序，生活中的钟表、卡尺、电子秤等均是标准化作为生产生活工具的现实体现，而用于维护国家机器稳定、规范组织结构、协调社会关系、促进人类交往交流的各种规章制度则体现了标准化作为约束人类交往行为的管理工具属性，如国家体制、法律规范、婚姻制度以及组织章程等。以上提到的标准化是作为一种影响人类社会发展的实用性工具来体现的，而长期存在的标准化也在潜移默化地影响着人类的思维方式和社会审美方式，从而使得个体存在的方式和行为选择主动屈从于世俗社会的大众标准，作为人的主体性和独立性被大众标准所左右和湮没。整容行业在现代社会的兴起即是一个非常生动形象的证明，这种标准化的思维可以看作是一种世俗了的标准化，可称之为日常生活中大众的标准化思维方式，这种标准化丢弃了标准的实用价值，更多体现为对主体价值观、思想观念、行为方式的影响，是对个体意识形态及日常审美的社会整合，可视之为标准化的价值工具属性。换言之，在现代社会里，标准化绝非仅仅是提高人类生产生活效率的功能性工具，它已经扮演了助力人类社会逐渐走向科学化、制度化、结构化进程的重要角色，是作为推进现代化进程的一种方法论而存在的，由此可见，在追求效率和效益的工业文明时代里，兼具清晰化和高效率特点的标准化受到人类的极度追捧和崇拜。

可以说，标准化的技术和思维在工业文明挺进勃发的过程中已经渗入人类生活的方方面面。现代学校的产生和发展可以视作工业社会里标准化的杰出代表作。作为一项标准化发明，现代学校伴随着世界现代化进程的推进获得了政治和经济层面的双重合法性地位，并以外在标准化到内在标准化的技术路径扮演着推动社会发展的大工厂的角色。外在的标准化表现为，现代学校教育作为工业文明的产物，其在创造伊始就沿用了工业文明追求效率、批量生产的模式，[①]"涉及的几乎一切因素都经过了统一的精密的设计与安排……包括时间的划分、空间的安排、教师的聘用、设施设备的配备、教育内容的组织、教育方式方法的采用，等等"[②]。并以复制粘贴式的标准化发展路径普及开来。这种标准化的技术路径将追求秩序、理性、普遍性与效率的工业逻辑带入现代学校，使得人才培养的过程与规格和大工业生产的需求挂上了钩。[③] 强调效率、产出的工厂式生产逻辑成为现代学校的直接追求，效率与产出的实践表现也成为衡量现代学校的绩效标准。这种绩效标准不仅在制造着个体间的教育竞争，同时也直接带来了学校之间的办学大比拼，以至于学校已经成为现代人空间流动的重要资本和空间选择的决策依据。而内在的标准化则以统一的知识结构，通过批量化人才培养，潜移默化地发挥着对来自不同地域、文化的生命个体进行价值和审美整合的效应，进而淡化并逐渐抹去不同地域、不同群体间的异质性，以形成一种普遍的价值认同。因而，现代学校作为国家机器的组成部分，其隐性的标准化技艺是作为一种文化整合机制存在的，这种文化整合机制不仅发挥着调和不同阶层、不同地域群体间文化、价值张力的作用，同时也带来了一种"中心—边缘"式的大众审美模式，现代学校以其政治合法性的地位获得了阐扬主流价值观及审美的话语权，无论是教师、学生抑或是家长都浸润在学校对主流审美的解释中，学校知识对关涉生产、生活知识的解释内化为个体生命选择的审美判断，可见现代学校在

---

① 陈国华、张诗亚：《论学校教育传承民族文化的有限性》，《中国教育学刊》2014年第5期。
② 王有升：《论现代学校的体制建构》，《教育学报》2005年第4期。
③ 王友缘、李燕：《学校教育下标准化童年的生产》，《全球教育展望》2015年第4期。

编织个体审美的同时,发挥着对群体审美整合的功用。很显然,以知识整合促进审美整合的逻辑难免会产生群体间文化的冲突与排斥,更为遗憾的是那些基于农耕文明所形成的与现代学校"异型的知识"缺少了存在的合法性,逐渐丧失了表达空间。

综上可见,工业社会的发展为现代学校的产生与普及提供了滋养的土壤,作为一项标准化发明,现代学校将对标准化技术的崇拜表达得淋漓尽致,已然成为标准化式的知识大工厂。这个知识大工厂不仅对知识的表达是标准化式的,知识的习得方式、评价方式等都是标准化式的,很显然,这种标准化式的呈现源自工业文明,其本质也是为工业社会发展服务的。但相比之下更应该注意的是作为一项普遍性技术,现代教育对空间、文化张力超越的可能性,以及大众越来越趋同化的教育审美对个体、群体教育选择的重塑带来的竞争膨胀等问题。

第二节　现代化进程中乡村教育标准化的历史进路

对于缺乏文字生长土壤的中国传统乡村社会而言,学校组织嵌入乡村社会的过程是渐进的、曲折的和碎片化的。今日我们所看到的乡村教育是在现代化进程中逐渐发展起来的,顾名思义,今日的乡村学校归根结底是现代的产物,其原型是现代学校,带有现代学校的办学特点和实践思维是理所当然的。而乡村社会从"不需要学校"到而今乡村教育的普及是国家现代化建设的需要,得益于国家教育发展的标准化治术。因此从这个层面来看,无论是从宏观的教育发展路径上,还是具体的建设技术上,乡村教育的普及与发展本质上即是一条教育发展的标准化之路。总地来看,真正意义上的乡村教育标准化之路萌芽于新式学堂在乡村的推广,兴起于中华人民共和国成立之后国家稳定政权和发展生产的现实诉求,并在改革开放之后,随着市场经济发展、教育制度健全完善而逐渐走向成熟和科学化。

"文字发生在人和人传情达意过程中受到了空间和时间阻隔的情境里。"[①] 而学校的出现则是人类教育发展到有文字阶段后用以完成高一级

---

① 费孝通:《乡土中国·生育制度·乡土重建》,商务印书馆2015年版,第19页。

学习活动的一项重要发明。① 传统的中国乡村是根植于自给自足的农业生产劳动，依靠血缘和地缘关系聚居的熟人社会，按照费孝通的解释，在这个面对面的社群里，不论在空间还是时间的格局上，"这种乡土社会，在面对面的亲密接触中，在反复地在同一生活定型中生活的人们，并不是愚到字都认不得，而是没有用字来帮助他们在社会中生活的需要"②。尤其是在中国古代社会，学校作为贵族阶级的游戏，同皇权一样止于县，有机会受教育的只是太子、世子及公卿的长子，大夫元士的正妻所生的儿子，以及极少数来自庶民的选士、造士，一般平民百姓是没有入学机会的。在乡村社会仅有比较大的宗族和富裕的乡绅阶层的子弟有闲暇时间和经济能力接受教育，平民子弟的教育多是通过乡约教化和家教完成的，学校之于乡村社会而言无疑是外来物和观赏品。因而，在中国传统的乡村社会里鲜有官方意志掌控下的学校组织，长期且普遍存在的教育组织载体多是私塾。一般而言，私塾分为两个层次，其中较低层次的，以最基本的道德伦理知识和识字读书为教育教学内容的称作蒙馆；层次高一些的称作经馆，往往研读经传、诗文，学作八股文以应科举。毋庸置疑，作为嵌入乡村社会的私塾，"私"的属性决定了其存在的灵活性与差异性。

其一表现在办学主体的多样性上。私塾之所以为"私"的根本依据在于办学主体的构成上，存在于传统中国乡村的私塾是在非国家控制的场域里生长起来的，组织发起的私人性提供了多样化的办学主体，按照其主体的不同可分为散馆、家塾、村塾或族塾、义塾等几大类。其中散馆的举办者为塾师，是最为常见的一种私塾形式，由塾师在自己家中或在别处租房设馆，向前来就读学生的家长收取束脩作为工资收入。学生规模从几人到几百人不等，设塾的地点、时间、学费均由塾师自己决定，古代没有办学许可制度，只要塾师愿意，想办就办，想停就关。这种类似店家般的灵活性具有较好的社会适应能力，随处可设，随生随灭，短则一两年，多则十数年。③ 家塾则与散馆正好相反，多指一些官绅富户、书香门第将先生邀至家中教育子弟，家长和教师形成主宾关系，家长被称作馆东，掌握教育的主导权，塾师的教学活动和日常生活受到家长的牵制。④ 显然，在乡

---

① 郭法奇、郑坚、吴婵：《学校演进的逻辑及发展趋势》，《教育研究》2017 年第 2 期。
② 费孝通：《乡土中国·生育制度·乡土重建》，商务印书馆 2015 年版，第 24 页。
③ 蒋纯焦：《中国私塾史》，山西教育出版社 2017 年版，第 31 页。
④ 蒋纯焦：《中国私塾史》，山西教育出版社 2017 年版，第 36 页。

村社会里，这种私塾仅是一小部分存在。相较之下，村塾却是契合乡村社会的常见形式。村塾或称之为村学，是由一个村或几个村的村民联合开办，费用由村中公共财政支出，或由学生家长分摊，或者由村中专门的学田支付。村塾属于底层民众的集体办学，一般由村中的乡绅主其事，如选定舍塾、商请塾师。村塾很少有专门的校舍，一般办在祠堂或寺庙中。村塾之设，向来没有规定，兴废无常，不能给儿童少年提供一个持久稳定的求学之所。有些地方村塾可能是季节性的，只在冬季农闲时开办，谓之"冬学"，持续时间也只有三个月左右，条件简陋，要求不高，只教农家子弟一些简单的读写算知识，并不指望通过教育来光耀门第。[1] 另外在乡村社会还存在一种由地方士绅为贫寒子弟捐建的义塾，服务对象和辐射地域较为广泛，不限姓氏和村镇，方圆数十里之内皆可来学。[2] 由此可见，传统的私塾因组织者不同，在服务范围、人群、时间等方面存在很大差异。

其二表现在教学组织形式及方式的个性化上。私塾除大体分为蒙馆和经馆两个层级外，并没有严格的分级制度。学生入学年龄没有统一的限制，且不分班级和年龄教学，塾师会根据每个学生的学习基础，给他们安排不同的学习内容和学习进度，提出不同的学习要求，一般循先易后难的原则逐渐提高，但对于先读什么后读什么并无严格的标准。由于学生间学习的内容和进度不一致，塾师常常一个个地轮流教，往往是学生立在老师旁边，听老师点读一两遍，然后学生循声仿读，掌握基本的句读和韵律，然后由学生回自己的座位上熟读成诵。[3] 钱穆在回忆自己初入私塾时曾提道："日读生字二十，忽增为三十，余幸能强记不忘，又增为四十。"[4]

其三表现在乡村社会对子女教育获得的差异性期待上。虽然自古以来"读书为官""学而优则仕"的教育期待在中国社会是根深蒂固的，但是真正能通过读书登入"天子堂"的人毕竟仅是社会上的一小部分人，且多为有足够财力做支撑的家庭才能为子女提供考取功名的教育积累。因此，对于乡村社会的大部分人来说，为仕做官仅是接受教育的目的之一，许多人送孩子入私塾读书一方面是为了养德明理，遵守社会伦理、修身正

---

[1] 蒋纯焦：《中国私塾史》，山西教育出版社2017年版，第41—42页。
[2] 蒋纯焦：《中国私塾史》，山西教育出版社2017年版，第45—46页。
[3] 蒋纯焦：《中国私塾史》，山西教育出版社2017年版，第58—61页。
[4] 蒋纯焦：《中国私塾史》，山西教育出版社2017年版，第59页。

己；另一方面则是为以后谋生计。在文化普及程度相对较低的传统中国，私塾生徒有一大部分会选择继续务农，也不乏转行经商和行医的学生，当然也有选择做塾师和讼师，或者靠占卜谋生的人。可见，虽然学生在私塾里获得的知识有限，却能在一定程度上转化为谋生的工具，这也是知识实用价值最直接的体现以及读书的多重意义所在。综上，传统乡村社会里的私塾与村落的地域分布、生产生活节奏是紧密相连的，并且能够根据受教育者的不同、举办者的不同、所处地区的不同进行及时的调整，办学目的和层次的调整、招生范围和年龄的调整、组织结构和规模的调整，教学方式的选择、教育内容的安排、教学时间和进度的设计等都十分灵活。所处的时期、地域，具体的自然、人文环境，主办者、教师、每个学生都是影响学校制度的变量，而农村社区和民众的具体要求是其中最为关键的影响因素。"因地制宜、因时制宜、因事制宜、因人而异使得学校制度呈现出多元样态，而这一样态正是学校依赖环境的具体表现。"[1] 因此，总体上，中国乡村传统私塾的办学逻辑遵循的是私人意志和地方规范，虽然用今天的眼光来看，多元化的存在造成了乡村私塾良莠不齐、一致性弱、稳定性差，却葆有个性，充满生命活力。

然而，自近代以来，在西方科学主义思潮影响下，以传授科学知识为主的工厂式的新式学堂得到中国政府的政治确认，随着中国踏上现代教育的探索之旅，乡村教育也逐渐走上了一条标准化之路。清朝末年，面对西方的船坚炮利和侵略侮辱，"其表在政，其里在学"的国家衰亡诊断为构建新式学堂嵌入乡村社会提供了政治正当性。1901年光绪帝宣布实施"新政"之后，国家加快新式学堂的普及以及向乡村社会的延伸，力求以新式学堂代替传统学校进而推动社会革新。1902年8月清政府颁布《钦定学堂章程》规定学堂分为三段七级，其中初等教育阶段包括小学堂和蒙养学堂二等三级，规定县域之内"坊厢、乡镇、村集，均应设立蒙学堂"，[2] 并开始改革学制，推行"壬寅学制"。值得一提的是，"壬寅学制"明确了蒙学堂四年和寻常小学堂三年的规定，并提出"俟各处学堂一律办齐后，无论何色人等皆应受此七年教育，然后听其任为各项事

---

[1] 樊涛：《民国时期农村学校教育制度变迁研究》，博士学位论文，东北师范大学，2014年，第32页。

[2] 樊涛：《民国时期农村学校教育制度变迁研究》，博士学位论文，东北师范大学，2014年，第34页。

业",这是我国教育史上首次提出实施统一的七年义务教育的构想。① 至此,乡村教育开始纳入国家权力的管治视野,旨在建立全国统一的、规范的乡村学校制度由此开始酝酿。1903 年清政府再次颁布由张之洞、荣庆等人拟定的《奏定学堂章程》即"癸卯学制",对学校系统结构、修业年限、学校管理法、教授法及学堂设置办法等作出了明确规定。其中初等小学堂学生的入学年龄为七岁,学习年限为五年,教授科目有修身、读经讲经、中国文学、算术、历史、地理、格致、体操等八门。此外,各地还可视当地条件加开图画、手工、音乐等科目中的一科或二科。每星期授课背诵时间为 30 小时,其中 13 小时为读经讲经。高等小学堂招收初等小学毕业生和年龄在 15 岁以下有相当学力的人,修业年限为四年。课程有修身、读经讲经、中国文学、算术、中国历史、地理、格致、图画、体操九门。各地视当地情形还可加开手工、农业、商业等科目。每星期开课 36 小时,其中 12 小时为读经讲经。中学堂的修业年限为五年,教授科目为修身、读经讲经、中国文学、外国语、历史、地理、算学、博物、物理及化学、法制及理财、图画、体操十二门。每星期授课时数为 36 小时,经学和中国文学仍占较大比重,第一、第二年每周占 13 小时,第三年加到每周 14 小时,第四、第五年为每周 12 小时。② 通过统一而固定的现代课程模式、以星期为学习周期的教学进度安排、班级授课制改革以及对学校日、周课程的具体规定等举措加强对新式学堂的统一管理,如"癸卯学制"颁布后,京师将私塾改良为初等小学简易科并制定课程表,采取每周 6 日,每日 5 节课,每节课 50 分钟,课间休息 10 分钟的现代课程模式,并强调"改良私塾宜注重教授管理之精神,不必注重形式"。③ 可想而知,在"癸卯学制"影响下,乡村私塾相对灵活的教学时间、差别化教学形式及内容必然受到冲击而转向接受改造。虽然由于当时动荡的社会发展局势,"癸卯学制"存续的时间并不长,但这一学制对学校教育内容、教学时间、修业年限等方面的统一化管理已是标准化思维介入学校教育的直接表达。1905 年清政府宣布设立学部,重新制定从中央到地方的教育行政管

---

① 樊涛:《民国时期农村学校教育制度变迁研究》,博士学位论文,东北师范大学,2014 年,第 34 页。
② 郭秉文:《中国教育制度沿革史》,商务印书馆 2016 年版,第 82—84 页。
③ 樊涛:《民国时期农村学校教育制度变迁研究》,博士学位论文,东北师范大学,2014 年,第 74 页。

理体制，起草了数部官制章程及法令，设计教育制度的组织法与行政法，一个重要目的就在于统一规范教育行为。1906年学部官制规定设立图书局，负责出版发行新学制的学校教科书。1908年系列简易识字学堂课本、系列国民读本、小学教科书及小学教师教学手册相继编辑完成，并通令各省下达学校采用。同年，学部建立教科书审定制度，规定民间个人所编或书馆出版的教科书，经审定后才许学堂采用。① 1911年学部奉朝廷谕旨设立中央教育会作为学部附属机关，并于当年夏季在北京举行第一次中央教育会会议。经提议讨论的议案有：强制义务教育、停止使用科举功名奖励新学堂毕业生、政府资助小学堂、初级师范受提学使节制、废除小学读经、强制添加手工课、统一方言读音、政府津贴小学教学、协调统一初等小学教法等。② 尽管当时清政府的处境尚不能实现对乡村私塾的完全控制和直接管理，一些教育改革举措仅停留在文本层面，但总地来看，在对乡村私塾的改造上，"其可通融者，为编制、为设备、为修业年限、为授课钟点，其不可通融者，为学科、为教则、为用书、为教授管理、为训练方法"。③ 可见，清政府学部设立之后的一系列改革举措进一步从顶层设计的维度强调了对乡村学校教育进行标准化处理的政治意义。虽然这些举措并没有撼动乡村社会私塾存在的根基，但在教育内容、授课形式及方法方面的规范化努力可视作乡村教育标准化的萌芽。

民国时期，南京临时政府推进教育标准化的努力进一步精细化，1912年1月9日南京临时政府教育部一建立就通令17省都督，要求各省依据教育部拟定的《普通教育暂行办法》及所附中小学、师范学校课程标准落实民众教育政策。通令要求只采用那些内容合乎共和宗旨的教科书，所有在道德和理念上与共和精神不合的前清教科书及参考书一律禁用。除此之外，各种不同的规则涵盖了全国学校系统各方面的事项，包括学校制服、学校仪式、学生转学、学校行政管理、学年、学期与休假、学校学费、学生操作记录、学业成绩考查、教科书等方面。④ 其中标准化痕迹最为明显的要数对学生成绩的考查了，要求各学校至少必须备有两种学生考

---

① 郭秉文：《中国教育制度沿革史》，商务印书馆2016年版，第111页。
② 郭秉文：《中国教育制度沿革史》，商务印书馆2016年版，第98—99页。
③ 樊涛：《民国时期农村学校教育制度变迁研究》，博士学位论文，东北师范大学，2014年，第53页。
④ 郭秉文：《中国教育制度沿革史》，商务印书馆2016年版，第117—141页。

查表：一为学生操作成绩考查表，二为学生学业成绩考查表。学生操作成绩用甲、乙、丙、丁四个等级评定。学生每学年的操作成绩在丙以上的视为及格。学生学业成绩分为平时成绩和考试成绩两种，平时成绩由教员根据学生学习认真勤奋程度与学业表现优劣随时判定。考试成绩分为学期考试、学年考试、毕业考试三种。此外，除前三种考试外，还有入学考试、升级考试、招募考试以及转学考试。在评定学生成绩时也分甲、乙、丙、丁四等：80 分以上为甲等，70 分以上 80 分以下为乙等，60 分以上 70 分以下为丙等，60 分以下为丁等。[①] 可见，以分数作为衡量标准的学生评价制度在民国时期已经初具雏形了，这种以"科学性"自居对学生学业成绩进行量化处理的方式是标准化思维介入教育的最直接体现。然而，民国时期外侮内乱的国家颓势延滞了共和政府新教育改革的推进，一些以教育为武器挽救民族危亡的社会改良人士对新教育之于乡村社会的价值持批判态度，尤其不满于乡村教育脱离乡村实际的问题，并对乡村教育定位、教育内容以及教学方法等进行了系统重建。虽然在当时国家状况和社会形势下，改良者的教育实验难以为继，但却在理论和实践两个维度上冲击并延缓了乡村教育的标准化趋势。

中华人民共和国成立后，饱经战争磨难的国家千疮百孔、百废待兴，发展教育肃清封建落后思想，提升国民知识文化水平成为巩固政权、提高生产力的重要手段。为践行社会主义的承诺和理想，政府在中华人民共和国成立伊始便十分重视工人和农民群众的教育问题，伴随着新政府的一系列政策和实践努力，乡村教育正式踏上标准化发展之路。1949 年《共同纲领》和第一次全国教育工作会议确立的共和国兴办教育的基本精神便是教育为国家建设服务，学校向工农开门。1951 年 10 月 1 日政务院颁布《关于改革学制的决定》针对"初等学校学业六年并分为初高级的办法，使广大的劳动人民子女难于受到完全的初等教育"的缺点，决定在中小学校改推行"五三三"制，取消小学初高级分段并统一修业年限为五年，入学年龄以七足岁为标准，中学的修业年限为 6 年，分初、高两级，修业年限各为三年，均得单独设立。教学内容采取一贯制的精神，同时照顾到分段的

---

① 郭秉文：《中国教育制度沿革史》，商务印书馆 2016 年版，第 141 页。

需要。① 这个决定标志着我国社会主义学校制度的正式确立，同时也是中华人民共和国成立之后在学制方面推进教育标准化的政策实践，虽然在中华人民共和国成立初期特定发展形势下，学制改革难以在乡村社会完全实现，却在一定程度上推进了乡村教育学制统一的步伐。次年3月18日教育部颁发了《小学暂行规程（草案）》和《中学暂行规程（草案）》，各分八章对包括学制、教学计划、教导原则、成绩考查、升级、留级、毕业、组织、编制、会议制度、经费、设备等问题进行了清晰且系统的规定，以促进中小学生德智体美全面发展。② 至此，现代学校获得进驻乡村社会的政治优势，私塾则丧失了在乡村社会存在的办学合法性。在中华人民共和国成立初期的十几年里，改造和取缔乡村私塾成为社会主义教育建设的重要组成部分。1963年5月中共中央决定在农村进行社会主义教育运动，私塾问题突然上升到阶级斗争的高度，各地迅速开始对私塾进行清理整顿，部分年龄偏大、思想素质和业务水平跟不上时代步伐的塾师遭到清退，老一套私塾教材遭到批判、更换，③ 这次运动不仅宣告私塾彻底退出中国乡村社会的历史舞台，同时也意味着亲近乡村社会生产生活实际、灵活多样的办学形式从此消失了，乡村教育变成了国家意志引领下传播现代文化知识、培养适应社会生产需要合格人才的规范性实践活动，这种由塾、馆向校统一的规范化办学制度迈出了乡村教育标准化发展的关键一步。

中华人民共和国成立后，国家为尽快稳定政权、统一意识形态、促进民族间的交流与融合所推进的"书同文""语同音"文化宪制也是标准化的管理逻辑间接介入学校教育的明显例证。自古以来，"书同文"的文化统一策略一直为国家政治维序所青睐，已成为完成国家统一的必要治术。中华人民共和国成立不久，国家已经意识到统一编写教科书的政治意义。早在1949年10月19日中共中央宣传部部长陆定一在全国新华书店出版工作会议的闭幕讲话中就指出："教科书对于国计民生，影响特别巨大，所以非国有不可。"紧接着，1951年秋季人教版第一套全国通用中小学教科书问世；1952年秋季全国中小学基本上采用了由人民教育出版社编辑

---

① 何东昌主编：《中华人民共和国重要教育文献（1949年—1975年）》，海南出版社1998年版，第105—106页。
② 陈守林：《新中国教育大事纪略》，吉林大学出版社1990年版，第25页。
③ 蒋纯焦：《从私塾到学校：中国基础教育机构现代转型的史与思》，《华东师范大学学报》（教育科学版）2015年第2期。

出版的各类教科书。① 在随后的三十年里，中小学教材一直由人民教育出版社统一编写，实行国定制度。众所周知，教材是学校教育教学的重要依据和媒介，教材的统一是国家意志的集中展现，一方面是对学校应该传授哪些知识的官方确认；另一方面规定着谁的知识适用于学校教育。显然乡村社会里朴素性知识的传播性和系统性不足，且缺乏获得价值确认编入教材的机会。中华人民共和国成立初期，与"书同文"改革同步进行的另一项推进文化一致性的策略便是"语同音"的文字改革工作。中国作为一个多民族国家，语言多样化的客观事实影响着国家统一和民族融合发展的进度。中华人民共和国成立初年，我国便成立了"中国文字改革协会"，之后随着政府对语言文字问题政治考量的深入，1954年12月周恩来总理提议设立"中国文字改革委员会"并设为国务院的直属机构。1955年教育部和文改委联合召开全国会议，通过了有关文字改革的决议和文案，并确定了推广以北京语音为标准音的普通话。次年，国务院发布了《关于推广普通话的指示》；1957年国家确定了"大力提倡、重点推行、逐步普及"普通话的工作方针，成立了由陈毅副总理为主任的全国推广普通话工作委员会。② 至此，普通话成为人们参与社会公共事务和生产生活的官方语言。在国家倡导和规定下，学校自然而然地成为推广简化汉字和普通话的主阵地，运用普通话教学则成为教师的一项基本专业技能，说好普通话也成为学校教育的一项重要内容。可见，国家对教学内容和教学语言的标准化处理无疑是乡村教育标准化之路上的重要举措。

改革开放以后，我国进入社会主义制度建设新时期。在科学主义和效率思维成为推动社会生产生活主导性准则的大环境下，乡村教育逐渐进入了科学主义主导下的标准化阶段。总地来看，表现为三个方面：其一是科学推进乡村学校的标准化建设。1986年4月12日中国六届全国人大四次会议审议通过《中华人民共和国义务教育法》（以下简称《义务教育法》）宣布国家实行九年义务教育制度。《义务教育法》对中国实施义务教育的性质、目的、年限、步骤，对国家、学校、社会、家庭所应承担的义务，对学校的管理体制、师资、经费、设备以及对违反有关规定的处罚

---

① 柯政：《改革开放40年教材制度改革的成就与挑战》，《中国教育学刊》2018年第6期。
② 苏力：《文化制度与国家构成——以"书同文"和"官话"为视角》，《中国社会科学》2013年第12期。

等重大问题作出了具体规定,这意味着乡村儿童接受教育的权利正式由政府接管和负责,乡村社会办学转变为政府公共管理的一个分支,义务教育办学标准化走向法制化轨道。伴随着《义务教育法》的颁布以及普及九年义务教育运动的展开,乡村儿童"有学上"问题逐步得到保障,分配正义下的政府担当开始致力于改善乡村学校较为落后的办学条件,加快乡村学校标准化建设,促进城乡义务教育均衡发展。早在 1996 年国家就启动了义务教育学校标准化建设工程,由建设部、国家计划委员会和国家教育委员会三部委制定了《农村普通中小学建设标准(试行)》。[1] 2010 年《国家中长期教育改革和发展规划纲要(2010—2020 年)》再次提出要推进义务教育学校标准化建设,加快缩小城乡差距,建立城乡一体化义务教育发展机制,率先在县(区)域内实现城乡均衡发展。近年来,国家教育督导部门正在积极推进县域内义务教育均衡发展验收工作,提出了一系列衡量义务教育均衡发展的指标,形成了一套科学的计算方法,乡村学校办学条件和资源配置情况较中华人民共和国成立初期有了极大的改善,与城市学校的配置差距也在不断缩小。均衡发展理念的提出及践行是国家推进教育公平和社会公正的重要举措,但同时也将城市教育的发展状况间接转化为乡村教育努力发展的方向。其二是学生考试招生评价的制度化与体系化。自 1977 年我国高考制度恢复后,推进招生考试制度的科学化和标准化遂成为一项重要的教育改革任务。1978 年邓小平在全国教育工作会议上指出"考试是检查学习情况和教学效果的一种重要方法,如同检验产品质量是保证工厂生产水平的必要制度一样"。[2] 随后,国家对考题范围、考查形式以及评价标准进行了一系列修正与规定,譬如 1982 年将考题范围严格限制在中学教学大纲和统编教材的范围之内,着重考查基础知识和基本技能及其运用能力,1984 年提出按基本教材命题,着重考核学生的基本知识技能和分析解决问题的能力,[3] 等等。标准化测试的合法性与实用性得到官方确认后,在高考这个指挥棒引领下,应试主义、唯分数论的教育思维在中小学盛行,考试成绩成为评价学校办学质量的重要指

---

[1] 李鹏、朱德全:《义务教育学校标准化建设:进程、问题与反思——基于 2010 年—2014 年全国义务教育办学条件数据的测度分析》,《清华大学教育研究》2016 年第 1 期。

[2] 杨学为:《高考文献》(下),高等教育出版社 2003 年版,第 89 页。

[3] 马健生、邹维:《高考改革 40 年的经验和教训:历史与比较分析》,《西南大学学报》(社会科学版)2018 年第 5 期。

标，中小学教育演变成一场办学竞赛，学校成为培养"标准化儿童"的大工厂，考试分数成为学生接受高等教育的敲门砖，成为文凭社会里的职业入场券、跨越阶层藩篱的铺路石。乡村学校置身于这场知识竞赛之中，考试制度和学生评价制度势必要遵循国家的政策规定与高考的制度导向，在这样的教育环境下，乡村家长对子女的教育期望早已抛弃了传统私塾时期读书明理的价值立场而抱以跳出农门的阶层期盼，耕读机制逐渐成为识别乡村社会里教育失败者的标志，因此，耕读传统渐渐地在乡村社会里销声匿迹了。其三是师资配置的专业化和规范化。中华人民共和国成立以来，国家一直重视师范教育和教师培养，但乡村学校因客观条件限制，教师的来源多为民办教师或改造的塾师，而随着师范教育制度和教师招聘制度标准化进程的推进，乡村教师与乡村社会之间由原来私人契约式的协商互惠关系正式转变为国家规制下的招考配给制度，教师的选择权力由私人上移至政府。

改革开放后，教育工作的重要性使国家意识到建设一支合格的教师队伍的重要性。为提高基础教育的师资质量，国家开始对民办教师队伍进行调整，将部分优秀民办教师转为公办，将部分经培训仍不合格的民办教师淘汰，将部分达到退休年龄的民办教师进行安置。[①] 1986 年 12 月国家教委、劳动人事部、国家计委联合下发《关于下达 1986 年从中小学民办教师中选招公办教师专项劳动指标的通知》规定"今后，各地一律不得再吸收新民办教师，如果发现擅自吸收的，必须坚决清退，并追究领导者的责任"[②]。这也就意味着民办教师补充政策体系的瓦解，依托民办教师支撑乡村教育的发展策略成为历史。此后，农村教师补充的主要方式从之前的招收民办教师向师范院校毕业生分配转变。[③] 21 世纪之后，随着我国师范教育的转型升级，高等师范教育取代了中等师范学校成为中小学合格教师的主要培养主体，依托中等师范学校"统分统包"配给支撑乡村教师补充的途径被教师招考制度所取代，教师培养及准入标准化改革更加强调

---

① 车丽娜、徐继存：《民办教师及其对乡村社会的影响》，《教育研究与实验》2014 年第 5 期。
② 何东昌主编：《中华人民共和国重要教育文献（1976—1990）》，海南出版社 1998 年版，第 2538 页。
③ 金志峰、吕武：《我国农村教师补充政策：变迁、困境及路径选择》，《学习与探索》2017 年第 9 期。

对教师能力和水平的考察，弱化甚至放弃了乡村教师本地化的特点，虽然这一改革有助于提升乡村教师队伍的整体学历水平和专业知识储备，但新进教师与乡村社会的文化隔阂也越来越明显了。以标准化的逻辑推进教师队伍专业化成为进入 21 世纪以来国家促进教师专业发展的主要举措。如火如荼的教师公开课、优质课大赛将教学过程如庖丁解牛般地分解，步骤明确、结构严密的教学过程策略成为每个教师专业发展的必备技能，这种将教学过程细分的技术本质上也是标准化的思维逻辑，在标准化思维作用下，教师职业升级为一项专业技术岗位，职后教师教育成为复制优秀教师的统一模具，为中小学校培养了一批批"标准化的教师"。因此，新时期乡村教师是浸润在教师教育专业化和规范化氛围里成长起来的，身上黏附着新时期对教师标准化的要素要求，无论是教育认知还是教学行为，都流露着浓厚的被标准化之后的专业化痕迹。

表 1-1　　　　传统乡村学校与现代标准化学校的对比

	传统乡村学校	现代标准化学校
知识类型	人文性知识	科学性知识
教育对象	个别的	全体的
教育功能	识字明理	习技开智
教育旨归	共同体生活	社会流动资本
教师角色	乡里人	公家人
校社关系	学校适应乡里	乡里适应学校
家师关系	互惠/契约关系	权责/权级关系

综上可见，乡村教育的标准化之路是循着现代化进程的推进而展开的，在学校教育演变成推动现代化发展的机制之后，标准化的发展思维以其高效率、清晰化、科学化的实践优势规范了乡村私塾私人化、碎片化、多样化的运转模式，学校标准、资源配置、教学内容、考试制度以及教师教育的统一构筑了乡村教育的标准化发展体系，因此，较之传统乡村私塾教育，现代学校的教育目标、教育内容、教育过程以及教育结果都是高度明晰、整齐划一和可控制的，是科学主义和效率思维直接作用的结果。正是这种标准化的发展机制打通了传统社会里乡村教育与城市教育间的异质性存在样态，而其实质则是国家企图构建一个同质性的学校教育发展生态的政治抱负的体现。

对于一个亟须政治稳定和社会发展的新建大国,将标准化作为一种管理体制和技术手段以推进乡村教育的现代化转轨无疑既是政府提高执政效率的治术,同时也是完成分配正义下国家责任、政府担当的有力举措。因此,标准化作为乡村教育治术本身是无可厚非的,甚至不可否认作为一项方法论,标准化的技术对于乡村教育的发展作出了很大的贡献。总地来看,乡村教育标准化的努力持续了近百年,标准化介入之后乡村教育的改变是显而易见的。当前,乡村教育在办学条件、资源配置以及信息化建设等方面所发生的改变无疑是中华人民共和国成立以来推进乡村教育标准化之路带来的,因此,毋庸置疑,我们必须承认的是,标准化思维下的乡村教育是取得了正向积极的成绩的,乡村社会"教育缺位"的历史现实一去不复返了,草房子、土凳子、泥孩子的乡村教育时代已经成为过去时,每个乡村儿童都享有接受教育的机会,打通了城市和乡村间的沟通进路,城市也不再是一种遥不可及的想象。

第三节 城市偏向的普遍叙事:乡村教育标准化之路的实践特质

如上文所述,现代学校教育作为一种社会存在,无论是从政治、经济、文化视角还是从个体生产生活视角来看,本质上都是一种个体意义上的人主动或被动地接受群体标准的过程。因而,学校教育标准化本身无可厚非,但接受谁的标准、标准化形塑了什么、遗忘了什么却是关键的问题。回溯历史,现代教育嵌入乡村的过程是相伴中国现代化进程展开的,因而对于乡村社会而言,现代学校是作为现代化介入乡村社会的文化机制而存在的,也就是说,现代化的发展偏好决定着学校教育介入乡村社会的价值走向和存在样态。因此,理解乡村教育发展道路的实践特质,厘清乡村教育标准化进路的发展偏向离不开现代化发展偏好。

现代化发迹于人类社会分工和生产方式变革,工业文明的到来打开了现代化进程的大门。以机械制造和工业生产为主要标志的生产方式的结构性变革带来了社会分工结构和知识结构的系统性重组,相比于乡村社会单一化、封闭性、自给自足的生产生活模式,城市以其集约性、开放性与有机体结构所表现出来的空间优越性和分工效益魅力更加适宜推进工业发展、社会化大生产以及市场经济,恩格斯运用简洁且生动的语言描述了城市这一集聚效应：

> 大工业企业需要许多工人在一个建筑物里面共同劳动；这些工人必须住在近处，甚至在不大的工厂近旁，他们也会形成一个完整的村镇。他们都有一定的需要，为了满足这些需要，还须有其他的人，于是手工业者、裁缝、鞋匠、面包师、泥瓦匠、木匠都搬到这里来了。这种村镇里的居民，特别是年轻的一代，逐渐习惯于工厂工作，逐渐熟悉这种工作；当第一个工厂很自然地已经不能保证一切希望工作的人都有工作的时候，工资就下降，结果就是新的厂主搬到这个地方来。于是村镇就变成小城市，而小城市又变成大城市。城市愈大，搬到里面来就愈有利，因为这里有铁路，有运河，有公路；可以挑选的熟练工人愈来愈多；由于建筑业中和机器制造业中的竞争，在这种一切都方便的地方开办新的企业，比起不仅建筑材料和机器要预先从其他地方运来、而且建筑工人和工厂工人也要预先从其他地方运来的比较遥远的地方，花费比较少的钱就行了；这里有顾客云集的市场和交易所，这里跟原料市场和成品销售市场有直接的联系。这就决定了大工厂城市惊人迅速地成长。①

正是这种生产—人口循环集聚机制形成了城市巨大的吸力惯性，使城市由城乡关系的依附地位变成主导地位，使农村变成了自己的附庸。②马克思在《政治经济学批判》中将这一进程精练地概括为"现代的历史是乡村城市化，而不像在古代那样，是城市乡村化"③。可见，工业与城市是相互依存和相互促进的存在，一方面，城市拥有着滋养工业发展的天然土壤；另一方面，工业的不断发展带动了城市的扩大和进步，发展城市、推进城市化进程是工业文明时代发展之必然趋势。

而对于城市社会而言，标准化已然成为以工业化、机械化为动力的社会化大生产的重要支撑，城市已成为标准化的前沿阵地。现代化进程中的

---

① 中共中央马克思恩格斯列宁斯大林著作编译局编译：《马克思恩格斯全集》（第二卷），人民出版社1957年版，第300—301页。
② 朱铁臻：《城市现代化研究》，红旗出版社2002年版，第146页。
③ 中共中央马克思恩格斯列宁斯大林著作编译局编译：《马克思恩格斯全集》（第四十六卷），人民出版社1979年版，第480页。

标准化总体上是偏爱城市的，一方面，从生产和管理之维来看，城市的多元化、结构性和开放性更需要标准化提供科学清晰的规范和准则来提高效率和效益以迎合现代化进程中城市生产生活方式变革和快速发展的需要，而乡村内部的弱结构性、封闭性和复杂性遵循的则是地方的逻辑，人们生产生活遵循的是自然规律且充满不确定性，缺少标准化的用武之地，因而标准化的价值更多地体现在城市社会里；另一方面，标准化作为一种城市发展需要，体现的是城市生产生活经验和知识的抽象统一，表达的是城市世界里的生活追求和审美，当现代性的触角伸向乡村社会，城市发展标准化的惯性不仅带来了符合视觉美学的、复制城市魅力的整齐划一的村庄，更形成了以城市偏向的知识和审美为中心的现代生活取向和价值取向。詹姆斯·斯科特（James C. Scott）从国家的视角出发，将这种简单化和清晰化的标准化看作是极端现代化意识形态带来的结果，所谓极端现代化意识形态可以理解为国家的一种强烈而固执的自信："他们对科学和技术、生产能力的扩大、人们的需求不断得到满足，以及对自然（包括人类社会）的掌握有很强烈的信心。他们特别相信，随着科学地掌握自然规律，人们可以理性地设计社会的秩序。毫无疑问，这种意识形态产生于西方，是前所未有的科学和工业进步的副产品。"[①] 然而，值得注意的是，无论是生产生活中的标准化，抑或是国家政治工程中的标准化，从城乡之维来看，现代化进程中的这种带有极端现代主义色彩的标准化表现为一种知识的过滤器和社会的整合机制，其附着的浓厚的城市文明色彩剥夺了乡村社会地方标准的合法性，同时在城市化推进过程中所形塑的以城市为中心的大众均质化社会审美思维的裹挟下，城乡社会的意识形态冲突不断加剧，乡村社会的存在自信被世俗标准化的审美思维所消费。

中国作为后发型现代化国家，现代化进程的推进无疑是城市偏向的，是依照城市中心的发展路径展开的，中华人民共和国成立尤其是改革开放之后，优先发展城市的取向更加明显。因而，本质上，中国的城乡关系，在历史过程中以及在现实的处境中，双方关系的基本架构更应表述为主流文化的城市"中心"与边缘文化的乡村"外围"的关系。[②] 乡村社会的

[①] [美]詹姆斯·C. 斯科特：《国家的视角：那些试图改善人类状况的项目是如何失败的》，王晓毅译，社会科学文献出版社2004年版，第4页。

[②] 吕昭河：《二元中国解构与建构的几点认识——基于城市"中心"与乡村"外围"关系的解释》，《吉林大学社会科学学报》2007年第2期。

文化内涵在以发展为中心的现代化框架中隐匿。以城市取向为中心的外来文化的冲击使得原来的乡村文化秩序土崩瓦解。乡村社会的独特性已经或者正在全然丧失，完全沦为城市文明的附庸。[①] 可以说，我国现代化进程中乡村社会是在城市中心主义的裹挟下生存的，城市中心主义是现代化进程中统摄和改造乡村社会的主旋律。这种城市中心主义不仅仅是在发展次序上的城市偏向，同时在发展结果选择上亦是一种以城市替代乡村的实践路径。而标准化的学校教育作为工业社会的重要发明，从内而外都附着着工业社会的喜好，在现代化进程中城市偏好的强大惯性下表达着对城市天然的偏爱。因而，且不论在发展次序上，城市拥有先于乡村的教育发展权，即使从知识选择、管理过程到结果期待来看，按照标准化路径发展起来的学校教育本质上也表现为一种城市中心主义的普遍叙事。

首先，泛科学理性下的知识构成表现为亲城市性。当"科学的知识最有价值"这一命题的合法性得到世界公认之后，秉持科学理性的知识立场成为现代学校教育的普遍价值预设，学校成为传播标准化、技术化、实用化科学知识的主要载体，学校的知识即是"科学的""权威的"已成为一种普遍的社会认识。现代化进程中完成了对学校教育内容的标准化处理，课程的设置和内容的选择走向客观化、体系化和规范化，教材内容的设置是在科学理性指导下对既有人类生产生活经验、文化历史和智慧结晶的精细化提炼和结构化筛选，加之对知识的普适性与通用性的强调，必然会带来一些不符合社会广泛的生产生活需要的知识被搁置甚至淘汰。城市和乡村作为两种完全不同的社会样态在知识的积累上表现出完全不同的特征和适用性，乡村空间的强地方性决定了其知识经验的具体性和文化性，不具备广泛的通用性特点，而城市空间的均质性和开放性却成为积累普适性知识的优势。因而，过分强调知识科学性的泛科学理性价值选择偏向造成了学校教育中地方性知识的不足甚至缺失，高度抽象的、结构化的知识成为学校知识构成的主体，而这种知识形态更贴近高均质化的城市社会的生产生活实践，而难以适用于一个个具体的乡村世界。除此之外，旨在保证知识科学性的标准化技术多是在知识分子的把握下展开的，而知识分子多是居住在城市的"城里人"，显然，城市里积累的知识获得了优先被选

---

① 刘铁芳：《乡土的逃离与回归：乡村教育的人文重建》，福建教育出版社 2008 年版，第 37 页。

权。也就是说，某种程度上讲，现代教育所提供的标准化知识是"城里人的共识"。因而，可以说在泛科学理性指导下，标准化的学校教育的知识构成总体上是亲城市性的。

其次，权级关系下的学校管理彰显城市意志。政府介入是现代学校进入乡村的直接推动机制，同时也是乡村教育管理标准化的最直观表现。一方面，在国家效率政治体制下，简单而清晰的制度化管理和科层体制形成了乡村教育标准化办学行为（如对学制、资源配置、管理制度的统一规定等），在自上而下的教育行政管理秩序下，乡村教育转变成国家公共服务的一部分，国家政治权力的下移带来的是个体教育主导权的上移，权力的转制将乡村教育的话语权和决策权由"私人决策"转换为"公共话语"，而"我们长期奉行的整齐划一的思维模式，事实上造成了教育取向上的单一化，由于教育话语权、决策权集中在城市阶层，更潜在地使得我们的教育政策与主流教育话语更多地带有'城市取向'"[①]。在"城市取向"价值观引导下，城市教育的存在样态自然而然地成为乡村教育决策的参照物和模仿的对象。换言之，政治场域中对乡村教育的判断和发展是以默认城市教育的底色与模式为前提的，鲜有遵从乡村社会独特性和自主权的教育构想与实践设计，乡村教育的意志多为城市人的意志，乡村教育怎么办、如何办的话语权是在城市价值观的影响下完成的。当前乡村教育场域中的改革以及对问题的甄别无一不是在与城市教育的对比下进行的，这是上述解释最好的说明。另一方面，随着乡村教育转变为准公共产品，接受教育由教师与家长间的私人协商转变为政府的责任与私人的义务，利益主体之间的自由互惠关系被公共权力下的权级关系所取代，学校由私人场域转为教育科层组织，教师不再是私人教育权益的实践者，而是国家教育实施的摆渡人。很显然，对于皇权止于县的传统乡村熟人社会，这种"公—私"关系并不常见于乡村社会的日常生活和社会生活，相较之下，城市社会组织结构和权力结构的复杂性内置着丰富的"公—私"权力关系，而标准化学校所展现的权级关系是国家权力的延伸，相较之下更适用于城市。

最后，效率主义下的教育生产逻辑指向城市生活。现代教育以升学为目的的强筛选机制迎来了文凭社会时代，在将文凭作为人才评价标准和职

[①] 刘铁芳：《乡土的逃离与回归：乡村教育的人文重建》，福建教育出版社2008年版，第37页。

业准入门槛的社会导向下,"读书—升学—文凭"成为个体接受学校教育的最直接也是最主要的诉求。参与以标准化测试为升学筛选手段的教育评价制度是乡村教育走向标准化的最直接体现。标准化测试在乡村社会的盛行一改传统乡村社会的教育传统,教育由关注儿童道德规训和养德正己以适应乡村礼俗社会生活的"道术"转变为强调文化课分数和应试能力以为升学做准备的"试术",可以说,践行标准化测试制度,为升学做准备的乡村教育转向正在引导乡村儿童走出乡村、远离乡村去参与城市生活,相较于传统乡村社会里的"耕读"传统,标准化教育弱化了乡村儿童在乡村生活的能力和志趣,以至于那些在教育竞争中的失利者也不再将"回家种地"作为谋生的首选,而是选择"进城打工"。正是这种教育筛选制度加大了学校之间的竞争,为在这场知识竞赛中拔得头筹,学校教育演变成"输入—输出"式的简单化技术操作,以教师高强度、重复性的输入来提高学生分数输出的正确性成为学校教育的主要方法,学校成为培养批量化合格儿童的工厂。很显然,对于以农业立身的乡村社会而言,生产和生活遵循的是自然规律,是生长的逻辑,而非生产的逻辑,这种对个体"同一性"塑形的学校教育显然是一种教育生产逻辑,是外在于乡村社会的城市工厂思维惯性的表现。可见,标准化测试下的乡村教育对传统私塾里个别化、差别化教育的抛弃,本质上是在奉行效率主义主宰下的工厂式教育生产逻辑,"教育假设始端输入的是原材料,终端输出的是标准件——有技能、忠诚于社会核心价值、恪守职业规范的'受教育者'",[①]以替代农业社会里尊重生物规律的自然主义的缓慢性。也就是说,这种效率主义的生产逻辑在挤占了乡村儿童对家乡了解空间的同时,正在以择校作为向城性空间流动资本增值的转换逻辑发挥着将乡村儿童和乡村人口抽离乡村带入城市的功能。因而,无论是从乡村儿童的生长节律、乡村社会的生产生活样态来看,还是标准化教育指向的教育结果来看,这种效率主义下的教育生产逻辑都是一种城市偏向的表达。

综上可见,处在现代化进程中的乡村教育普及与发展是在标准化技术操纵下进行的,它深嵌于"城市偏向"的社会宏观发展格局中,现代学校泛科学理性的知识构成、利益主体间的权级关系以及效率主义指导下的教

---

① 刘云杉:《村庄与教育——黔西南一个民族混居村庄的田野研究》,载翁乃群主编《村落视野下的农村教育:以西南四村为例》,社会科学文献出版社2009年版,第331页。

育生产逻辑，均表达着对城市的偏爱，一面言说着城市里生长着的标准，一面以标准化的教育竞争技术将乡村儿童引入城市。换言之，现代标准化学校其总体上表现为一种基于"城市中心主义的普遍叙事"，依靠标准化技术发展起来的乡村教育实则是一条以城市为中心的教育标准化之路。

第四节 沦为空间物理场的乡村与乡村教育的现实遭遇

显而易见，这条以城市为中心的标准化之路所推崇的知识类型、管理方式以及教育实践逻辑对乡村空间知识形态、主体交往以及实践空间的拒绝直接造成了乡村空间的"内容退场"，乡村空间的教育合法性及其价值空间在现代学校中被隐匿了，被乡村学校挡在围墙之外，沦为空间物理场。

具体表现在：在现代学校迷恋科学知识的泛科学理性的统摄下，那些存在于乡村社会里的地方知识不仅失去了表达的权利和被解释的空间，还招致居高临下的俯视，成为缺乏经济效益、生产功用、落后甚至是愚昧的知识糟粕，理应得到科学知识的改造。而未在学校教育中获得合法性潜隐着一种被现代社会抛弃的暗示。在乡村儿童的眼里，这片陪伴他（她）成长的土地不再是亲切且美好的，反而成为证明现代科学知识权威性的反面证据。在乡村学校眼里，学校肩负的是提升乡村社会科学认知和文化水平的使命，作为知识代表的自负不仅无暇顾及那些非官方认定的知识，更是以知识代理人的骄傲否定了乡村作为知识世界的可能。这种来自现代学校对乡村地方知识的漠视、遗弃造成的直接后果便是越来越少人正视、客观看待乡村社会，更遑论去探索乡村作为知识世界的丰富可能。乡村社会的小传统随着乡村社会知识及价值选择的现代性洗礼渐趋式微，乡村文化面临凋敝、失落和消亡。正是这种来自知识层面的冷落与乡村学校标准化管理之间的化学反应，使得乡村人失去了与学校对话的空间。被戏谑的"乡下人"处在知识劣端，被贴上了文化程度不高、缺乏素质的标签，缺乏和学校间的实质性沟通与交往。乡村学校对待乡村家长也更多是制度性的交往，仅仅表现为一种制度礼仪，缺乏实质性认同。乡村家长成为被挡在学校制度之外的一群人，缺乏学校参与的话语空间，缺乏对学校、教师的了解。这本质上是乡村学校再一次以制度加码拒绝了乡村，乡村家长之于学校教育的价值被忽视了。而在这种科学知识与权级制度的合力下，当追求分数报酬成为乡村学校的实践动力，标准化的知识和制度内置的效率逻辑即会赋以乡村学校"关上门""闭上眼"办学的实践合理性。埋头钻研知识注入术成为教师和学生的一项共同事业，对效率和结果的追逐将教师和学生围困于教室中，走出校园、发掘实践空间中教育力量与效益的举动对教育结果的挑战，变成了充满不确定性的冒险行为。因而，乡村作为教育实践空间存在的可能性也被剥夺了。可以说，至此能够代表和解释乡村空间之于学校价值的"内容"已经都被标准化的学校拒绝了，乡村空间变为立在乡村学校"墙边的雕像"沦为空间物理场，自身主体性价值的遮蔽让在现代化进程中已经入侵的城市偏向的审美泛滥发酵，"进城读书""进城生活"成为一种生活向往和优先选项，造成的直接后果便是因竞争失利被抛弃继而日渐萎缩的乡村学校以及游走在城市与乡村之间的浮萍少年。

从乡村学校的维度看，随着乡村社会教育理性的增长，乡村学校成为满足乡村儿童学业及升学期望达成的利益场，在学校间的标准化竞赛下，乡村学校将自己推向了一个无形的教育大市场中。在遵循自由竞争和自由选择的实践逻辑下，乡村学校在可流动的空间里成为被放弃的对象，因而从本质上来看，以城市为中心的标准化之路带给乡村的不只是教育机会的均等，还有城市教育比照下可见的劣势。这种比较劣势来自以"城市中心主义的普遍叙事"带来的"参照陷阱"。标准化的教育下乡配置打破了传统社会里因乡村教育缺位而不具备对比基础的客观条件，置城乡教育于同一市场环境下，在遵循优胜劣汰自由竞争原则下，[①] 教育场域转变成一个偌大的市场，乡村学校作为教育市场环境下的供给方，需要和城市学校一样面对市场的价值选择和竞争规则，这种机制下的城乡教育关系实质是一种竞争性存在关系。教育标准化技术以其清晰化和简单化的显性指标形塑着社会对"好教育"的判定标准，如对一所学校好坏的关注主要集中在强调学校条件、资源配置、考试成绩以及生活环境等方面。而随着现代化进程中社会发展结构的"城市偏向"以及主流社会价值观被城市所统

---

① 这里可能会有人质疑，现在义务教育是就近入学，何来的市场论之说？那么反思一下就可以得到，就近入学何以不是教育公平存在的一个悖论呢？我们推进就近入学是方便家长，防止择校，可是不发生择校的前提是建立在学校提供均质化服务的基础上，否则在学校差异较大时，就近入学只能演变成对弱者的心理平衡约束，这也是为什么房地产商能够想出配套学区房的诡计，而能顺利得逞的原因。如果真的如此，为何有能力的家长会选择陪读，会把自己的孩子送到城里？

摄，人们不仅在生活选择上是城市取向的，教育审美的世俗标准也表现出强烈的城市中心取向，将城市学校的发展状况作为衡量乡村学校的权威准则。大众教育的世俗审美标准遮蔽了社会对乡村教育发展状况的理性审视，乡村教育作为主体的独特性价值被城市偏向的外在评判标准所取代。城乡对比之下的乡村教育发展弱势瓦解着教育实践活动主体的行动自信，得过且过的乡村教育实践主体心态使得乡村学校缺乏活力、死气沉沉，掉入低质量旋涡。此外，受发展起点、政策限制以及行政主体财政负担能力的制约，乡村教育标准化是一种有限能力下的标准化，城乡教育均衡发展更多体现为量化指标而非绝对的、同质性的标准化。而且，就当前教育投入与发展实际来看，短期之内完成城乡教育均质化发展是不切实际的，也就是说，在未来很长一段时间里，城乡教育发展的结构性坠距是客观存在的。因而，在资源有限性与私欲递进性作为一对供需矛盾永恒存在的现实前提下，城乡教育发展的结构性坠距与大众教育审美的城市偏向共同制造了乡村教育在现代化进程中的比较弱势。在教育作为一种竞争手段的工具理性泛起的时代，乡村教育的比较弱势无疑制造了主体焦虑，来自乡村社会的教育理性驱使乡村儿童纷纷出走，乡村教育掉入了"城市中心的普遍叙事"埋下的参照陷阱，遭遇教育市场化竞争失利被淘汰的风险，陷入一面发展一面衰败的标准化吊诡之中。

而对乡村儿童而言，他们非但未能通过教育获得参与教育筛选的竞争性资本，反而沦落为现代社会里浮萍少年。就当前乡村教育发展现状来看，现实场域中的乡村教育一面难以置换乡村儿童阶层流动的机会，一面却作为现代化进程中城乡融合的文化整合机制刺激着乡村儿童对城市空间的迷恋，这种双面现实间的张力形塑着乡村少年的双重浮萍人生——"生存维度上的浮萍"和"发展维度上的浮萍"。一方面，从教育之于个体可持续发展的生存性价值出发，乡村儿童学业表现不佳潜藏着隐性辍学风险，学业成绩缺乏竞争力，升入优质高中和大学机会有限是当前乡村教育的现实写照。一项基于某市新课改后城乡学生中考学业成绩的比较研究发现，农村学生的中考平均成绩普遍低于城市学生，取得高分的机会也明显小于城市学生。[①] 另一项基于改革开放后初升高城乡教育机会获得的实

---

① 柯政：《课程改革与农村学生的学业成功机会——基于 A 市八年中考数据的分析》，《教育研究》2016 年第 10 期。

证分析显示,"自改革开放以来,初升高阶段的城乡教育机会差距在持续扩大,在性别、父亲职业和文化水平相同的条件下,这一阶段升学概率的城乡差距从20世纪70年代末至80年代前半期的1.9倍,增加到80年代后期至90年代前半期的2.5倍,再增长到90年代后期至21世纪开始后的3.9倍"[1]。优质高中入学机会是进入重点大学的通行证、实现阶层流动的教育门票,乡村学生在获得优质高中入学机会上的弱势地位直接影响着升入重点大学的概率,学业成绩处于比较弱势的乡村学生只能沦为教育筛选制度下的淘汰者。而对于这些走下义务教育观景台的乡村少年来说,九年的教育积累并未收获适应时代发展和社会需要的必要知识、生存技能以及可持续的学习能力,九年的学业还不足以支撑他们适应社会生活的巨变,掉进了"升学无门,回乡无路,进城无技"的教育陷阱,游走在城市和乡村的边缘。认识到"一技之长"重要性的一部分乡村少年尚可以通过社会培训、打工求技获得乡村生产生活劳动之外的糊口技能,而那些缺乏长远筹划的乡村少年则只能依靠碎片化、随意性的打工生活"漂泊"在城市底层,既无法真正融入城市生活,也与乡村生活日渐疏离,更有严重者成了费孝通笔下的"团伐"、李大钊口中的"鬼蜮",[2] 这种往返于城乡之间的谋生轨迹注定了乡村少年的漂泊人生。另一方面,从教育之于个体可持续发展的发展性价值来看,科比特(Michael J. Corbett)对加拿大农村地区青年的研究证实,令人兴奋的城市空间与单调乏味的农村社区之间的区别通常会激发农村年轻人空间流动的强烈渴望,空间移动已经成为对农村地区年轻人的一项规范要求。而现代学校作为一种脱域机制产生了将公民从特定地区"脱嵌"的效果,在农村和其他偏远地区,学校在

---

[1] 李春玲:《教育不平等的年代变化趋势(1940—2010)——对城乡教育机会不平等的再考察》,《社会学研究》2014年第2期。

[2] 费孝通曾在《乡土重建》一书中以云南一个乡城的农业学校为例,描绘了农业学校的学生们既没有充足的"校农场"进行"实习"和"试验",家里也没有那么多的本钱提供,结果,有些当了小学教员,有些转入军校,而有些就在家里赋闲,整天无所事事地鬼混,在县城里造了一批新的"流氓",成了一批寄生性的"团伐"阶层,既不能从生产区获取生活,只有用权势去获取财富了。详见费孝通《乡土中国·生育制度·乡土重建》,商务印书馆2015年版,第402—406页。将乡村青年比作"鬼蜮"的说法源自李大钊在《青年与农村》一文中的论述,李大钊将接受新学教育又没有被城市社会接纳的乡村青年描述为"求得一知半解"的农村"一般知识阶级的青年""就专想在都市上活动""都不愿回到田园","青年常在都市中混的,都成了鬼蜮",造成农村状况更加恶化。详见罗志田《科举制废除在乡村中的社会后果》,《中国社会科学》2006年第1期。

地域流动中扮演着特定的角色,[1] 成为乡村青年获得流动资本的主要市场,以提供更广泛的地区、国家甚至是国际信任而取代了农村青年对所在社区的依恋和身份认同,割断了个体成长的地方根基,消解了新一代农村青年的扎根感、责任感和归属感。[2] 乡村的学校教育与现代性的耦合制造了乡村青年既非"城里人"又非"乡下人"的身份认同冲突,这种身份迷失焦虑的潜隐性和长久性瓦解着生命个体的归属感和安全感,造成乡村青年孤独且无根的生命浮萍状态。下面一则乡村大学生的知乎随笔,字里行间渗透着的身份认同焦虑成为乡村少年生命浮萍状态的真实写照。

农村大学生如何面对家乡与学校两个不同的世界?

乡村正在他的后代眼里变得陌生……

下学期就要毕业了,最近回到农村老家——一个山清水秀的小山村。每次在家和学校之间切换都感觉从一个世界来到了另一个世界。在家乡度过了美好的童年,蓝天、白云、青山、绿水、白墙、黑瓦……在田野上奔跑,在小河里逮鱼,在山谷中游荡……欢歌笑语飘荡在村子里。

在大学四年不能说有多大收获,但也没有虚度时光,大学确实能提供一个平台,让你有机会接触不同的人和物以及观念想法,对农村学生来说尤为重要!记得大一刚开学在宿舍泡面,看到饮水机上蓝色和红色两个开关,第一反应是红色表示正在加热,蓝色表示可以饮用,果断打开了蓝色开关,然后就尴尬了,接了一些冷水……班主任是教授,要和班主任谈话时,一想到要和教授谈话,就……

农村里大家都很了解,一家有事大家都会去帮忙,酒席就摆在家门口,感觉整个村都是自己家的一部分,有一种归属感,让人深刻地感受到故乡二字的含义,一直觉得大城市里的人应该没有什么故乡情……有时会让你感觉自己在荒山野外,回到村里时父母还没回家,几个同龄人也都不在,有的已经结婚了,有时感觉村子好陌生,村里只有小卖部,快递需要到镇上才能取(十公里路),心里想着作为一名大学生应该有所担当,为村子做贡献(感觉有点可笑了),装狼不像狼,装狗尾巴长。刚才政府在春节来临之际给贫困户发米面油,我代表我家去领,有一种说不出的感觉,在学校看到很多同学的生活,感觉城市与农村真是两个不同的世界,富人与穷人的差距。每次回到家都感觉天蓝得不正常,空气清新得不正常,村子落后得不正常。总觉得农村与城市都待不下去,当然也可以说既熟悉农村,又了解城市,然而……

无论思想观念、价值尺度、风俗习惯,城市与农村都有很大不同,因此不同的想法撕扯着你,大部分农村大学生没有任何所谓的社会资源,只能是而今伊始,命途自闯!

资料来源:鸣人学生:《农村大学生如何面对家乡与学校两个不同的世界?》节选(https://www.zhihu.com/question/54753362? sort = created)。

---

[1] Corbett, M. J, "Standardized Individuality: Cosmopolitanism and Educational Decision-making in an Atlantic Canadian Rural Community", *Compare: A Journal of Comparative and International Education*, Vol. 40, No 2, 2010.

[2] 王红、邬志辉:《国外乡村教育生态转型的在地化实践》,《比较教育研究》2019 年第 9 期。

总之，中国现代化进程中，冠以工业文明的城乡发展偏态结构将乡村空间推进了经济学陷阱，学校教育更是以工业文明的高傲在时空延展价值维度上放弃了乡村，效用价值和审美价值的双向拒绝使得乡村沦为现代社会发展的附属品。现代教育内置的经济计价与城市幻想打破了"乡土中国"安土重迁的空间节律，逃离乡村已经演变成一场青年锦标赛。乡村学校扮演着乡村空间空心化加速器的角色，成为浮萍少年的乡村儿童对家乡的抛弃更发挥着从根本上破坏乡村的作用。乡村空间正在经历由"内容退场"到"形式退场"的消殒，乡村与学校之间的互动陷入一种"结构—紧张"机制，相互之间的对立排斥制造了衰败的死循环，一方面，乡村社会以"用脚投票"的方式表达着对乡村学校的不满、扮演着加速乡村学校衰败主导者的角色，另一方面，乡村学校深陷被乡村社会抛弃陷阱中加速萎缩进一步刺激了乡村人口的逃离。可以说，城市偏向的标准化教育发展路径非但没有完成乡村社会的整体改造，相反，乡村空间的实体价值与社会效益在计划出逃者的恐慌与焦虑中被湮没之后，带来的是乡村学校与乡村社会之间的消极互动，乡村空间面临的不仅仅是价值遮蔽的问题，更是如何与学校处理好关系以逃离退场困境的问题。

第五节 本章小结

本章重点对现代化进程中乡村与乡校二者在场关系进行了史今对比。回溯乡村教育现代化进程，对于"不需要文字"的中国传统乡村而言，乡村教育发展是围绕标准化崇拜、城市化偏向展开的。换言之，从现代学校进驻乡村社会伊始，中国乡村教育已经踏上了一条外在的标准化之路。标准化学校知识构成的泛科学理性、教育管理中的权级关系、基于效率主义的教育生产逻辑所构成的城市偏向普遍叙事，形成了乡村由"在场"到"退场"的历史进路，乡村蜕变为乡村学校教育中的空间"物理场"而非价值"意义场"，乡村空间的教育价值被遮蔽了。

第二章

迈向对学校教育中"地方"价值的综合性理解：重建"地方"在场的乡村教育

> 我坚信进步像人类生活的各个方面一样，本质上是试验性的。当我们迈步时，进步总在其中；与其说进步是一种成果，不如说它是一个过程。我们永远不可能给最好的东西下一个定义；它是成长、更新、前进和希望。
>
> ——［美］查尔斯·霍顿·库利[①]

正如前文谈及的，现代化进程中乡村的退场所制造的乡村空间与乡村学校之间互动的僵局正在加速摧毁乡村学校。重塑乡村学校与乡村社区之间的关系已成为打破乡村学校衰败僵局的备选方案，乡村教育在地化倡议的出场内置的即是对关系重塑的实践期待。然而，这种关系的重塑不能仅是一种制度规定层面的形式联结，而应该是建立在价值联结基础上的。很显然，对乡村社区而言，乡村学校的价值合法性是建立在满足其子女的教育需要基础上的，包括为升学作准备的教育质量，而对乡村学校而言，如果无法找到乡村空间的教育价值，那么关系的重塑也很难落地。也就是说，重建乡村社区与乡村学校之间的联结，是发现乡村空间满足乡村儿童教育需要及其升学准备需要的教育价值的过程。因而，以此来看，乡村教育的在地化首先是价值问题；其次是方法问题，找回乡村空间的教育价值应对乡村儿童、乡村学校发展的意义进行考量，同时需要解释其对学校教

[①] ［美］查尔斯·霍顿·库利：《社会过程》，洪小良等译，华夏出版社2000年版，第343—344页。

育质量的贡献，这是乡村空间介入乡村学校教育的合法性前提，也至关重要。也就是说，对乡村空间教育价值的挖掘，必须回应乡村空间作为主体性存在，与乡村儿童、乡村学校间的意义联结。转向"地方"视域是一次淡化乡村作为单一生产生活空间，突出其教育学多元价值的理论尝试。本章以期回归到"地方"的维度，重新认识乡村空间及其教育价值。

第一节 转向地方：乡村空间的再认识

现代学校教育中乡村的退场提醒我们，如何看待和评价乡村是挖掘乡村空间教育价值的认识前提。而乡村之所以沦为学校教育中的空间物理场，很大程度上受限于乡村仅作为传统生产生活空间存在的偏狭认知。因而在工业主导的城市偏向发展进路中，乡村成为越来越多人眼中生产力落后、愚昧且贫穷的传统社会形式，并将其作为社会的旧疾亟须改造。事实上，将乡村置于工业文明参考系中的这种空间判断有失公允，乡村不仅仅是一道被历史车轮滚过留下的车辙，搁置对比思维，乡村还是滋养着乡村儿童的一方水土，是聚集着人类印记、经验和价值的"地方"。

一 关于乡村空间误识的澄清

事实上，将"乡村"带回学校教育并不是一个新的理论命题。在乡村教育研究中也不乏对乡村空间价值的阐释和肯定。总地来看，既有研究对乡村空间的认识大多基于一种对乡村社会传承和发展的认可上，在他们的笔下，乡村空间更多的是作为与农业紧密相关的生产生活空间的存在样态。具体来看，倡导"回归乡村"的学术呼吁大致可以分为两种。第一种学术呼吁下的乡村空间表现为一种共时性的类生产空间。这种学术倡导是期待将重塑乡村空间价值作为解救乡村教育比较弱势困境的策略而提出的，如"农村教育应该姓'农'而不姓'城'"等，要求乡村学校在教育培养目标和办学定位上根据乡村社会经济、产业以及特质性需要作出调整，以期构建一种不同于城市教育的乡村教育生态进而走出困局。这种以突出乡村空间产业特质来重建与乡村学校间关系的学术呼吁所表达的是乡村作为生产性空间的类型规定，这种空间认识是将乡村作为共时性类空间即区别于其他空间产业及生活特质的一种认识表现，对乡村空间教育价值解释的基本逻辑是建立在承认其本体生产性功能基础上的，学校和儿童是作为实践其经济、产业功能再生产的工具而存在的,表面上看是在化解城乡二元思维下乡村教育的困境,实则是在解救乡村教育陷入二元困局的过程中将乡村教育带入了一种真正意义上茕茕孑立的境地。第二种学术呼吁下的乡村空间表现为一种历时性的传统文化体。持这一立场的研究者着重表达了对乡村文化衰颓的隐忧,在强调正视乡土文化价值的同时赋以乡村学校传承空间文化的责任。乡土文化,又被约等于乡土知识抑或是地方性知识,是一个个乡村聚落世世代代生活图景的意义结晶,也就是说,这种对乡土文化教育价值的呼吁实则是对存在于乡村空间的人类生产生活经验的肯定,本质上是基于空间文化正义的批判性教育反思,而不是建立在对乡土文化教育效益的考量上。很显然,以上两种学术呼吁是建立在传统的生产生活空间的立场来认识乡村空间的,是作为一种类存在的整体性概念,而表现在与学校互动上则是以来自乡村单一面向价值规定的形式实现的,之于当前被标准化技术和审美操控的乡村学校而言,这种遵循教育外部逻辑的单向度价值输入是难以从根本上解决乡村空间作为学校教育价值意义场的合法性难题的。也就是说,这种单向度的价值规定仅仅是对乡村学校功能的拓展提出了要求,但并没有从乡村学校作为知识场、竞技场的一侧对其接纳乡村空间的教育效应作出有效回应。由此也可以看出,当前学术呼吁中对乡村空间的认识仍然是比较单调且传统的认识,一方面表现为一种空间发展功利,空间存续的价值是先于儿童之存在的,更多人选择优先论述乡村儿童之于乡村社会的义务而没有引起对乡村空间之于儿童存在意义的关注;另一方面表现为一种僵化的乡村空间感知,之所以这样说是因为当前对乡村空间的认知依旧停留在其作为代表某一类型的社会空间的基础上,这实质上是一种固守传统乡村空间的认识,事实上,我们需要认清的是,当前的乡村空间是嵌入时代发展洪流的乡村空间,对乡村空间的认识需要结合时代变迁中空间发展的特征。综上可见,既有的认识中更多是基于优先赋予乡村空间合理性的逻辑来建立乡村学校与乡村空间之间的价值关联的。从本质上看,这种认知逻辑本无可厚非,但我们不得不承认的客观事实是,标准化的乡村教育已经提振了乡村人口的受教育理性,对乡村儿童而言,从学校教育中获得空间和阶层流动资本是其读书求学的直接诉求,对乡村学校而言,提高教育质量、竞争资本以满足乡村儿童的利益诉求已成为其办学的重要追求。因而,从乡村学校一侧来看,重建乡村学校与乡村空间二者之间的关系,仅仅以乡村空间作为传统生产生活空间的本体价值规定的形式来阐释是不够的，若想解决乡村空间与乡村学校意义联结的矛盾还需要回到教育的内部逻辑，关注与二者联系紧密的乡村儿童即"个体的人"，关注乡村空间、学校与儿童三者的价值关联。转向"地方"的倡议是超越乡村空间作为传统生产生活空间的维度以跳出城乡二元化的思维，将乡村空间带回作为场所的常识，并结合"地方"对空间发展时代特征的诠释，站在人地关系的立场来重新思考和认识乡村空间教育合法性及价值空间的过程，是看见并挖掘乡村空间作为知识世界和作为生活世界之于儿童、之于学校的价值意义的过程。

二　地方、社区与乡村的空间意涵

理解"地方"的空间意涵是将乡村带回"地方"的基本前提。由于将乡村定义为"地方"是一次大胆的尝试，因此，有必要花些笔墨与既有研究中将乡村看作"社区"的定义进行对比，以便在对话中更好地理解乡村作为地方的独特空间意涵所在。

语境是深入把握和理解一个词语内涵的中介方式。地方和社区均是比较常见的词汇，而且既常见于日常生活话语表达中，也常见于专业术语的解释范畴里。对日常语境和专业语境中两个词语的惯用表达加以分析，能够更加深刻地领会二者之间的区别和联系。

"地方"一词常在三种语境下使用。

第一为社会日常交往语境。"地方"一词常见于日常生活中，当我们刚刚认识了一位新朋友，常常会好奇地问一句："你是什么地方的人？"当我们交流旅游体验时经常会说："那个地方的山挺美，海很蓝，人很热情，气候很好，好吃的东西很多……"当你和挚友或者恋人约会的时候会告诉对方一句："老地方见！"当我们向医生陈述自己的病情时会说"靠近脚踝那个地方有些酸痛……"当我们和他人分享一篇文章或者一幅画的感受时会用"我认为最精彩的地方、最吸引我的地方、最独特的地方是……"当我们与他人争论的时候会说："你有对的地方，也有不对的地方……"等等，我们每次使用"地方"一词时均具有特定的内涵指向。

第二为官方语境。官方语境下的"地方"与"中央"是一组对应词，多出现在政策文件、新闻报道以及中央与地方、地方与地方政府之间的正式交往中，如"地方官员""地方政府""地方高校""地方产业""地方发展"等。可见，官方语境下的"地方"附着着鲜明的权力级差和政治色彩，是建立在权力地图基础上对特定范围内权力隶属关系的抽象概括。

第三为专业术语语境。专业术语语境下的"地方"是一个有着多学科交叠意涵和意象指涉的专有名词，常见于人文/文化地理学、环境生态学、空间政治学、现象学哲学等学科，强调的是人、社会与地方之间的多重互动耦合关系。

综合"地方"一词的三种常用语境，从语义学的表达指向来看，大体上可将地方分为"实体的地方"和"虚拟的地方"两种表征；但从内涵所指的表达上来看，无论是"实体的地方"还是"虚拟的地方"表达的均是一个"相对固定的指涉"，或是一个有着"实体边界的物理空间"，或是一个有着"规定指向的意义空间"。可以清楚看到的是，"地方"一词并不是一个"泛空间"，其最基本的内涵规定性代表着"特别的指向性"与"相对的边界性"。

本书使用"地方"一词很显然是一种书面语言。作为一个学术词汇，"地方"的内涵多是围绕与人的关系展开的。从词源来看，中西方对于"地方"的理解存在显著差异，西方语境中的"地方"意指"宽广的大路"，中文语境下的"地方"则代表着"方圆内的大地"，前者象征着流动性和活跃性，后者则更强调扎根性与稳定性。[1] 学术研究中对"地方"给予关注的逻辑起点多与人和空间的关系有关，一方面，"地方"是人对空间改造的产物，即地球的原初状态是无边界的混沌空间，空间本身并不能创造关系和社区，它是通过一种可归因于某种空间的行为模式，这种集体存在的"空间的开创"的行为把一个空间变成一个使人感到依恋的地方。[2] 艾兰·普瑞德（Alan Pred）具象化地描述了空间是如何在与人的互动中转形为地方的，包括"经由人的居住，以及某地经常性活动的涉入；经由亲密性及记忆的累积过程；经由意象、观念及符号等意义的给予；经由充满意义的'真实的'经验或动人事件，以及个体或社区的认同感、安全感及关怀的建立……"[3] 以人的能动性和生长性将空间地方化，并从

---

[1] 陈浩然：《西方文论关键词：地方》，《外国文学》2017年第5期。

[2] Avestter I., Bakker, C, "From Location and (Non-) Place to Place Attachment and Sense of Place: An Exploration of Imagination as the Key to Transform Spaces into Places", *Religion & Education*, Vol. 44, No. 3, 2017.

[3] 夏铸九：《空间的文化形式与社会理论读本》，明文书局股份有限公司1988年版，第120页。

人的维度分离出空间与地方的本质区别。另一方面，"地方"是人的价值和意义的归属，"地方"意味着与一块我们认识地球的特殊土地之间的紧密联结。兴起于20世纪60年代，以现象学为哲学背景的地方理论强调"地方"与人的经验、情感、存在之间的意义联结。美国人文地理学者段义孚（Yi Fu-Tuan）基于个体发展的生物学事实分析了"地方"与个体经验之间的交互作用，并将"地方"定义为个体感知价值的中心，可以满足生物对诸如食物、水、休息和生殖等的需要，影响着个体的感觉、知觉以及思想观念等，是一种人们可以居住在其中的物体，① 强调了"地方"物质环境（物质环境也附着着当地文化）对个体经验的原初影响；而在环境教育家大卫·奥尔（David Orr）看来，地方既有人类历史也有地质历史，它的居民是社会、经济和政治秩序的一部分，对一个地方的了解——你在哪里，你来自哪里——与你是谁的知识交织在一起。继奥尔之后，美国生态批判主义者格林沃尔德以及索贝尔提出了"地方意识"和"根隐喻"概念，再次确认了人与地方之间的自然生态以及历史文化联结，夯实了"地方"对人的身份认同的塑造作用。站在更高的人类与世界关系的维度上探讨人与"地方"内在联系的思想来自于存在主义哲学，以海德格尔为代表的存在主义哲学家赋予了"地方"以"存在"载体的高度，海德格尔笔下所希冀的"诗意的栖居"即是对人与"地方"之间"密不可分"的连续性以及人根植于"地方"理想样态的提炼。澳大利亚哲学家杰夫·玛帕斯（Jeff Malpas）进一步发展了人与"地方"之间关系的存在哲学，在《地方和经验：一个哲学的拓扑学》（*Place and Experience: A Philosophical Topography*）一书中，他将关注点置于"地方"与"自我、客体性、空间及因果性"等之间的互存性关系，强调人与"地方"之间的嵌套关系，也就是说，具有自我意识的主体存在是在其嵌入的"地方"之中完成的。②

综上可见，作为一个具有多学科研究积淀的学术术语，"地方"已经脱离了"几何学思维"的支配，在一种整体的视角下被描述为局部的、

---

① ［美］段义孚：《空间与地方：经验的视角》，王志标译，中国人民大学出版社2018年版，第4页。
② 陈浩然：《西方文论关键词：地方》，《外国文学》2017年第5期。

经验的、基于土地的，并且"包含身体，情感和精神特征"[①] 的人类活动空间，基于人与"地方"关系的更深层次的理解赋予了"地方"多维形态，包括作为存在场所的地方、作为环境特色场所的地方、作为集体记忆地点的地方、地方个性或场所精神、作为共同体场所的地方等。[②] "地方"赋予了人类生活所需的物质资源与相对稳定的空间，同时成为人的情感、经验和存在的原初依系，记录着并传承着这片土地上人类社会生活历史、文化、习俗的方方面面，任何被称为"地方"的场所都集合着自然生态、社会活动和历史文化的实践表征，是内置了物质属性、功能属性与意义属性的结合体，既是具有实用价值的物象空间，又是充满精神联结的意义空间。因而，"地方"与人的关系的本质是一种生态性的表达，每个人的成长都从"地方"开始，并依赖于"地方"，每个人的"地方"都是家乡，之于每个人而言，"地方"就是那片赖以成长的土地，象征着记忆和归属。

相较于"地方"，"社区"一词在生活化意义上的内涵指向一种现代人的基层居民组织，多应用于城市日常生活语境中，是城市网格化管理的方式，在国家话语体系以及行政管理体制中，社区是基层治理单元，其存在强调了特定区域和规模内人口组成社会生活共同体的政治必要性。而从学术名词的立场出发，"社区"是一个内涵丰富、社会学色彩鲜明的学术概念，绝不止于一种城市基层居民组织，恰恰相反是对乡村社会形态的一种总括式归纳。在西方社会，"社区"也作"社群"理解，源于拉丁语"communities"，意即伴侣或共同关系和感情。[③] 从社会理论的起源来看，社区被定义为植根于文化凝聚力、道德整体和空间定位的社会融合。[④] 早在 1881 年，德国社会学家斐迪南·滕尼斯（Ferdinand Toennies）提出 Gemeinschaft 和 Gesellschaft 一对概念，描述了两种相对应的社会形态，后

[①] Cruz, A. R., Selby, S. T., Durham, W. H, "Place-based Education for Environmental Behavior: a 'Funds of Knowledge' and Social Capital Approach" *Environmental Education*, Vol. 24, No. 5, 2018.

[②] 胡大平：《哲学与"空间转向"——通往地方生产的知识》，《哲学研究》2018 年第 10 期。

[③] 刘洋：《中国农村社区教育研究》，博士学位论文，西北农林科技大学，2003 年，第 21 页。

[④] Cuervo, H, "Problematizing the Relationship Between Rural Small Schools and Communities: Implications for Youth Lives", *Alberta Journal of Educational Research*, Vol. 60, No. 4, 2014.

转为英译"community"和"society",前者代表社区/社群,后者代表社会。滕尼斯笔下的社群与社会代表着两种不同的人类组织发展形态。社群即共同体,是一种有机的、独立自主的实体,经历了由血缘共同体发展为地缘共同体再到精神共同体的变化过程。共同体是一种持久的和真正的共同生活,是一种生机勃勃的有机体。共同体成员相互之间共同的、有约束力的思想信念即默认一致,是共同体内成员交往的基础。[1] 按照滕尼斯的观点,在人类的发展史上,"共同体是古老的,社会是新的",[2] 社群意味着一种强烈的地点、接近和整体感,而社会则意味着碎片化、疏异和距离,人类的群落状态是由"共产主义"发展到"理性的社会主义"的。滕尼斯通过对比"社群"与"社会",表达了对工业社会中现代性去魅的积极反应与对传统乡村社区的留恋。1955年美国社会学家乔治·希勒里(George A. Hillery)收集了有关社区的94个定义进行归纳分类和统计分析得出,互动、地理区域、共同关系是社区的三个基本特征。1968年伯纳德(Gessie Bernard)和桑德斯(Irwin T. Sanders)在对社区的界定中强调了社区的整合性与自治自决功能。[3] 之后,在1974年出版的《社会学百科全书》和1979年出版的《新社会学辞典》进一步明确了社区的地域性、交互性、自治性以及情感性等特征。据美籍华裔社会学家杨庆堃的统计,截至1981年,关于社区的定义已多达140余种。[4] 尤其值得注意的是,国外学者更加关注社区建设和社区发展的实践,而且建设社区并通过社区建设促进社会经济发展是他们研究社区的重要目标。[5] 20世纪30年代,费孝通将"community"一词引入中国社会学界并译作社区。在费孝通看来,社区是指若干社会群体(家族、氏族)或社会组织(机关、团体)聚集在某一地域里,形成的在生活上互相关联的大集体。[6] 显然,费

---

[1] [德] 斐迪南·滕尼斯:《共同体与社会——纯粹社会学的基本概念》,林荣远译,商务印书馆1999年版,第52—54、65、71—74页。
[2] [德] 斐迪南·滕尼斯:《共同体与社会——纯粹社会学的基本概念》,林荣远译,商务印书馆1999年版,第53页。
[3] 黄大金:《中国乡村社区治理研究》,博士学位论文,湖南农业大学,2010年,第17页。
[4] 许远旺:《规划性变迁:机制与限度》,博士学位论文,华中师范大学,2010年,第25页。
[5] 张文静:《农村社区建设进程中农民主体性缺失与建构研究》,博士学位论文,华中师范大学,2013年,第14页。
[6] 费孝通:《江村经济》,戴可景译,北京大学出版社2012年版,第10、29—50、75—102页。

孝通关于"社区"一词的社会学诠释毫无例外地强调了社区的空间性和群体性。之后,亦有研究者强调了社区的互动性以及文化维系力的功能,将社区看作是社会空间与地理空间相结合的人文区位,社区成员之间遵守共同的行为规范,守护共同的利益,传承社区的文化传统和民俗等。[1] 本书对社区概念的理解既吸纳了社会学家对共同体的希冀,又融合了国家政策话语中对社区组织的一般性理解,将社区理解为一定地理区域内的社会生活共同体,既指社会构成基本治理单元,又指人作为群体存在的社会生活和交往形态。

通过对比日常话语和专业术语两种语境下"地方"与"社区"两个名词的内涵构成可以看到,"地方"与"社区"之间最大的差异表现在对与人的关系的处理上。"地方"强调的是人与嵌入地之间的关系,更偏重于对二者之间纵向关系的把握,人的成长空间具有自然生态与社会生态双重环境;而"社区"表达的是"作为个体的人"与"作为集体的人"之间的互动关系与互动形态,本质上是对人的社会交往状态的概括,前者是"成长的居所",后者是"群体规范的空间"。除去二者对人的具体规定,仅从微观视域看,"地方"与"社区"作为实体空间均是一个社会历史文化空间,但相较于"社区","地方"多了一份对自然生态空间的眷恋,即"社区"是附着在"地方"之上的。从"地方"与"社区"概念的内涵出发,乡村既是一块"地方",又是一个"社区",本书之所以选择了"地方"一词,是对比二者与乡村、教育之间相关性之后审慎思考的结果。从与乡村的相关性来看,拥有广阔的土地,与大自然融为一体是乡村作为一方物理空间存在的基本特征,而"地方"的内涵规定性与乡村这一特征是极其吻合的;从与教育的相关性来看,"地方"强调的是人的成长,"社区"强调的是人的群体规范,"地方"较之"社区"有着对人之教育的规定性优势。在强调乡村与学校教育发展间联系的维度上,"地方"内涵的物理属性及其与人的互动关系更适宜解释乡村与学校发展之间的内在联系,因而,本书对"乡村"的理解是基于"地方"而非"社区"的,对乡村教育在地化的研究是以乡村作为"地方"内涵为基础展开的。这里需要再次强调的是,将乡村看作"地方"是基于"地方"作为学术概念展开的,而不是行政概念,学术概念下的"地方"既有场所

---

[1] 刘淑兰:《学校与社区的互动》,四川教育出版社2003版,第62—63页。

空间的物理意涵，又有生命实践空间的精神规定。

三 乡村作为"地方"的空间特质

从作为"地方"的空间立场看下来，乡村空间跳出了传统的单一生产生活空间的类型规定，获得了更立体、多元的空间面向，扩展了乡村空间作为知识世界存在的解释范围。作为"地方"的乡村是内置了物质属性、功能属性与意义属性的结合体，具有地理学、社会学、管理学以及文化学意义上的立体生活空间。总的来看，作为"地方"的乡村不再局限于某一类空间概念的统称，而是与出生并生长在这片空间上的人紧密联系的那一方水土，人地关系决定了"地方"的实体空间属性与范围，也就是说，乡村不再是泛指的单一空间总称，而是特指居住着"地方"人的有着多样性的固定范畴。之于乡村儿童而言，乡村空间不再是急于想要逃离的落后居所，而变成了生产自我经验结构、培植价值依系的重要载体。之于乡村学校而言，乡村空间不再是那个亟待被改造的对象，对乡村儿童经验、价值等的解释可以链接到学校教育中去，是有益于乡村教育展开的意义空间。

除此之外，"地方"作为场所的时代特质也为理解乡村空间提供了更多的证据。从空间特质的立场出发，场所意义上的乡村在全球化时代已经更新了既有的空间特征。其一表现为场所边界的模糊性。全球化的内容不仅仅是，甚至主要不是关于经济上的互相依赖，而是我们生活中的时空巨变。赛博社会的到来改变了社会成员的互动媒介和交往方式，在电话、电视和广播相当普及、各种运输工具非常发达的现代社会里，人们的生活空间像过去那样被禁锢在"小天地"里的时代一去不复返了。现代性发展下，时间的共时性存在与空间距离的压缩替代了传统乡村的相对封闭性与固定性，信息化与现代化所带来的交往的便利性与多样化拓展了传统乡村的边界，现代社会里乡村成员之间的交往不再拘泥于初始的社区组织内，乡村边界变得模糊。其二表现为乡村功能的嵌入性。嵌入性代表了乡村与社会、国家之间的一衣带水之紧密结构。现代社会，乡村的存在和发展离不开国家规制与社会变迁的影响，是嵌入了政治、经济、文化等功能于一身的国家微型景观，处在社会中的社区，被社会塑造，并由社会提供背景和条件。与那种在自然状态下基于长期共同生活而形成的传统乡村不同，现代社会中的乡村往往因具有国家理性建构的特点，是国家权力与地方自治的有机统一体。其三表现为组织成员的流动性。资讯流动对于社会变迁的影响随着现代性的发展不断加强，生产单位由大规模的组织、大规模生产，转化为以资讯网络连接的分散、弹性生产，流动空间逐渐取代了地方空间。生产方式的变革，生产空间的拓展细化了社会分工的配置，加快了社会流动的速率，随着工资生活者的增加和交通手段的显著发展，生活场所开始与生产场所脱离，打破了以农业为中心的传统社区里生产场所与生活场所统一的传统稳定局面。

综上，从空间现代转向的立场看下来，全球化与现代性浸润下的乡村空间在时空压缩、流动社会、赛博时代的共同作用下已经摘掉了保守和封闭的帷幕，染上了现代特征，因而从这个维度来看，对于乡村空间教育价值的挖掘不仅仅是一种基于实践反思的价值选择过程，同时更应该是一种建立在现代特征基础上的价值融合过程。也就是说，当前乡村作为场所的变化已经拒绝了城乡价值偏向的博弈游戏，空间的延展和开放决定了空间价值走向融合的必然结果。因而，转向"地方"视域对乡村空间教育价值的挖掘是建立在空间现代转向发生后的乡村之上而非被传统定义的乡村，而现代空间发展的转向已经向我们呈现了一个没有孤岛的世界，从这个意义上说，看见、挖掘乡村空间的教育价值是在提供城乡空间交流、融合的可能，而不是在制造对立。

第二节 地方视域下乡村空间教育价值的综合性理解

将"乡村"看作"地方"则是一次淡化"乡村"单一社会色彩、突出教育多元价值的理论尝试。回归"地方"的维度，"乡村"则是一处处蕴藏着丰富教育意义的"宝藏之地"。

学校是促进个体成人、传递人类知识、促进社会整合的重要场所，乡村作为"地方"意味着其作为自然系统、社会系统和文化系统综合体存在的空间特质，有着适宜思维训练、知识校验以及丰富世界多样性的教育正当性。多学科融合视角有助于加深乡村作为"地方"与思维、经验、知识以及学校教育之间原生联结的解释力，有助于为乡村空间作为学校教育目的、过程和结构基础的合法性赋权。

一 乡村作为人文地理学视域下的"地方":个体成长的原初价值空间

诚如民间俗语所言,"一方水土养育一方人"。人类社会的群居和定居性质决定了每一个个体生命都是以"地理我"为存在基础来认识世界的,从人类个体生命降临直至生命结束,地方都以显性或隐性的方式存在着,在人类个体的生命历程中,地方承载着过去,链接着未来,是个体成长的原初行动域和作为社会符号存在的单一归属地。

在现代社会里,每一个作为"群体存在的人"不仅是维持和延续种族生命力的生物性存在,还是一个带着归属地的地方标识符号。当一个婴孩带着啼哭声来到这个世界的时候,就注定了一个表征地方存在的生命体的诞生。每个个体生命降落之际都会获得一本表述社会关系和身份归属的户口簿,上面不仅记录着个体的主要社会关系,还明确了个体的社会群属关系——籍贯。也就是说,在一个生命个体还没有社会意识的状态下就已经完成了进入社会群体的地方确认。然而,籍贯绝不是单纯的人口管理学维度抑或规划地理学意义上的空间地点,而是附着个体原初情感、亲切经验、价值依系、社会惯习以及家乡记忆的地方,是一个"作为个体存在的人"找寻归属感和存在圈的价值中心,与个体生命之间存在着原初紧密的意义联结,这就是为什么会有"老家""故乡""祖籍""告老还乡""叶落归根"等生命流转轨迹存在的缘由了。

按照人文地理学的解释,地方是以"人类文化的容器"和"识别个体的地理因子"样态存在的。

一方面,人类长期的生产生活实践将混沌的地球空间转化为适合人类居住的地方的同时,也完成了对地方内在规定性的建设,即一方水土的文化特质,地方成为识别个体的地理因子。正如加拿大人文地理学者爱德华·瑞尔夫(Edward Relph)所解释的:"地方是通过对一系列因素的感知而形成的总体印象,这些因素包括环境设施、自然景色、风俗礼仪、日常习惯,对家庭的关注以及对其他地方的了解。"[1] 在不同的地方、不同的文化族群对宇宙中各种元素和大自然的分类方式、分类结构均是有差异

---

[1] 王志弘:《流动、空间与社会 1991—1997 论文选》,转引自徐汉晖《空间、地方感与恋地情结的文学抒写》,《湖北社会科学》2017 年第 11 期。

的，但当我们面对不了解的文化时，就会觉得其中的联系具有主观性。而显然，对于当地人来说，尽管他未能整全地把握宇宙的框架，但他所知道的那一部分总是有意义的、符合常理的。① 如中国人给毫无生气的元素赋予了愤怒、欣喜等意义，印尼人则给它们赋予了决绝、贪婪、开明的意义；四川人的日常便饭离不开辣椒，江浙广一带的人则更偏爱甜食；同样是两排建筑物（或房屋）的中间空道，在上海叫弄堂、在北京叫胡同、在四川则叫巷子；四川人在语言表达上习惯于将"越""跃"的字音念作"yào"，山东人则喜欢将"不知道"说成"知不道"、将"玉米"叫作"棒子"，东北人说话多带有儿化音，而江西人却对儿化音极为不熟练……也就是说，从远古社会发展至今，人类长期的社会历史实践已经构筑了以"行为方式""语言""生活习惯""观念态度"等为表征的、散落在不同自然地理空间中的地方文化图式，每个生命个体从一出生便卷入了地方内在规定性的规训与浸润之中，"'地方'成为人们自我的一部分，当人们的自我在时空中不断更新改进、不断与地方互动之时，也会将地方环境的各种因素融入自我"②。生于一方、长于一方的个体生命的初级生长过程内载着地方社会—文化因子，是在与地方内在规定性的互动过程中展开人作为生物性存在和文化性存在的双重事实的。

另一方面，地方作为被感知的价值中心，本质上回应的是人与地方之间的"栖居"关系，这种"栖居"是一种活关系的生产过程，人与地方是互构的，作为有机体的个体人在初级生长过程中将与地方的互动转化为一种对地方的情感输出，地方之于个体象征着安全、亲切、依恋和归属。一般而言，对于每一个尚处于幼年的新人而言，滋养其成长的地方是作为生命个体的原初行动域而存在的，如离家不远的小河或者山坳，抑或是小区里的花坛、有着不同种类植物、花卉的公园等，个体在不同场景中的感受集合不仅仅是一段儿时美好的回忆，更是一种意义联结。美国人文地理学研究者段义孚用"亲切经验"一词诠释了个体对地方的情感依赖，这种"亲切经验"埋藏在个体的内心深处，是难以通过语言表达的，甚至是很难引起主体注意的，它们可能是个性化的，③ 是在个体与地方间无目

---

① ［美］段义孚：《恋地情结》，志丞等译，商务印书馆2018年版，第25页。
② 洪如玉：《教育新思维：地方教育与地方感》，《北京教育》（普教版）2017年第9期。
③ ［美］段义孚：《空间与地方：经验的视角》，王志标译，中国人民大学出版社2017年版，第111页。

的性的日常互动中建立起来的一种潜在的主体经验,是那种会令一个精力充沛的成年人也会在短暂的时期内渴望重新获得他在少年时代熟悉的那种安逸感觉的主体经验。这种主体经验将个体原本的生活空间转为生命中"亲切的地方",一个记录着个体初级成长过程中视觉、听觉、嗅觉、触觉等感知觉、思想观念的初始结构的"亲切的地方",这个地方是存放个体日常生活经验和生命记忆的场所、载体,对于每个生命个体来说都有一种"原初的亲近感",这种亲近感代表着个体熟悉的过往并象征着安全。这也就是为什么在现实生活中,很多人虽然阔别家乡已久,但无论走了多远、过着如何不同的生活,再次回到那片装满了过往记忆与体验的土地,即便已经物是人非,也不会惶恐和小心翼翼,反之,无论是一个多么勇敢和自信的人到了一个新的地方,内心都会有些许的不安和虚无,即便生活了很多年,在内心深处依旧有一块偶然出现在脑海里、会泛起情感冲动想再回去走一走、看一看那个地方的原因了。从人文主义批判视角出发的地理学研究者将人对地方的这种"深度真诚"所形成的情感和价值依系理解为一种个体对地方的认同和归属,瑞尔夫将这种意义联结称为"我们在地方的根","扎根于地方意味着拥有一个面向世界的坚固的基点,就是把握一个人在事物秩序中自己所处的位置,就是对特定地方的精神上和心理上的深深依恋",[①] 而这种"根隐喻下的亲近感"经由人与物质世界间的互动实践不仅建构了人与生活之地方的精神一致性,也塑造着个体对未来世界道德想象的原生基础,成为个体成长的原初价值依系。正如美国农民诗人温德尔·拜瑞(Wendell Berry)所言:"人在本质上是一个创造者和一个道德人,人性的完善是和土地密切相关的,人只有在和周围的地理空间(土地)的联系中才能完善其人性。"[②]

然而,"人类的生活是在安稳与冒险之间、依恋与自由之间的辩证运动"[③]。个体在地方与空间中流转是现代人的普遍存在镜像,在这种存在境况下,地方对人的存在和经验的塑造既是一种人与既存客观空间意义联结的建构,又为人的行动提供了外部背景。基于地方与人之间的经验、情

---

① 董慧:《理解空间的三条批判性路径》,《马克思主义与现实》2013 年第 5 期。
② 徐湘荷、谭春芳:《温德尔·拜瑞的乡村教育哲学》,《比较教育研究》2009 年第 1 期。
③ [美] 段义孚:《空间与地方:经验的视角》,王志标译,中国人民大学出版社 2017 年版,第 44 页。

感、价值和文化联结，作为人文地理学维度上的"地方"，以个体生存的"地方资本"和生命的"存在根基"两重向度诠释着其介入学校教育的正当性。之所以说"地方"赋予了个体以"地方资本"，是因为地方的社会—文化层面是每个地方将个体与社区联系在一起的人类实践。这些实践可以形成根植于地方的文化基础，成为一个观察世界其他地方的透镜。"哪个地方的人"决定了个体身上附着的地方文化特质和经验，这种文化特质既是一种社会群属识别符号——基于"老乡见老乡"的地缘亲近感可获得一定的社会交往资本和群属支持资本，又是一种个人发展资本的积累，如一个掌握了地方文艺资源的大学生在学校演出活动中更受欢迎，或者一项深入地方的社会调研活动、地质环境勘探实践等会更希望懂得地方语言、熟悉地方生态环境的人加入，这个时候，个人身上所附着的地方文化特质和经验无疑已然成为一种个体参与社会交往的"地方资本"。而"存在根基"则是强调地方对个人内在情感和生命体验价值的一种平衡。高速流动的社会使得越来越多的人不得不背井离乡，"漂"成为现代人的一种生命常态，小地方的人要走向大城市，大城市的人要迁居海外……这种空间上的流动带来的是个体无根的生命体验和存在意义的受挫，而地方与个体之间的情感和价值联结带给个体的归属感以及形塑的个体内心对家乡的眷恋和热爱是抵制和消解现代人个体存在虚无的最佳实践。因此，可以说，地方之于人类生命个体的价值既体现在生存维度上，又体现在生命状态上。依此推之，乡村空间作为滋养乡村儿童生长生活的那一方水土，是与乡村儿童的生长经验、情感和价值结构紧密相连的，不仅是简单的生存空间，更是镌刻了生命意义与根价值的意义空间。那么，乡村学校教育中"地方的在场"，从本质上是两种空间意象的一种融合，乡村空间的介入，带来了一个融入地方文化特质和个体亲切经验、抽象与具体兼容的辩证的学校文化空间，缩短了学校场域与地方场域间的文化坠距，减少了学生对学校的文化陌生感，学校不再冰冷和陌生，文化的连续性调节着生命个体的情感结构、价值选择及存在感知，这种内在的和谐不仅调和着儿童进入学校之后文化上的精神断裂，培养着一个根植家乡、热爱家乡的人，更为重要的是为儿童亲校园场域的情感行为提供了丰富的素材。

二 乡村作为知识创新视域下的"地方":符合知识叙事结构的知识生长空间

人类社会的发展史即是一部人类知识的进步史,知识的纵深化和丰富性是现代社会进步的动力原。"所谓'知识'是随着我们的创造性参与而正在形成中的东西,而不再是什么既成,在任何时间、场合都能拥有并有效的东西。知识在本质上不是一系列既成的、被证明为真的命题的集合,而是活动或实践过程的集合,或者称之为'行动中的科学'。"[1] 现代社会是知识爆炸的时代,同时又是亟须知识创新的时代,传递人类知识是学校教育的常规任务,推进知识的纵深化与丰富性则是学校教育的时代使命。从现代社会里知识的创造秩序来看,知识的创造来源于打破既定结论和丰富解释框架两个层面,其中打破既定结论来源于客观世界的多样性对知识生产逻辑的挑战,丰富解释框架则是拓展或者重组知识在具体实践中的叙事结构。然而无论是从知识的生成秩序还是叙事结构来看,地方均不失为一方发现知识创新生长空间、充满创造灵感的土地,推动现代知识的进步不仅不应该悬置"地方"的多样化存在,反而应该在尊重"地方"多样性的基础上校验知识、发现新知。

一方面,从知识的生成逻辑看,知识是主体与客观世界互动的实践结论。依照张东荪的解释,知识的形成,最初由感觉、知觉开始,把共相从自相中抽象出来,再由概念"把共相嵌入于自相上去",其实质是将赤裸的经验转为有秩序的经验的过程,而秩序是抽象的而非具体的、是公共的而非私人的,有秩序的经验就可以移到他处,为他人理解与接受。所以,知识本质上就是一种抽象。但知识的内容并不是对客观世界的纯粹描述,它并不是对自然法则与外界实在的照镜式反映,而是"在杂乱的自相求统一的共相以成所谓秩序的概念世界"。[2] 在贡华南看来,"科学所追求的规律如'自然齐一律''因果律'及科学的对象'外物'都是一种'预立的假定',而不是外界实有的东西"[3]。因而,本质上,知识具有属人性质。从主体人与客体世界互动的辩证关系出发,基于客观世界先于主体认

---

[1] 盛晓明:《地方性知识的构造》,《哲学研究》2000年第12期。
[2] 张东荪:《科学与哲学》,商务印书馆1999年版,第82、90页。
[3] 贡华南:《知识与存在:对中国近现代知识论的存在论考察》,学林出版社2004年版,第36页。

识的哲学逻辑，世界的普遍性与主体行动的有限边界的基本事实决定了主体人对客观世界的有限掌控力，也就是说，虽然知识的生产依赖于主体人的主观能动性，但主体在客观世界里的有限活动边界已经否定了其生产的知识具有普遍性解释力的可能，知识的生成逻辑已经决定了任何知识从本质上都是"地方"的。

从"地方"的维度出发，"知识的构造与辩护有一个重要的特征，即它始终是未完成的、有待于完成的，或者正在完成中的工作"[1]。简言之，即便是自然科学知识也仅是普遍世界里的部分真理，而非建构了一个完整的"真理的世界"。譬如同样一项物理实验，在依据的实验原理、使用的实验器材完全一致的情况下，得不出同一结论的现象并不在少数，这难道不是对科学普遍性的挑战吗？这难道不需要我们反思科学同样是一件在具体环境里的发明吗？按照认知人类学的阐释，任何知识都是与特定的人类群体，与该群体同世界进行的实践交往的特定方式有关。"西方近代发展起来的科学知识不过是人类与世界实践交往方式之一，在它之外，尚有许多或相似的（被称为前科学的知识）或不相似的（被称为原始的或非科学的知识）实践交往方式。"[2] 就像一对"多对一"的知识映射一样，现代知识究竟在什么范围内发挥作用是一项有待考察的实践，那种坚定不移地宣扬并不加思索地将广泛流行在学校里的各科知识奉为圭臬的做法，本质上是对"知识的科学性"的否定。在遵循知识生成逻辑的前提下，"地方"无疑既是知识产生的原客观来源，又是校验既有知识的现客观载体，尤其是在强调知识科学性的现代社会，散落在客观世界里的一个个地方成为现代科学知识的校验场，知识是否具有普遍的解释力需要接受地方的检验，将已经被确定的知识再次投放至丰富多彩、充满不确定性的地方场域中，对于学校教育而言，必将是一次鲜活的、刺激的、富有挑战性的打破既有结论、发现新知识生长空间的教育实践探险之旅。

另一方面，从地方的特性出发，多元化的地方为知识内容的解释和丰富提供了更多的实践形式和背景性材料。现代社会是科学知识占主流的时代，"科学知识的可理解性、意义和合法化均源自于它们所属的、不断地

---

[1] 盛晓明：《地方性知识的构造》，《哲学研究》2000年第12期。
[2] 贡华南：《知识与存在：对中国近现代知识论的存在论考察》，学林出版社2004年版，第97页。

重构着的、由持续的科学研究这种社会实践所提供的叙事情境"①。内容和形式之间的交互转化是知识的基本叙事结构。其中，知识的内容代表的是知识的原初指涉及架构要素，即对客观世界的抽象命题，属于实践—抽象化的结果，是主体认识世界的过程；而形式则是指抽象化的知识再投入具体客观世界的过程，属于抽象—实践化的转化，是运用知识解释世界和改造世界的方式，即知识的输出样态。也就是说，一项知识由产生到应用的一般叙事结构包含了两种样态，一种是理论层面的知识，即知识的抽象内容；一种是实践层面的知识，即知识的具体形式。知识的抽象内容具有相对稳定的指向，而知识的具体形式却存在多种变体，譬如，一个数学公式或者一个物理现象解释的内容是相对固定的，但在投入生产和科学实践过程中，却可以应用在机械制造、修路造桥、房屋建造等有关人类衣食住行的方方面面，存在着多种多样的实践去向。这种知识叙事结构犹如一个"一对多"的映射组合，同一个知识点投入不同的实践中去便可以产生多种组合映射。"当然，叙事也要求连贯，只是不是作为表象的连贯而是作为实践的连贯；不是作为命题的连贯而是作为情境的连贯。"② 地方作为一种实体空间，不同的地方其内部社会结构与外部环境结构多有不同，如不同的生态植被、地理特征、生产结构、传统文化等，为抽象化的知识内容设置了一个个具体的情境。从其转化为知识的形式来看，这种多样化的存在作为一种背景性资源不失为丰富知识内容解释框架的具体材料。建立书本中知识的抽象内容与地方场域中实际存有物之间的映射式连接，是将科学性的知识与具体化、生活化、经验化的地方经验性知识联结起来的过程，科学性的知识为经验性的知识提供理论指引，经验性的知识丰富科学性知识的探索空间，以"地方境况"为知识的实践形式是提高知识内容的竞争性解释力和理解力的有效途径，丰富和拓展了一项知识的外延边界。一个生长在乡村里的野草转换成杀虫剂的故事可能对这个论断更有说服力。

    四川巴中市平昌县实验小学的小学生胡丁丹喜欢在假期的时候到乡下姥姥家玩耍。在户外玩耍的她发现，姥姥家旁边山坡上有一株开

---

① 盛晓明：《地方性知识的构造》，《哲学研究》2000 年第 12 期。
② 盛晓明：《地方性知识的构造》，《哲学研究》2000 年第 12 期。

着紫花的草很特别，周围的草都有被昆虫侵害的痕迹，唯独这株草没有遭虫吃。另外，牛儿满坡吃草，却唯独不吃这种草。"为什么没有虫吃它？牛为什么也不去吃它呢？"姥姥告诉她，那是紫花鱼灯草，可以杀虫的。紫花鱼灯草，在当地人口中叫作"羊不吃"，也叫断肠草，是一种有毒的植物。胡丁丹带着好奇将这种野草带回了学校，并在吴臻华老师的辅导下，与同学袁祯阳和王睿一起研制出可杀死三种常见害虫并对人畜无害的"王者农药"，她们因此获得了第32届全国青少年科技创新大赛的一等奖。

一个看似平凡的故事却诠释了知识的抽象内容与具体形式之间的互动与转化，生长在乡村的紫花鱼灯草作为一种具体的背景性材料，当被三位小学生和老师将科学性知识与紫花鱼灯草的具体特性相结合时，原来停留在书本上的既有知识内容拥有了新的解释空间，因此所研制出来的杀虫剂既是对具体背景性材料的一种提升，又是对既有知识内容的一种新型解释框架。由此我们也可以看到，透过儿童的眼睛，那些散落在乡野的地方性知识，不再仅仅被定义为缺乏科学性的经验、地方习俗等，相反却是存在着科学探索与实践可能的知识世界。因此，这个故事在阐释乡野知识创新价值的同时，也是在提示我们，那种仅将地方性知识理解为一种传承性知识，将其价值仅限定在特定空间的认知是一种偏见，更是一种损失，乡野空间中存在的很多"土知识"不仅值得被传承，更值得被发现、再生产，学校教育如果仅将这种知识归类为传承性的地方知识，而浪费了其知识创新与再生产的价值未免太可惜了。

三 乡村作为学习哲学视域下的"地方"：适宜有机体思维逻辑的经验补充空间

学习是"发生于生命有机体中的任何导向持久性能力改变的过程，这个过程的发生并不是单纯由于生理性成熟或衰老机制的原因"[1]。在终身学习社会里，个体的可持续学习能力将成为应对社会转型和产业升级的重要生存资本，以强调知识和技能习得为主要内容的学校教育已转向对学

---

[1] ［丹］克努兹·伊列雷斯：《我们如何学习：全视角学习理论》，孙玫璐译，教育科学出版社2017年版，第3页。

生学习成果的要求，建立个体与学习之间的意义联结，促进真正学习的发生是终身学习社会里学校教育的重要任务。"地方"作为一个生活化的教育素材与教育情境场所，在教育经验哲学的框架下将升级为学校教育中个体具身实践情境的补充空间和知识转介机制。

真正的学习发生在学习主体与外界的有效互动中。以书本为载体的学校教育如何实现"人—本"对话、"师—生"对话的有效学习，杜威通过教育经验哲学给出了答案。杜威笔下的经验绝非是我们日常生活中那些琐碎体验的简单集合，他对教育场域中经验的认识是建立在主观的理性形式与客观的感性经验基础上的，倡导的是一种经验的自然主义，连续性和交互作用彼此积极生动的结合是衡量经验的教育意义和教育价值的标准。① 按照杜威的理解，教育是在经验中、由着经验和为着经验的一种发展过程，经验的连续性和交互作用是这种首尾一贯的新教育哲学的认识论起点。其中，经验的连续性原则是以习惯的事实作为基础的。

> 习惯的基本特征是每项做过和经历过的经验会改变做着和经历着这种经验的人，不论我们愿意与否，这种改变都会影响以后的经验的性质。凡是进入经验领域的人，他或多或少地就会变成同以前有些不同的人。这样地理解经验的原则比普通的一种习惯的概念显然是更为深入了。普通的一种习惯的概念把习惯看作是或多或少的做事的固定方法，虽然经验的原则也包含有普通的习惯概念，把它作为一种特殊的情况。习惯的原则包括态度的形成，感情的和理智的态度；它包括应付和反映我们生活当中遇到的全部情况的基本的感受能力和方法。根据这种观点，经验的连续性原则意味着，每种经验既从过去经验中采纳了某些东西，同时又以某种方式改变未来经验的性质。②

杜威这种对经验连续性的定义本质上是在强调一种经验生长的惯性及对个体行为的改造作用，即是说，对于任何一个生命个体而言，其"新

---

① [美]约翰·杜威：《我们怎样思维·经验与教育》，姜文闵译，人民教育出版社2016年版，第262页。
② [美]约翰·杜威：《我们怎样思维·经验与教育》，姜文闵译，人民教育出版社2016年版，第255—256页。

经验"的习得是受"旧经验"的影响的,而这种"新经验"也会成为影响和指导个体行为的潜在习惯,因而,个体的生长是建立在经验连续性基础上的。

  这个(经验的交互作用)原则赋予经验的客观条件和内部条件这两种因素以同样的权利。任何正常的经验都是这两种条件的相互作用。二者合在一起,或在它们的交互作用中,它们便形成我们所说的情境(situation)……具体地说,所谓个人生活在世界之中,就是指生活在一系列的情境之中。当我们说人们生活在这些情境之中时……它的涵义是指个人和各种事物以及个人和其他人们之间进行着的交互作用……一种经验往往是个人和当时形成他的环境之间发生作用的产物……换句话说,环境就是那些同个人的需要、愿望、目的和能力发生交互作用,以创造经验的种种情况。①

这种交互作用对经验形成情境性的强调从本质上是在告诫脱离了具身实践环境的知识的虚假性。基于对经验两条原则的基本认识,杜威强调,"以经验为基础的教育,其中心问题是从各种现时经验中选择那种在后来的经验中能够丰满而具有创造性的生活的经验"。② 从与未来经验相联结的立场来看,传统教育中并不是缺乏塑造学生经验的教育,其不合理之处在于向学生提供了一种不完整的或者是错误的经验,以至于学生获得的仅是一堆只知其象、不知其理的知识的堆砌,而非一种积极有效且可持续的学习经验。正如杜威所描述的那样:"有许多学生因为受他们体验过的学习方法的影响,而丧失了学习的动力。有许多学生通过机械地练习获得了一些专门的技能,以致他们的判断力和在新情况下合理的行动能力反而受到了限制。有许多学生一提起学习过程就联想到无聊和厌倦。有许多学生发现他们学习过的东西同校外的生活情境大不相同,以致没有能力控制校外的生活环境。有许多学生一提起书本就联想到令人生厌的劳役,以致他们能受其他一切东西的'制约',却惟独不能受华而不实的读物

---

 ① [美]约翰·杜威:《我们怎样思维·经验与教育》,姜文闵译,人民教育出版社2016年版,第261—262页。
 ② [美]约翰·杜威:《我们怎样思维·经验与教育》,姜文闵译,人民教育出版社2016年版,第250页。

的'制约'。"① 因而，从经验的连续性和交互作用出发，选择与学生经验有着共同要素的情境，通过"做中学"的个体具身实践学习方式，将学生直接的亲身经验作为统觉的基础引起学生思维的过程，成为杜威重构学生学习经验的基本哲学观点。杜威的教育经验哲学将学生的校外经验带入学校，面向以个体经验为起点的教育主张抨击了现代学校里"人机械性地存在着"的教育现实，这种学习经验的哲学得到了后来研究者的确认。

美国心理学家戴维·库伯（David Kolb）发现杜威、皮亚杰及勒温等人对学习的理解均包含了四个阶段，即"具体经验—反思观察—抽象概念化—主动实验"，这四个阶段构成了一个学习圈，其中具体经验与抽象概念化之间的纵轴代表着学习的理解维度，反思观察与主动实验之间的横轴代表着学习的转换维度。② 可以说，库伯的学习圈是对杜威教育经验哲学的深入理解，学习圈中四个步骤的展开逻辑形象化地描述了基于个体经验的学习展开过程，置身于具体情境的直接经验成为个体思维的逻辑起点，在个体经验情境中，思维作用下的个体通过内在反思的转换和领悟而掌握的抽象概念化，将会通过外在行动的转换，即主体实验进入新的具体经验之中。在这一循环过程中，个体学习的不只是具体情境中的事物和事件，而是其附带的意义，是一种"转识成智"的教育过程，个体的学习不再是一种未经消化的知识的记忆和堆积，而是一种反思思维和理解能力的习得过程。

在教育经验哲学对学校教育中个体经验连续性和交互作用的解释框架下，作为学校嵌入地——地方将升级为学校教育中个体具身经验情境的补充空间和知识的转介机制。基于经验的角度出发，学校教育中地方在场的合法性体现在其与个体经验的历史联结性与现实情境性上。一方面，作为个体生长的一方水土，地方上负载着个体熟悉的物理环境和人文环境，从个体经验的生长历程来看，这是毋庸置疑的浸润个人经验的历史环境，客观的生活物理环境给予个人的不仅仅是一种熟悉感，更影响着个体思维的发展偏向，图2-1是两幅主题为"上学"的城乡小学五年级学生的绘画作品，从画中可以深刻地体会出不同地方的客观物理环境对儿童思维的影

---

① [美] 约翰·杜威：《我们怎样思维·经验与教育》，姜文闵译，人民教育出版社2016年版，第249页

② [丹] 克努兹·伊列雷斯：《我们如何学习：全视角学习理论》，孙玫璐译，教育科学出版社2017年版，第55—58页。

响。左面一幅图画为乡村儿童所画，构图内容是一条上学的马路、行驶的汽车、路边的花草树木和一起上学的伙伴；右面一幅图画为城市儿童所画，图画中呈现的是上学路上熙熙攘攘的家长和同学。由此可见，不同的客观物理环境所介入个体经验的元素是存在一定差异的，也就是说，个体的历史经验是一种地方物化环境的心理成像，然而更明显的差异体现在思维上，从图画的画法上来看，乡村儿童输出的上学景象是平面化的，而城市儿童的则是立体化的，这种空间感知和思维上的差异并非是乡村儿童空间知识和训练滞后带来的结果，而是源自具身空间经验的感知与抽象化空间意识之间的距离。[1] 这种空间思维能力上的地方性差异表明，把技能和理解从一种经验带到另一种经验中去，所依靠的是两种经验存在同样的要素。[2] 因而，在学校教育中"由成年人和专家编制的教材为教育提出了一个应当不断前进的目标"，但"不能作起点"，[3] 基于地方的儿童经验才是教育的起点，学校教材的心理化过程即是将书本中的间接经验转化为儿童的直接地方经验的过程。

图 2-1 城乡小学五年级学生绘画对比——"上学"[4]

---

[1] 此处的结论得自高水红在《乡村学校教育变迁与时空意识的变革》一文中提供的相关实证材料。她在对比城乡小学生绘画差异时谈到，乡村学生对于立体事物的观察能力并不弱，而且在数学课程中有关立体图形的学习早已展开，美术课中的立体画学习也已进行多时，但一旦落于笔端就成了另外一个样子。她还提供了一段美术老师的访谈："四年级就跟学生讲近大远小，树不能躺着，到五年级还是不会，还躺着，人也躺在马路上，怎么讲也不会，就是照着书上直接模仿，树还是向两边叉开的。"

[2] [美]约翰·杜威：《我们怎样思维·经验与教育》，姜文闵译，人民教育出版社2016年版，第63页。

[3] 褚洪启：《杜威教育思想引论》，湖南教育出版社1998年版，第200—201页。

[4] 高水红：《乡村学校教育变迁与时空意识的变革》，《北京大学教育评论》2012年第4期。

另一方面,承载着个体经验的"地方"可视作学校教育里抽象化知识的具体事实,作为一种现实情境,"地方"则转化为学校教育中个体具身经验情境的补充空间和知识的转介机制。杜威曾强调,"我认为学校必须呈现现在的生活——对于儿童来说是真实而生气勃勃的生活。像他在家庭里,在邻里间,在运动场上所经历的生活那样"[1]。很显然,"地方"的具体事实为这种学校场域的生活化提供了儿童生活经验的原型素材和现实场所。然而若将对"地方"的具体事实和现实情境的强调理解为学校教育对书本知识的抛弃,那无异于一场复归具体经验的闹剧。杜威的教育经验哲学对经验性思维和科学性思维的处理是辩证的,并不是建立在抽象和科学的对立面,而是一种基于思维规律的教育科学,"地方"与学校的相遇是一种由近及远的学习思维逻辑,一种中和化的教育设计。正如怀特海所言,"通过直接经验获得的知识是智慧生活的首要基础。在很大程度上,通过书本学习得到的通常是第二手信息,因此,书本知识永远不具有那种心神实践的价值"[2]。但就个体经验的事实而言,学生们往往对自身经验范围以外的事情感到兴趣盎然,张开想象的怀抱,而对熟悉的事物熟视无睹,缺乏兴趣。因而,"地方"的具体事实不是作为教育的目的而是作为教育的手段而存在的。"我们不必去注意旧的、近的、习惯了的事物,但是要利用它们;它们不提出问题,但是,提供解决问题的材料。"[3]这种距离个体经验比较近的、可以利用的材料,指向现实情境中的观察,比较远的提供刺激和动机,指向现实情境中的想象,二者的中和实则是一种抽象知识具体化和想象空间的开启,作为具体现实的"地方"所提供的教育实践和情境素材成为具体与抽象、经验与科学、观察与想象之间的知识转介机制。

综上,"地方"以其作为个体"旧经验的载体"和"新经验的素材"的双重属性成为学校教育中个体具身经验情境的补充空间和知识的转介机制,基于个体经验的连续性和交互作用展开的学习圈,在思维的反思和想象的过程中所带来的"旧经验"与"新经验"之间的更替和发展形成了

---

[1] [美]约翰·杜威:《学校与社会·明日之学校》,赵祥麟等译,人民教育出版社2018年版,第6页。

[2] [英]怀特海:《教育的目的》,庄莲平等译,文汇出版社2017年版,第68页。

[3] [美]约翰·杜威:《我们怎样思维·经验与教育》,姜文闵译,人民教育出版社2016年版,第234页。

"经验的螺旋",而这种螺旋式的经验累积和生长的过程对个体思维力、理解力、想象力、批判力的锻炼本身就是一种可持续学习力的养成过程。由此可见,乡村空间作为链接乡村儿童经验生长的"地方",一方面是有益于乡村儿童学业学习的;另一方面也给乡村学校找到了一条可以有效提升学业质量的教学变革之路。

四 乡村作为大教育视域下的"地方":作为培植学校社会资本的关系空间

世界是一张普遍联系的网,个体、"地方"、学校均是内置其中的一个个节点。整体主义视角下的"地方"既是个体成长维度上的原初成长域,又是社会结构维度上与学校共在的社会组织。将"地方"力量纳入学校发展之中是"地方"作为家校社教育关系圈组成部分的天然义务,同时开拓了学校积累社会资本的发展进路。

家庭是社区的最小组织单位,社区是社会结构覆盖下的"地方",作为家庭和社区的地理空间载体,"地方"与学校之间存在着天然的教育联结。对于每一个现代人而言,家庭、学校、社区是个体生命历程中必然存在的三个关键域。按照生命个体的成长秩序和活动空间来看,家庭是每一个人诞生和成长的主要场域,家庭教育是个体发展的源头之水,更是制度化教育之外的重要教育形式。[1] 学校作为专业教育机构承担着传递人类经验、增加个体知识和技能以及促进社会进步和个体社会化的使命,提供角色分化和社会团结,是现代都市工业社会家庭生活和成人生活必不可少的转换机制。[2] 社区作为近邻社会内置了国家权力符号、横向人际关系以及个体生活化的活动场所,儿童通过社区生活,可以很自然地掌握当地的社会和文化特性,进行一种"无意识的教育"。[3] 借用美国社会学者查尔斯·霍顿·库利(Charles Horton Cooley)的初级团体概念,家庭、学校、社区可视作个人成年之前的原初成长域,三者的交互性存在形成了影响个体成长的教育关系圈。美国学者乔伊斯·爱泼斯坦(Joyce L. Epstein)构

---

[1] 刘晶波、唐玉洁:《家庭教育理论的反思与革新——后喻文化的视角》,《江海学刊》2018年第4期。

[2] [美]沃尔特·范伯格、乔纳斯·F.索尔蒂斯:《学校与社会》,李奇等译,教育科学出版社2006年版,第18—33页。

[3] [日]新堀通也等:《社会教育学》,张惠才等译,春秋出版社1989年版,第209页。

建了影响少年儿童学习活动的"多重熏陶"理论模型,很好地诠释了家庭、学校、社区在个体学习活动中的功能分布以及叠加效应。① 该模型主张家庭、学校、个体与其他社会组织对学生的发展与教育的影响力是重叠且不断累积的,家庭、学校和社区有责任共同推动少年在学校获得成功,但家庭与学校的伙伴关系并不能保证学生一定会成功,但是在三方伙伴关系模式下,却可以促进学生在参与中取得自己的成功。② 西方社会早在20世纪60年代就开始有意识地推进学校与社区之间的互动,增进学校与社区的合作与交流已成为世界性的潮流。20世纪90年代以来,一些发达国家和地区提倡学校与社区紧密结合,使学校与社区走向整合,③ 强调家长参与成为提升学生学业成绩的一股趋势。因而,构建家校社合作的大教育体系,以"地方"推动学校教育效能提升是尊重教育规律的必然选择,是教育赋权"地方"的天然使命。

另外,从"地方"的社会性出发,"地方"作为国家结构的"微型社会景观",是资源态与权力态的结合体,"地方"的介入为学校教育的可持续发展提供了社会信任和权力支持。对学校而言,社区的意义不仅表现为教育的意义和民主的意义,还表现为传统上作为一种建制存在的社会控制工具的行政意义。④ 学校是嵌入在"地方"社会生产与交往关系和结构之中的,而在风险社会里,学校作为专家系统与"地方"的联结是建立在信任机制基础之上的。也就是说,学校的权力表达是建立在知识权威基础上的,但反过来,"地方"的信任则成为制衡学校可持续发展的一种权力态。由此可见,作为一个社会组织,赢得"地方"的信任和支持是学校规避社会风险、实现自身可持续发展的关键所在。作为一种权力态的存在,"地方"介入构建起的学校社会关系网络结构和交往结构会打破学校与"地方"之间的权力紧张关系和信息不对称焦虑,在基于信息对称的交往理性下,学校、家庭、社区所形成的是以促进儿童发展为核心利益的

---

① [美]乔伊斯·L.爱泼斯坦等:《大教育:学校、家庭与社区合作体系》,曹骏骥译,黑龙江教育出版社2016年版,第146—147页。

② 杨启光:《重叠影响阈:美国学校与家庭伙伴关系的一种理论解释框架》,《外国教育研究》2006年第2期。

③ 徐建平:《学校:在政府、市场与社会之间——现代学校制度的理论探索及启示》,教育科学出版社2011年版,第261页。

④ 徐建平:《学校:在政府、市场与社会之间——现代学校制度的理论探索及启示》,教育科学出版社2011年版,第261页。

教育共同体，在共同体逻辑下，来自家庭和社区的理解和支持将缓和对教育和学校的信任张力，学校成为"被地方信任的学校"，这种来自"地方"信任的力量所承载的情感、资源等将成为一种社会资本，有助于拓展学校资源的补充途径，降低学校作为社会组织可能遭遇的社会组织网络结构风险。因此，"地方"介入学校教育是低社会风险下的学校可持续发展的理性选择。

综上所述，将乡村看作"地方"是一次视域的转化，更是一次"发现乡村空间教育价值之旅"，多维视域下"地方"的教育正当性阐释为构建"地方在场"的乡村教育提供了充实的理论证据。乡村学校教育中"地方的在场"摒弃了标准化思维下的城乡对比，承认了"城市"和"乡村"作为"地方"存在的客观事实，乡村不再是落后和衰败的代名词，而是滋养一方人的生命场所，发现知识创新可能、链接个体成长情感、经验、补充学校教育情境的教育实践空间，拓展学校社会资本的关系空间。"地方在场"的乡村教育融合了地方的知识元素、遵循着个体的经验秩序和思维逻辑，打破了效率主义的教育生产逻辑对乡村学校教育的垄断和竞争伤害，无论是发现乡村内潜在的教育资源还是将乡村作为教育实践空间，本质上都是对乡村作为"价值意义场"的确认，基于乡村作为生命场所、生活场域、生态空间的学校教育更新了学校教育质量的内涵和边界。学校教育成为链接个体过去和未来的成长连续统、乡村与儿童之间的嵌入机制，三者之间的结构耦合内置着乡村教育在地化实践的可持续发展本质。因而，"地方在场"的乡村教育既是挖掘"地方"空间教育价值的学校教育，同时也助力乡村和儿童的可持续发展。很显然，作为"地方"的乡村变成了一方内涵丰富、难以程式化的教育宝地，如何选择地方资源推进乡村教育在地化需要更加具体和生动的实践探索来阐释。

第三节 本章小结

本章基于融合视域，从多学科视角出发，淡化"乡村"单一色彩，将乡村看作"地方"，是一次突出乡村场域多元教育价值，回归乡村作为学校教育中"价值意义场"的理论尝试。回归"地方"维度，"乡村"是存放个体日常生活经验和生命记忆的原初场所、载体，是个体成长的原初价值依系，学校教育中"地方的在场"带来了一个融入地方文化特质和个体亲切经验、抽象与具体兼容的辩证的学校文化空间。从教室走向田野，乡村对于打破知识的既定结论、丰富知识的解释框架，均不失为一方发现知识创新的生长空间。实用主义哲学已经确认了"地方"作为学校教育中个体具身实践情境的补充空间和知识转介机制的价值和正当性，同时乡村的介入是地方作为家校社教育关系圈组成部分的天然义务，家校社间的互动交往开拓了学校积累社会资本的发展进路。

第三章

深山里的"网红村小"
——范家小学在地化变革的单案例分析

> 有效的教育变革的核心并不是实施最新政策的能力,而是在教育发展过程中发生预期的或非预期的千变万化中能够生存下去的能力。
>
> ——[加]迈克尔·富兰[①]

正如迈克尔·富兰对有效学校变革所具备的核心能力的解释,范家小学作为一个仅有 43 名小学生的名不见经传的乡村小学[②],并未像当前普遍存在于乡村的小规模学校般陷入低沉和迷茫,被城镇化大潮的"生源危机"击垮,而是绝地逢生,成为乡村小规模学校变革的先锋、深山里的网红村小。毋庸置疑,这种学校变革的勇气、自信与智慧都是值得称颂的。那么,范家小学是在什么情况下踏上了学校的在地化变革之路?其在地化变革的具体实践情况如何?有哪些较为成熟的做法?其中又蕴含着哪些理论命题呢?本章将依托文献资料与实地调研资料,对范家小学的在地化变革进行全景式素描,以期勾勒出范家小学在地化变革的行动路线,继而为挖掘乡村学校在地化变革的实践逻辑与运转机理做准备。

第一节 走进范家小学

2019 年年初,在教育领域的工作者尚处在"休养生息"之际,范家

[①] [加]迈克尔·富兰:《变革的力量——透视教育改革》,中央教育科学研究所等译,教育科学出版社 2000 年版,第 11 页。

[②] 这里的 43 名学生是笔者调研时范家小学的在校学生数。

小学因罗振宇在深圳卫视《时间的朋友》的跨年演讲而走红网络,为更多人知晓。随后江苏连云港市赣榆区教育局局长陆建国发表了一篇题为《从范家小学看乡村教育的应然与实然》的文章让范家小学再次走入公众视野,并引发媒体和大众的广泛关注。一时间,范家小学与"中国教育理念最先进的学校""农村教育的乌托邦""教育领域嫩绿的新枝""农村学校里的一股清流"等溢美之词联系在一起,那么范家小学究竟是一所什么样的学校?究竟是什么让人们对范家小学赞不绝口?范家小学的魅力又何在呢?

一 山村里的"小"小学:范家小学整体面貌素描

范家小学坐落在四川省广元市利州区宝轮镇苟村一组,是一所典型的山坳里的乡村小规模学校。从地理位置看,到宝轮镇约19公里,到广元盘龙机场约23公里,到广元市约40公里。若是一个外地人想拜访范家小学,还是需要在交通上费一番周折的。从广元到范家小学没有直达的汽车,需要坐城镇公交车到宝轮镇,然后再次转乘到莲花村的乡村公交车才会路过范家小学的门口。乡村公交车与城市里的公交车大不一样,属于私人运营,没有固定的发车时间,面包车车型仅能容纳十几个人,所以,若是不凑巧,就要等上好长时间。如若从往返于范家小学的交通工具判断,毋庸置疑,范家小学可以算得上是地道的乡村小学了。但范家小学地理区位所隶属的宝轮镇是首批全国重点镇,① 也是广元市最大的卫星城镇,辖区面积155.51平方公里。2013年宝轮镇实现地区生产总值6.86亿元,城镇居民人均年可支配收入达19400元,农民年人均纯收入达8144元,可与县城的发展水平相媲美。由此判断,虽然范家小学地处村落,但在西南地区算是离城区较近的"偏僻村小"了。与宝轮镇不远不近的距离对范家小学而言既是一种便利,又是一种挑战。因为对于偏远的乡村学校而言,范家小学距离镇的距离较近,交通和信息相对便利,但反过来,这种距离也是一股巨大的吸力,增大了学生和教师向城镇流动的可能。

---

① 全国重点镇是当地县域经济的中心,承担着加快城镇化进程和带动周围农村地区发展的任务。重点镇的评选条件包括人口达到一定规模、区位优势明显、经济发展潜力大、服务功能较完善、规划管理水平较高以及科技创新能力较强六个方面,首批全国重点镇的评选时间为2004年。

第三章 深山里的"网红村小" 117

图 3-1 范家小学地理位置示意

　　苟村是一个行政村，在城镇化的巨大吸力下，范家小学身处的苟村原来有四五百人，现在留守在村里的人已经不到 100 人了，大多数是老人和孩子。① 在 2008 年"5·12"汶川地震的灾后重建后，现在村子里的房子基本都是既漂亮又结实、刷着白漆的二层小楼房了。目前，地方政府正在努力推进生态农业、生态乡村建设，一些缺乏耕种条件的山坡已经陆陆续续地开始种植桃树了。对于一个离镇市较近，乡村人口流动性较大的山村小学来说，面临着怎样的生源危机和教师流动风险呢？

　　范家小学四面环山，是一所农村寄宿制学校，始建于 1949 年 9 月，占地面积 3983 平方米，建筑面积 2339 平方米。2019 年春季学期，全校

---

① 何帆：《变量——看见中国社会小趋势》，中信出版集团 2019 年版，第 221 页。

共有 5 个教学班（每个年级一个教学班，无二年级），共有在校生 43 名，附设一个幼儿园混龄班，共计 28 名 3—6 岁的幼儿。学生大多数来自周围的村子，其中 39 人（含 6 名幼儿和一些从成都以及广元外地转来的孩子①）因家离学校较远，住在学校宿舍里。学校现有 13 名教师，其中本科学历 5 人；高级教师 1 人，一级教师 5 人；青年教师 4 人（其中 1 名为男教师），教师从周一至周五随学生一同住校。

  结合现代元素与古典美学的校园整体设计诠释着范家小学"小而美"的精神内涵。当迈进范家小学那扇不起眼甚至有些破旧的铁栅栏门后，一幅兼具田园浪漫主义和现代都市元素的学校画卷展开了，一大片绿色且柔软的人工草地、粉橙色且线条分明的房子，六角凉亭边上还有一潭浅水，里面游弋着金色的小生命。错落有致的花坛里，长着不同品类的树木和乡间菜园子里常见的那种卷心菜。现在的范家小学共有两栋楼房和一处平房，呈"U"字形分布，正对着校门的嘉祺楼是教学及办公楼，校门右手边的是庆恩楼，主要是幼儿园和师生宿舍，两栋楼是连接着的。庆恩楼的南侧围起来一小片区域是专属幼儿园小朋友的欢乐胜地，里面有一处与大多数乡镇幼儿园一样的滑梯设施，角落里还放着一个展示各种各样手工玩具的木架子。平房是一间名为"美味斋"的学校小食堂，位于嘉祺楼的右侧，共有两个房间，其中一间是后厨，里面有两口乡村里常用的大锅，另一间是饭厅，摆了四五张为小学生们用餐所配的蓝色铁质的长条桌子，外加两张圆形的木桌，一张是教师的，一张是幼儿园小朋友的。食堂靠近后厨的那面墙上有一个洞，到了用餐时间会冒出一缕缕的炊烟来，而靠近饭厅的那一侧则是一个可以洗手及洗碗筷的小水池，水龙头里面流出来的是冷水。位于三栋建筑物中间的就是踩上去软绵绵的、孩子们可以尽情玩耍的"草地操场"②了，除了贴近建筑的那几级台阶外，校园是被这片"草地"覆盖着的。操场靠近嘉祺楼的一侧是一个比较宽敞的国旗台，足够学生们排练和表演一些舞台剧或者文艺节目。操场上分布着两处专供儿

---

  ① 笔者到范家小学调研之时，学校有两名从外地转来的孩子，一名男孩是从成都转到范家小学来读幼儿园的；另一名男孩是从广元市转来读三年级的。据三年级的男孩介绍说，之前他在广元市小学读书，因为每天作业太多，家长担心他的身体，所以就为他转到范家小学。虽然现在住校，但是作业少，活动时间多，他的身体素质逐渐变好了。除了这两个孩子外，笔者后期了解到，也有其他外地的家长准备送孩子到范家小学读书。这种现象在日本被称作"山村留守"。

  ② 范家小学校园不大，所谓的操场即是校园围墙内除了建筑物之外的空余场地，据观察，这块场地应该是用塑料材质的仿草坪的、较软的垫子覆盖着，而非真正的草坪。

童玩耍的地方，其中一处是器材类的，即多数生长在乡村的孩子都会玩过的爬单杠、篮球架，以及由两个车轱辘外带做成的秋千，另一处则是名为"尚美亭"和"正心亭"的两个木质凉亭，亭子的边上就是那处小水塘，这里无疑是孩子们经常驻足和嬉戏的好去处。亭子的南侧是一个简易车棚，里面停着几辆小汽车。如此，若遇春季，不远处的青山漫山遍野开着油菜花，交叠相映下的范家小学着实是一幅兼具古典韵味、田园风光及现代元素的风景画。

在这静谧且恬静的校园里，强烈的现代田园浪漫氛围会令初来乍到的到访者心旷神怡、心生留恋。与校园里散发的田园气息相比，范家小学的教室则是由现代元素主导的。每个教室外面邻近门口的墙上都挂着一块触摸式的显示屏幕，里面记载着各自班级师生的基本信息、课程安排、课程活动以及荣誉奖励等文字和图片内容。教室里传统的课桌椅已经被符合现代审美的木质半圆形或多边形课桌椅取代了，由于各个班级人数很少，所以教室里空余的地方摆上了沙发。除此之外，电脑、多媒体设备、空调、书架、饮水机是每个教室里的必备设施。教室的一面墙上是学生的一些绘画和实践作品；另一面墙上则是每个中小学校都会有的黑板报，每间教室的活动空间都十分充裕。

教师的办公室主要分布在嘉祺楼的二楼，相较于学生的教室，教师的办公室要局促很多，几张棕红色的桌子拼在一起，上面放着一些与教学相关的书本一类的东西，除去办公桌之外，教师可以活动的区域十分有限。校长的办公室则在庆恩楼里，空间略大一点，配有基本的办公设施，一张棕红色的桌子，一台电脑、一个书柜和两张黑色的沙发，相同的是学生教室和教师办公室都铺了瓷砖，不同的是校长办公室的地面依旧是最普通的水泥地。[①] 校长办公室楼下的右手边便是图书室，图书室的门一直开着，里面有一台电脑，应该是记录借书情况的，两个高高的书架子上摆满了各种图书，有些书已经卷起了页角。邻近图书室门外的墙面上挂着一部黄色的公共电话，是专门为住校的孩子准备的。图书室的隔壁是一间没有门的体育运动器材室，十几平方米的空间整齐地摆放着篮球、足球、皮球、毽子以及呼啦圈等运动器材，还有三个竹条编制

---

① 虽然是否铺瓷砖并不可以拿来做赞扬校长的证据，但是从这件小事中可以感受到，范家小学的校长是一位务实的而非讲排场、讲条件的校长。

的两侧未封口的圆筒子，不知道是做什么运动或游戏的，倒是和以前村子里人们背着的竹筒有些类似。

至此，范家小学的基本样貌已经呈现在眼前了。总地来看，物象审美视域下的范家小学是朴素而又富有诗意、静谧且拒绝浮华的。首先，从资源配置上看，范家小学的办学条件要优于一般的乡村小规模学校，硬件资源、基础设施、校园环境以及师资配备与学生体量相比是相对充足和完备的。但据校长介绍，范家小学的办学条件是在学校做出了成绩、赢得的"政府嘉奖"和"社会资助"后提高的，并非一直如此。其次，从文化意象上看，范家小学的校园陈列和整体设计所附着的乡村文化符号，虽然用现代世俗的眼光看上去是有些破旧和落后甚至是有待优化和提升的，但对于乡村儿童来说又何尝不是一份熟悉感和亲近感呢？融入了乡村元素的校园陈设拉近了学校与当地乡村的距离，减少了当地家长和学生对学校的陌生感。最后，从审美维度上看，范家小学既有古典美的诗意，又有现代美的舒适，这种古典与现代的结合拒绝了"传统与现代冲突"和"乡村学校乡村化"的说辞，获得了很多到访者的赞赏。

图 3-2 范家小学掠影

从软环境来看，范家小学强调外树形象、内强素质，以质量求生存、以创新求发展。在内强素质一面，范家小学以"办美丽乡村小学，育阳光自信少年"为办学愿景。长期以来，范家小学坚持用"最美乡村小学"的理念，统领学校科学发展、内涵发展、特色发展，秉持"不放弃任何一个学生、让每一个学生都得到最好的发展"的办学理念，积极为学生创造充满关爱与鼓励的成长环境，激扬生命活力，激发生命潜能，为他们健康进入初中阶段奠定良好基础。范家小学尊崇并注重教师教学能力、学生学习能力和实践能力培养，以认真而不苟且、严谨而不随意、勤奋而不懈怠的求实态度，与时俱进、开拓创新，积极探索创造更加适合学生发展的教学方式，并引领学生努力寻找适合自己的学习方法。在坚持特长与素质共修的思路下，开设晨读、午写、晚诵等活动，进行传统文化教育。在阅读教学中，引进《三字经》《千字文》《大学》《中庸》等国学经典，实施"1388"阅读工程，即要求学生识记1000个成语，熟读300首诗词，诵读80篇经典美文和阅读8部古典经典著作，全面提高学生的文学素养。现在，范家小学已经是央视新闻、中国青年报等媒体关注的网红村小，山村里的"小"小学，被赞誉为"农村教育的乌托邦""中国教育理念最先进的学校"。

二 范家小学的孩子们

"自信"和"快乐"是外界评价范家小学孩子们最经常用到的两个词汇。的确，与大多数乡村学校里的孩子相比，范家小学的孩子见到到访的客人会主动打招呼、聊天，而不是怯生生地跑掉或者躲起来。那么，范家小学孩子们的校园生活是什么样的？不同时间和空间向度里的学校日常叙事能够更加深入且全面地呈现范家小学孩子们的教育气质。

(一) 操场上的孩子们

绿油油的草坪操场是范家小学孩子们时常驻足的玩耍宝地。孩子们三三两两的，要么躺在或跪在草坪上一起商量着什么，要么两三个人一起荡秋千，把衣服扔在草地上或者旗台上，又或者喜欢爬高的孩子早就爬到了单杠上，也有喜欢在小池塘边上跑来跑去的。除了上课以外，孩子们有大把的时间在校园里尽情地玩耍，无论是躺着、跪着抑或是爬高、玩水，没有人会朝他们大吼，也没有人规定什么可以玩、什么不可以玩以及该怎么玩。在这静谧的校园里，孩子们的欢笑声、喊叫声、追逐声不仅不觉得吵闹，反而平添了几分灵动，让校园充满生机。如此自由的操场玩耍体验宛若"忙趁东风放纸鸢"般村童嬉戏的惬意，这是令当前多少被困在作业和成绩焦虑里的儿童羡慕的闲暇时光啊！

图 3-3　范家小学操场上玩耍的孩子

（二）课堂中的孩子们

课堂是儿童主要的学习空间。与一般的学校相比，范家小学课堂中的孩子最少的仅有 3 人，只有一年级超过了 10 人。与一般教学点采用复式教学形式相比，范家小学因其师资优势保持了分级教学，但告别了传统课桌椅排列方式，置换为可以围坐在一起的不规则几何课桌，更加便于学生交流、讨论以及合作实验等。同时，网络的覆盖可以让教师有充分的条件实时将每一位学生的课堂作业通过多媒体展示给大家。以下是范家小学的日常课堂片段，从中可以感受到范家小学课堂里孩子们的学习状态和表现。

六年级数学课堂教学片断——圆锥体积的探究

老师：侧面展开以后它是一个扇形，这个圆锥顶点到底面圆心的距离我们就把它叫作高，有几条高？

学生：一条高。

老师：有一条高，这是我们对它的回忆。现在请同学们看，这里是个圆柱，我们前面学习过圆柱的体积计算，学生 A，圆柱的体积计算怎么计算？

学生 A：底面积乘高。

老师：等于底面积乘高，再回忆，我们前面所学到的长方体的体积计算是不是也是底面积乘高？

学生：是。

老师：也是用到的底面积乘高，那么现在我们来想一想如果是圆锥的体积计算，你们觉得应该怎么计算？

学生：也是底面积乘高。

老师：也是底面积乘高，好，这是我们同学的猜想，为什么这样猜想呢？因为我们前面学到的正方体、长方体，它们都可以用底面积乘高计算，而这一学期刚好学到了圆柱，它还是用底面积乘高，那我们理所当然地推算出圆锥的体积也是用……

学生：底面积乘高。

老师：好，这是我们的猜测。圆锥的体积等于底面积乘高，那也就是说，我们如果要计算圆锥的体积，就需要知道圆锥的底面积，需要知道圆锥的高，而底面积一般情况下是不会直接告诉你的，对吧？有可能告诉你的是圆锥的底面周长，或者说是告诉你底面的直径或者半径，这些都是我们以前所遇到的。现在我们看到这里，圆锥的体积怎么计算？刚才我们已经想到了。那圆锥的体积与我们的圆柱是不是有一定的关系呢？

学生：有。

老师：这是我们要思考的一个问题，为什么有关系？通过你这两天对它的认识来说一说，你觉得它们有什么样的关系？学生B。

学生B：我觉得它们的关系就是它们都有一个底面。

老师：都有一个底面，而且底面都是……

学生B：圆形的。

老师：接着说，没了？其他同学呢？刚才他说了，圆柱和圆锥都有一个圆形的底面，它和正方体、长方体不一样，长方体、正方体下面都是长方形或者正方形，所以我们没有思考它和长方体、正方体有什么联系，只思考它与圆柱、圆锥有没有关系，这是我们等一会儿要解决的问题，先把问题放在这里。圆柱的底面是圆，圆锥的底面也是圆，所以我们思考的是它和圆柱有可能有一定的联系，这个我们刚才已经猜测了。接下来我们要做的是什么？就是来验证。你们猜测了这个圆锥的体积等于什么？

学生：等于底面积乘高。

老师：对，等于底面积乘高。那我们接下来就要用验证方法，什么验证方法呢？我给你们提醒，第一个验证方法就是我们以前用到的排水法，也就是说把我们的一个圆锥当作一个不规则的物体来求它的体积，哪位同学来简单地描述一下这个排水法的使用？思考一下然后举手，学生C。

学生C：排水法就是将物体放进去，看看水面涨了多少，然后再用底面的面积乘以涨水的那个高，就算出来了那个物体的体积。

老师：很好，还有没有哪位同学再来说一下你所思考到的排水法？学生D。

学生D：就是先算出原来那个水的体积，然后再算放入石头之后的水的体积，再用现在水和石头的（指的是装入石头后水的体积）体积减去原来水的体积就等于石头的体积。

老师：这是排水法是吧，那现在我们用这个圆锥（作为一个不规则的物体）用排水法来测量它的体积。现在请同学们仔细听清楚，我们应该如何做？我大体上跟大家说一下。和同学们刚才说的操作一样，我们每一组都有一个量杯，杯子里面装了多少水你们是清楚的，这个时候你就要做好一个记录，然后把我们的一个圆锥放进去，这个时候水面会有一定的上升，这个时候你再一次做好记录，这个时候水的体积和我们以前水的体积有一个差，这个差就是我们圆锥的体积。关键是这一个体积是我们直接用排水法测量的，那么我们还有一个过程在这里，什么过程呢？听清楚，还有一个过程我们要测量出这一个圆锥的底面直径，这个圆锥的高，然后才来看你测量的那个体积和我们计算的体积是不是一样的，明白过程没有？

学生：明白了。

图3-4 范家小学六年级学生数学课堂作业

这是一节六年级的数学课，全班仅有9名孩子，三张桌子呈"U"形分布，3人一组。任课教师是范家小学的副校长，教学经验丰富。由于班级容量较小，教学时间比较充裕，释放了教师推进课堂教学进度的压力，老师可以充分关注和掌握每一位学生的实验情况和知识掌握情况，对每个孩子的实践给予把关指导，并与每个孩子积极互动，每个孩子都有展现自我的机会。课堂上，学生多了更多的语言表达、自我呈现以及思维锻炼的机会。如图3-4所示，从学生们的课堂表现以及呈现出来的作业可以看到，学生们的课堂学习投入度是比较高的，学生与教师之间的沟通是熟人般的，学生在课堂上没有畏惧感，相反，对问题的回应都比较及时和流畅。①

（三）食堂里的孩子们

范家小学的食堂不大，但足够容纳现在的孩子们用餐。到了吃饭的时候，小学生和幼儿园的孩子们分坐在两个区域，幼儿园的小朋友围坐在圆桌前，小学的孩子们坐在长条桌子边。食堂阿姨盛好饭菜之后，每个学生都很自觉地吃饭，无须额外照看，尤其是幼儿园的小朋友，有些孩子刚刚三周岁，就能非常安静地坐在那里将饭吃完。孩子们的饭量很好，有些幼儿园的孩子甚至可以吃上两碗饭。小学生们的吃饭速度相对快一些，大家陆陆续续地吃完之后，有的会将碗里的些许残羹倒进食堂外面的桶里，有的直接去洗碗筷。除了幼儿园小朋友之外，范家小学的碗筷都是由孩子们自己洗的（老师也是自己洗），洗碗筷的水池子就在食堂的边上，虽然不大，但足够孩子们用了。孩子们有自己独特的洗碗方式，基本上打开水龙头之后冲一会儿，碗筷上的残余就被水冲走了，然后把碗筷放好就可以去玩耍了。当学生们离开食堂之后，桌子上和地上基本没有什么垃圾残余，这应该是范家小学孩子们整洁节约习惯的充分显现吧。寄宿生活为范家小学的孩子增加了一分独立生活的能力。

（四）午休时的孩子们

吃过午饭之后是范家小学孩子们的午休时间。因为午休时间比较长，一些孩子会在操场上玩耍，还有一些孩子会回到教室写作业。虽然孩子们在做作业的时候并不是规规矩矩的，三三两两地坐在一块，有的是在独立写，有的则是边写边交流，但总地来看，孩子们做作业比较认真和自觉，

---

① 从范家小学学生的课堂表现可以看到，范家小学的课堂并非死气沉沉、照本宣科、教师掌握绝对话语权，相较于大众对乡村教育、乡村课堂的传统认知已然发生了实质性改变。

偶尔同学间还会互相督促要"好好写"或者不明白之处会指点一下，这个时候很少会有老师过来监督。有些同学则散落在教室和校园的不同角落里，有的拿着书，有的在和同学们一起玩耍。

很显然，范家小学的孩子是相对"缺乏规训"的，并没有教师刻意地、随时随地盯着孩子们的闲暇时间，也没有限制孩子们的课间活动，但这种弱规训并不是教师"懒政"和"不负责任"，孩子们也不会因为缺乏监督而逃避自己应该做的事情，生活上是如此，学习上也一样。

以上就是不同时间和空间向度里范家小学学生的校园生活和日常表现，在不同场域的空间镜头下，我们可以看到范家小学孩子们所展现出来的"自由的""自立的""自信的"且"快乐的"多维教育气质。学生作为学校教育的直接利益相关者，范家小学学生的校园学习生活生态和精神风貌内置和再释的是范家小学的教育理念和教育质量。

三 "教育的桃花源"：一人一校一世界

在城镇化浪潮下，范家小学并没有像大多数乡村小规模学校那样被卷入抱怨和迷茫的焦虑中，相反还迎来教育行政部门的支持与社会及媒体的关注，收获了乡村学校办学的自信。同我国整个中小学教育生态环境比起来，范家小学算是一种小趋势，它们所呈现出来的教育图景让身处教育焦虑之中的官员、学者、校长和家长们眼前一亮，快乐而又自由的教育生态释放了当前教育场域中的喧嚣与疲惫，俨然成为隐世于深山里的"教育桃花源"，而这一方净土的深耕者源自范家小学校长与教师们的务实与勤勉。

如今广获赞誉的范家小学是在迎来了一位真实而又质朴的校长之后才渐渐发生改变的。他是一位操着四川口音，有着20余年中学语文教学经验的高级教师，皮肤微黑，声音浑厚，是20世纪的优秀中师生。他的家在城里，是被行政命令调到范家小学来的，至今已在范家小学工作5年。这位校长没有官架子，外表略显威严但真实质朴，言语中浸透着平和与直率。总地来看，范家小学的改变是在他不断尝试和思考中展开的。初到范家小学的他并没有选择得过且过，而是深入范家小学不断摸索、发现课堂教学、师生关系、文化建设等方面的问题，通过探寻解决问题之道才慢慢寻找到乡村学校发展方向的。为解决学校规模小衍生的教育资源紧张问题，他决定联合与有着相同发展遭遇的其他乡村小规模学校建立微型学校联盟，整合校际资源抱团发展。在加强学校内部建设的同时，还加强与外部社会的联系。2016年范家小学成为21世纪教育研究院"小而美"学校的种子学校，教师线上线下对外交流和学习的机会逐渐增加，范家小学也逐渐走入公共视野，获得社会关注，踏上开放式办学之路。范家小学的转变来自校长"不服输"的精神和办学勇气，来自"我们农村学校是不怕出丑的，没那么讲究"（校长语）的办学逻辑。范家小学在赢得社会积极评价和广泛认可的同时也获得坚定的办学自信和改革自觉。很显然，范家小学的转型是浸透在这位质朴校长的办学智慧中的，这是一种基于实践改进的"做的哲学"，而不是行政指令下的消极治校和依托高深理论的"书本哲学"。

与校长共同努力的还有范家小学的老师们。不容置辩的是，范家小学的教师队伍与一般的小规模学校相比是略显"庞大"的。日常工作状态下的他（她）们是勤奋朴素，且毫无距离感的。他们不拘小节且热情好客，偶尔一句"吃饭了吗？没吃在食堂吃""天气有点冷吧，进来烤烤火……"等看似平凡的招呼，会让陌生的到访者感受到来自他们的善意与亲近。这种热情在乡土社会是常见的招呼客人的方式，透着质朴和真诚。偶尔会见到有老师搭伴在操场上散步聊天，或者聚在办公室里烤火做事，再或者在教室里检查或修改学生作业。范家小学的老师们看起来关系都很熟络，并不存在竞争和推诿等办公室里的日常把戏，而是各司其职、交往紧密且相处和谐。然而，范家小学的老师却十分辛苦，虽然绝大多数已经结婚成家，但是他们还是要轮流随学生住校，人均每周上课24.6节。他们不仅要给孩子们上课，还要照顾孩子们生活，带他们洗澡、给他们洗涮，甚至半夜三更送孩子去19公里以外的镇医院。[①] 一般学校教师下午四五点就可以放学回家了，但范家小学的老师已经模糊了放学概念，因为只有到周五时才算是真正的放学。每到了周五返城的时候，大多数教师都结伴而行，有的是坐同一趟班车，有的则是乘坐本校老师的"顺风车"，也有一些家里人开车过来接的，这个时候的他（她）们看起来很像朋友、邻居抑或是亲戚。教学中的他们也是开放和包容的，年长老师课堂方言味道重一些，年轻老师基本都是普通话，对于外来人进入课堂，他们没有对突然到访会扰乱课堂秩序而心存芥蒂，也不会在课堂上故意做些花样，而

---

① 张平原：《范家小学是农村教育的乌托邦？》，《中国青年报》2019年3月25日第5版。

是包容和开放的。经验丰富的老师对于课程内容的诠释和教学过程的把握明晰且合理，容易让人产生这是城市里来的老师在授课的错觉。年轻教师的课堂教学则略显稚嫩，依旧处于打磨阶段，但他们是范家小学的新鲜血液和未来希望。范家小学的教师们是一群质朴、勤奋、可爱、彼此相近相亲的老师。范家小学的转变正是在这样一位执着的校长和一群努力的教师的齐心协力下发生的。

这就是范家小学的校长、老师和孩子们。范家小学过的是一种与拥挤喧嚣的大众生活相左的慢生活。工作、生活和学习在这里的校长不急躁、教师们不急躁、孩子们也不急躁，校长与教师之间、教师与教师之间、教师与学生之间的交往都是平和的，没有那么多的规矩和权威，学生可以和教师如朋友般地交流，也可以跟老师撒娇和嬉戏，教师也不用时时提心吊胆地看着学生，更不用随时准备听候校长的号令。校长也可以安静地坐在办公室里享受看书的美好时光。这样的教育生态淡化了米歇尔·福柯（Michel Foucault）视界中的规训与惩罚，学校并不是全景敞视主义下的秩序机制，相反如其校长所言是一所有能力容纳一些混乱的学校。很显然，先莫论范家小学是否如何帆教授所言能看到所有最先锋的教育理念，[①] 但无论如何范家小学都是一所有个性的小学，它所营造的教育生态同当前急躁的教育环境相比是特别的、让人心动和感动的，这种洋溢在每个乡村孩子脸上的自信与快乐以及弥漫在校园里的轻松且自由的气息，宛若教育场域里的世外桃源，成为另一个教育世界。

第二节　范家小学在地化学习的实践图谱

正如前文所描述的，范家小学学生在校的学习生活状态可以说是"自由不失规范""自觉且饱含灵动的"。这是与大众对乡村小规模学校学生的常识性认识，即"腼腆、胆怯，缺乏活力"的儿童画像形成鲜明对比。而学生精神面貌和学习状态的改变正是范家小学决定自主变革的初衷。从儿童的兴趣出发以保护儿童的学习兴趣是范家小学走上在地化变革之路的原初追求和实践起点。回归乡野情境、依托乡村空间资源，以贴近乡村儿童经验的社区环境入手开发课程，将地方的自然资源、历史文化资

[①] 何帆：《变量——看见中国社会小趋势》，中信出版集团2019年版，第231页。

源等转化为学校的课程资源继而推动教师教学方式与学生学习方式变革,使得范家小学的在地化变革逐渐走向规范。因而范家小学的在地化变革是以地方资源为媒介对学生的学习内容和学习方式进行的系统性重构,是以保护学生学习兴趣为起点重建学校、儿童、乡村三者之间有效联结的。

总体上,范家小学推进在地化变革的时间并不长,却绝不是一蹴而就的,而是在范家小学的校长和教师们边摸索、边学习、边修正的实践中逐渐生长出来的。

一 范家小学在地化学习的推进路线

范家小学的在地化变革发生在新校长上任之后,是嵌入学校整体改革生态之中的。可以说,范家小学在推进学校在地化变革之路上是新手,但也是开拓者。范家小学在地化变革的发展脉络相对清晰,肇始于2016年春季学期,根植于生本教育理念,形成于课程教学变革,受益于校长和教师们的不断学习与尝试,成型于学校课程理念和形态的整体转型。

(一)变革缘起:生本理念预设下的实践行动

范家小学之所以走上在地化的学校课程改革是在陶行知的生活教育理论以及生本理论的影响下展开的。从学生的兴趣出发,建立与生产生活的联系,强调"做中学"是范家小学课程改革的理论起点。因此,范家小学的在地化课程改革是理念预设下的实践行动。为了让学生们对学习感兴趣,不厌烦学习,范家小学提倡"好玩的课堂",而如何才能让课堂好玩呢?"好玩的课堂"则要打破传统的满堂灌的教学和学习方式,转向以尊重教育规律和儿童成长规律的课堂形态。一是表现为教师教学理念的转变,为了让课堂好玩、有意思,鼓励教师将游戏引入课堂,让学生们可以在玩耍中学习,更加重要的是,强调教育与生产、生活相结合,鼓励教师将学生带出去做而不仅仅是讲,通过学生做的过程中激发学生的学习兴趣,开动学生的脑筋,继而通过学生在做的过程中获得的成功激发学生的成就感。此外,在日常教学活动中要求教师坚持"预留一定的时间"给学生,旨在让学生自己复述课堂所学内容,以期达到锻炼学生的语言表达,梳理逻辑思维的目的。二是表现为学生学习理念的转变,淡化对学生学习成绩的强调,将学生的学习能力作为学校教育的核心,继而保持学生想学习的愿望是范家小学推进学生学习方式变革的初衷。在对学生学习能力的理解上,更强调学生自己解决问题的能力,其一表现为学生拥有解决问题的自信；其二表现为学生清楚解决问题的方法；其三表现为同伴之间学习的沟通和交流；其四表现为学生对学习内容的收集和整理。其实质是基于"想学"才"能学"不至于"厌学"的教育逻辑，推进学生学习方式的变革。三是表现为课堂管理理念的转变，强调课堂的授课环境是自由、宽松，令儿童感到舒适的，教师有能力容纳课堂中的一些混乱，以期通过打破教师的过分管控对儿童思维发展的限制，继而调适学生的学习状态。

（二）现实机缘：在地化课程实践自信的建立

有了想法，便开始行动。为了实践学生学习能力培养的教育愿景，范家小学开始着手课程实践。实践活动是在地化课程的最初样态。范家小学设计的第一个实践活动课程是"春游寻宝"活动，[①] 旨在教会学生使用地图。教师们会在春游活动开始前预先将"宝物"藏至指定地点，然后将打印好的卫星地图发至每个学生，一至六年级学生混编成组，学生们拿着地图寻找指定宝物，并丈量出该地点的面积。接下来，学生们要自己协商并找到能够提供午饭的村民家。在村民家期间，学生需要做一些家务劳动如帮助村民煮饭、整理卫生等作为午饭的回报。饭后，学生们会到山上拾柴带回学校，大家围坐在一起，点燃篝火，分享一天的感受和小故事。活动中学生们的兴致勃勃再一次明确和激发了范家小学让学生"动起来"的想法。在"春游寻宝"活动的启发下，范家小学开展了第二次实践活动课程探索，主题是"认识家乡的野菜"。他们首先遇到的是老师们也不认识的野菜，只能求助于长期在当地生活、地方经验丰富的老人们。于是学校附近社区的老人便成为这次活动的主要支持者。按照课程设计，各个班级要自己去邀请村里的老人，然后在老人的帮助下去认识当地的野菜，采摘之后，学生们要绘制植物笔记，然后到网上去查找野菜的营养成分和药用价值。最后，学校将采摘回来的野菜烹饪后供学生们品尝。两次活动结束后，范家小学进行了梳理和总结，对在地化实践活动的要素和过程有了基本的把握。但真正确立在地化课程实践自信的是一场学术研讨会上专家学者对范家小学实践活动课程的认可。在 2016 年 6 月 11—12 日第四届

[①] "春游寻宝"活动并不是范家小学的首创，笔者少时就读的乡村小学就开展过类似的活动。但不一样的是，范家小学的活动设计和架构并非是单纯游戏性质的户外活动，而是融入了知识和能力培养。

全国乡土教材研讨会上,范家小学校长在听完会上关于乡土教材编写的报告后分享了自己实践活动课程的具体做法,得到了与会专家①的肯定和称赞,这一积极的反馈无疑是一种精神激励,增加了他们推进在地化课程变革的信心。这次会议之后,范家小学放弃了原来"实践活动课"的叫法,易名为"乡土课程"。可以说,这是范家小学在地化课程实践探索过程中的一次关键事件,正是实践与理论的积极互动建立了范家小学校长和教师们的行动自信,巩固了范家小学在地化课程改革的持续推进。

(三)由独立到融合：转向项目式学习引领下的在地化课程设计

2018年范家小学的在地化课程实践再次更名为"项目式学习",这不仅仅是课程名称上的变化,更是学科课程在地化的一种表达形式。透过范家小学两次实践活动课程可以看出,初期的探索还只是融合了一些生活知识的实践活动,总体上与学科课程是相分离的,是独立于国家课程体系之外的实践活动课程,是作为国家课程的补充存在的。2018年更名为"项目式学习"后,范家小学开始尝试将这种学习方式融入国家课程体系,打破实践活动课程与国家学科课程相互分离、各自为政的状态,在地化学习的思想全面融入学校课程体系。这既是对之前活动课程改革的继承与发展,更是学校课程形态转型的实践尝试。在尝试摸索中转向在地化课程设计的新阶段,范家小学将之前实践活动课程中的教学方式与学习方式引入学科课程教学之中,结合课程知识的特点有选择地介入项目式学习方式。

目前,范家小学的"项目式学习"大体上可分为两类：一类是学科课程的在地化设计,即任课教师有意识地筛选适宜开展"项目式学习"的课程内容,将地方的生产生活元素与课程内容之间进行匹配设计,从贴近学生生活的教育材料入手,让学生在完成既定项目的同时,理解并掌握课程知识。从实例中所开展的数学项目式学习可以看出,学校里的建筑成了学生学习的素材,一根普通的柱子成为学生进行圆柱体侧面积理论学习与实践学习的连接点,这种将抽象知识具体化的操作既加深了学生对圆柱体侧面积计算方法的理解,又锻炼了学生解决生活实际问题的能力。

---

① 按照张平原校长的描述,当时与会专家杨东平教授和朱永新教授是坐在会场前面的,当他分享完范家小学的实践做法之后,两位学者纷纷将头扭向他并向他竖起大拇指,称赞他的做法很好。

范家小学项目式学习教学实例：我给柱子刷油漆

［项目实施目的］

1. 进一步理解圆柱侧面积的含义；
2. 会运用侧面积的计算方法，解决有关简单的实际问题；
3. 经历数学实践活动，丰富学生对圆柱的认识，建立起初步的空间观念，发展形象思维；
4. 经历数学实践活动，加强学生的协作意识与信息共享意识，提升学生们解决问题的能力；
5. 通过测算，核算所需油漆数量和价钱；
6. 经历核算和观察，针对柱子刷漆的施工提出合理的建议。

［涉及的知识点］

1. 圆柱的侧面积＝底面周长×高；
2. 总价＝单价×数量；
3. 油漆数量＝单位面积所需油漆数量×柱子总面积；
4. 生活实际问题中"进一法"①的使用。

［项目实施过程］

1. 确立项目；
2. 讨论需要知道哪些条件？如何获取这些条件？使用哪些工具和方法？
3. 实践操作：小组合作，测量需要的相关数据；
4. 计算：所有柱子的侧面积总和是多少平方米？（使用"进一法"）
5. 调查了解：单位平方米的柱子需要油漆多少千克？油漆的单价是多少元？
6. 计算：这些柱子一共需要多少千克的油漆？（使用"进一法"）购买这些油漆需要多少钱？

［项目评估］

1. 通过实践活动，进一步巩固圆柱体侧面积的计算方法；

---

① "进一法"即"凑整"，比如通过学生们计算刷完学校的柱子需要 2.4 千克油漆，但实际生活中油漆是按桶卖的，而不是按千克称重的，若每桶油漆为 1 千克，那么则需要买 3 桶油漆才能将学校的柱子刷完，这里"进一法"的做法即是将小数点后面的 0.4 去掉，然后向前进 1。

2. 通过实践活动，学生们能运用所学知识，综合各种实际情况，探寻解决问题的方法，提高他们解决问题的能力；

3. 在实践活动中，培养学生们的团结协作能力和数据共享意识；

4. 能巩固所学，能提高解决生活实际问题的能力，还能让学生们在轻松愉快的实践活动中感受到数学学习的乐趣。

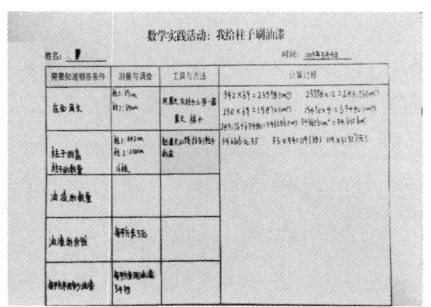

图3-5 范家小学六年级学生项目式学习现场及作业

另一类是以要素知识为核心的多学科融合式课程设计。这一课程形式表现为以一个具体知识项为课程设计载体（如生活中常见的豆子、乡村童谣等），融入及整合多个学科的知识内容于其中，使得学生在学习要素知识的过程中得到多学科知识的积累和锻炼。这个变化的意义不仅在于提升了学生的学习能力、变革了学生的学习内容，更重要的是对国家现阶段分科课程所带来的知识相互分离状况的一种整合的努力。综上可见，范家小学的在地化课程改革实践不再仅仅以独立的实践活动课程形式出现，而是在真正意义上融进了课堂教学。当然，当前范家小学以乡村空间资源为载体的课堂教学方式和学生学习方式变革的努力还处在探索和试验阶段，尚未实现系统性的整体变革。

二　范家小学在地化学习的嵌入环境

世界是普遍联系的，任何实践变革都不是一个孤立的事件，而是在与所嵌入环境的互动中完成的。因此，客观且深入地理解范家小学在地化课程变革实践的嵌入环境有助于更为全面和辩证地认识范家小学在地化课程变革的外部约束条件。

（一）资源困境的解除消解学校办学焦虑

资源短板一直以来是乡村学校发展的阻碍之一，乡村小规模学校受资源困境的影响尤甚。但由于广元市针对乡村小微学校在资源供给方面的制度保障，作为隶属于区教育局的乡村小规模学校之一，范家小学无论从经费支持、硬件配置还是师资建设上，都已经摆脱了捉襟见肘的尴尬境地。

在公用经费上，范家小学是按"10 万元 + 人头费"的形式配置的，即 10 万元作为保底经费，然后再按在校生数追加拨付公用经费。2017 年以后，广元市提高了农村小规模学校经费投入标准，县区政府对农村小规模学校按照每年 20 万元（村级校点不少于 5 万元）的标准拨付保底公用经费。这种模式已经能够完全保障学校的正常运转，校长不仅不再因为公用经费的短缺而焦虑，反之增加了办学的底气和勇气。

在硬件配置上，经过"5·12"汶川地震和义务教育基本均衡县验收之后，广元市义务教育学校包括农村小规模学校的办学条件已经发生了翻天覆地的变化。当前的硬件设施已经能完全满足学校的教育教学需求，尤其是互联网、电子黑板、平板电脑等电子设备已经完全普及，这为打破传统的教学方式和学习方式奠定了坚实的物质基础。教师可以通过手机随时连接互联网、电子显示屏，教学资源在课上可以即时共享，学生可以借助平板电脑查阅资料、自主学习。

在师资建设上，目前范家小学共有 43 名小学生、13 位教师，生师比为 3.3∶1，远高于国家规定的生师比，教师资源较一般乡村小学充裕很多，因此范家小学的教师有了充足的时间参加教师培训以及利州区微型学校发展联盟、全国小规模学校发展联盟、小而美种子学校等组织介入开展的教师职后培训。相较于小微学校在教师培训方面表现出来的突出的工学矛盾，范家小学充足的师资力量保障了教师们参加培训的机会和时间。同时，教师在学校内部的交流和学习也在一定程度上破除了广泛存在于乡村教师群体中同侪交流缺位的现象，缓解了寂寥的乡村工作环境带来的自身发展焦虑。

在课程资源上，为解决音体美教师短缺问题，范家小学加入了"互联网 + 美丽乡村网络公益课程"，保障了国家课程开全、开足、开好，改变了一个教师兼任多科教学任务的状况，在一定程度上减轻了教师的教学工作量，教师可以有更多的时间和精力投入到学校的变革中。

由此可见，范家小学作为一所乡村小规模学校，相较于同类型的乡村小微学校，在经费投入、资源配置和师资建设方面都有制度保障，这种来自于资源供给方面的优势消除了他们的办学焦虑，很显然"资源上的富足"为其开展在地化变革提供了行动上的自主与便利。

（二）"宽松式"管理制度释放教育实践主体的行动自由

当前，乡镇中心校一体化管理模式是乡村小规模学校外部管理的主要形式。[1] 管理的主动权一般掌握在中心校校长手里，小规模学校（又被称作校点）处于从属地位，或没有独立法人，或有独立法人但却需要听从中心校的统一安排，因而其内部管理的空间也是有限的。相较之下，范家小学在其学校管理制度建设上是不同于乡村小规模学校的一般情况的，无论是外部管理还是内部管理都表现为一种相对"宽松式"的管理，释放了教育实践主体的行动自由。

首先，从学校办学自主权来看，范家小学隶属于广元市利州区教育局管理，属于独立法人单位且直接对接教育局，与其他村小隶属于中心校模式相比，范家小学在学校改革上拥有自主话语权和自由裁量权。这种扁平化的村小隶属制度赋予了范家小学校长推进学校变革的"权利上的自由"，一方面改变了原来作为教育管理层级底端缺乏与教育局对话空间的局面；另一方面，受教育局的直接管理，省去了与中心校沟通的成本，校长在内部管理上拥有更多的话语空间。

其次，从教师管理规范上，范家小学实行行动取向的教师考核制度。教师考核的重点在于是否对学校提出的变革要求付诸了行动，而不考查教师行动的结果。这种看起来"极简"的教师考核方式背后蕴含的是对校长对教师主观能动性的确信。

> 我相信他们会用心去做的，他们不会说我随便糊弄一下，那是没办法糊弄的，因为那是人，他怎么会糊弄呢？他会想着用尽浑身的解数把它做好。至于他做的水平跟他达到的水平，那也不是你考核了他就能有水平了，所以我们的考核是非常宽松的，我们只是看你做没做。

---

[1] 王吉康、吉标：《新时代农村小规模学校外部管理的困境与突破》，《教育科学研究》2019年第11期。

此外，为了营造一个静心教学和教研的环境，校长尽量减少事务性、行政任务性工作给教师工作带来的困扰，只将必要的行政工作传达给教师且校内的行政事务有相对明确的分工，按照要求完成便好，以便腾出更多的时间和空间给教师思考如何做好教育。

最后，在学生评价上，范家小学实行的是无歧视性的学生考试评价制度。在当前教育竞争环境中，范家小学不再将考试成绩作为衡量学生发展的唯一标准，而是通过创新考试制度淡化单一式评价对儿童学习自信的伤害，降低学校的考试评价压力。范家小学不参加校外的统一测验，学生在一个学期只需完成教育局核定的教辅资料就可以，共有三次考试机会，取最高分作为最后的考试成绩，不奖励、不批评，并且学生的考试成绩与教师的绩效无关。这种看似放弃学生学习成绩的考试评价制度保护了学生对学习的兴趣和信心，学生并不厌学和厌考，维护了学生的可持续学习力。① 在促进学生全面发展上，范家小学建立了"八美少年"荣誉称号（阅读美少年、勤学美少年、友善美少年、文明美少年、运动美少年、勤劳美少年、阳光美少年、诚信美少年），每学期初学校会发给学生一张表格，让学生自愿参加评比，通过"自主申报—定期提醒—班组评价—学校表彰"四个环节，学生可随时监测自己行动目标的达成度并寻求教师的帮助。这种评价方式向所有学生开放，人人皆可参与，评价结果体现的是生长性而非竞争性，是一种以学生自主性和能动性为前提的评价制度。范家小学的制度特点是弱控制性和强激励性，并没有用制度束缚教师的手脚，也没有强调学习成绩破坏学生的学习自信，这种看似"宽松式"的学校管理制度确认了校长、教师、学生主体性的复归，拓展了学校实施自主变革的主体行动空间和"权利自由"。

（三）寄宿制学校形态形塑了长时间、短距离的校园人际关系

每一个学校都是一个由不同角色分工组成的关系丛，各类角色之间关系的和谐与亲近程度直接影响着学校的文化氛围。范家小学以和谐且亲近的人际关系构筑起了一个有温度的温馨校园。从校长和教师的关系看，校长并没有将自己的角色权威凌驾于教师的尊严之上，学校相对宽松的管理制度给予了教师更多的自主空间和行动自由。寄宿制学校独有的彼此长时间的日常生活交往，使校长和教师之间的关系十分融洽，沟通也极为平等，

---

① 张平原：《范家小学是农村教育的乌托邦?》，《中国青年报》2019年3月25日第5版。

校长与教师之间服从与被服从的科层关系并不是范家小学的常态。从教师和教师的关系看，由于学校没有实行严格的量化考核制度，且绩效奖励并未与教师的教学表现挂钩，因此范家小学教师群体内部属于弱竞争关系，加上寄宿制学校教师之间长时间、短距离的接触，工作和生活上的互帮互助，使得教师之间更像邻居、朋友和亲人，而绝不是一些恶性竞争环境中同事间那种一团和气假象下的明争暗斗。校长在一次公开讲演中提到：

> 我们学校的教师在利州区是最少的，但是是最有战斗力的，非常和谐，很多校长都羡慕我，有那么多事情，搞那么多活动，但是我们的老师都扛下来了，这些校长很吃惊，很认可。

从教师与学生、教师与家长、学生与学生之间的关系看，以"班家文化"为载体的校园师生、生生关系软环境建设改善了师生之间、生生之间的关系距离和交往氛围。通过重塑学生的语言系统、思维系统和行为系统，构建文明有序、和谐友爱的班级文化，让班集体不仅仅是构成学校的组织单位更是寄宿留守儿童的温暖之家，是范家小学班家文化建设的初衷。班家文化给学生们的在校生活以安全感，当家长看到自己孩子发生改变和教师的付出之后，会更加尊重和理解学校和教师。范家小学一位教师讲道：

> 我们在开展孝敬父母活动的时候，有个孩子叫李文静。她说我奶奶冬天要上山去捡柴，因为我们范家这边农村里呢，流行烤堆堆火，她说："我奶奶要去捡柴，没有围巾，我想给我奶奶织围巾！"所以我就教这个孩子织围巾，有一天早晨天没亮，因为冬天嘛，天已经冷了，六点多的时候，保安给我打电话，他说你们班李文静在大门口找你，不知道有什么事情！后来我就出去找她，我说你怎么回事呀？她说她围巾没有织好掉线了，围巾越织越细，她非常着急！她的家长呢，用四川话来说就是"扯筋"，就是非常愿意给我们学校找麻烦，吃的怎么怎么了呀，上课怎么怎么了呀，她的孩子衣服穿脏了怎么了呀，很喜欢找麻烦！但是自从孩子这条围巾织好围在了她的脖子上以后，一切矛盾都化解了，而且这个孩子的家长在以后的工作中也非常配合我们的工作。

很显然，这种来自寄宿制小规模学校长时间、短距离的校园人际交往能够拓展师师、师生、生生之间的了解程度和沟通空间，是有益于推进在地化变革中不同角色之间的沟通和合作的。

三　范家小学在地化学习的行动框架

范家小学的在地化实践虽然是自觉的，但并非是既定框架指导下的计划行为，而是在实践过程中逐渐摸索、提炼形成的。总地来看，当前范家小学在地化变革是以学习方式变革即在地化学习为行动支点的，其行动框架是基于实践基础上的集体行动智慧的总结和反思的结果。

（一）在地化学习行动的主体秩序

范家小学的在地化变革实践是嵌入学校整体改进之中的，从本质上看，范家小学的在地化变革并非学校教师个体化行为下的基层教学创新，而是基于"变革型"校长引领下的学校教学方式与学习方式转型的整体设计。范家小学在地化教育变革行动是由校长引导的一项改革实践，而新任校长如何赢得教师们的积极回应则成为在地化教育变革推进的关键。为了提高教师群体的接受度，降低变革的沟通成本，从教师的行动偏好出发来进行改革引领和机制设计成为范家小学在地化变革行动的核心特点。范家小学新任校长初到学校之际并没有进行"大刀阔斧"式的改革，而是选择慢下来，尊重教师的工作模式，听取教师们的意见，与教师们一起商量课程改革问题。在具体实践中，为了减少教师们的畏难情绪，他向教师提供基本的实践操作框架、降低课程评价要求，并给予教师教学上的自由裁量权，这是范家小学在地化改革推进中提高教师参与度的校长设计。

然而，调动教师的实践积极性仅仅是迈出在地化变革行动的第一步，这一过程的主要行动者是校长，校长的有效引领是这一步的决定性因素，接下来的课程实施过程才是学校在地化变革行动的核心。在如何选择设计课程内容和课程方式上，范家小学并没有让教师单独行动，而是通过综合教师和学生建议与智慧的形式来完成的。具体而言，选择什么样的课程内容是以尊重学生的兴趣为基础的，教师要先同学生商量选择什么课程主题，然后再同学生商量如何去做，进而完成课程环节的设计，这一环节重置了传统课堂教学中教师作为唯一课程实施者的角色，教师和学生不再是简单的"教与学"的关系，而是同时作为课程开发者存在的。在具体的课程实施过程中，教师和学生的行动秩序也发生了颠覆性的变化，教师不再是课程实施和学生学习的主导者、传授者,而是学生完成既定项目任务和项目内容学习的组织者和协助者,学生在整个课程实施中的位序是优先于教师的。

由于部分在地化课程设计是以地方性知识为基础的(如采野菜,若不是长期生活在当地的人是很难认得野菜的),超出了教师的知识范围,学校需要依靠社区成员的力量完成既定的项目学习,因此需要将社区成员带入学校教育秩序之中,社区成员由原来学校教育的观望者变为了协助者。此外,由于学生在在地化学习过程中经常会遇到一些教师预设范围之外的生成性问题,因此,在地化课程实施的过程同时也是教师扩充知识容量、锻炼教学智慧的再学习的过程,学生和教师是同时作为课程的学习者而存在的。总地来看,范家小学在地化变革行动的主体秩序遵循的是校长—教师、学生—学生、教师—社区的逻辑展开的。

(二)在地化学习实践的行动逻辑

当前,范家小学在地化教育变革实践已经提炼出一套基本的行动模式,共包括五个环节(如图3-6所示)。

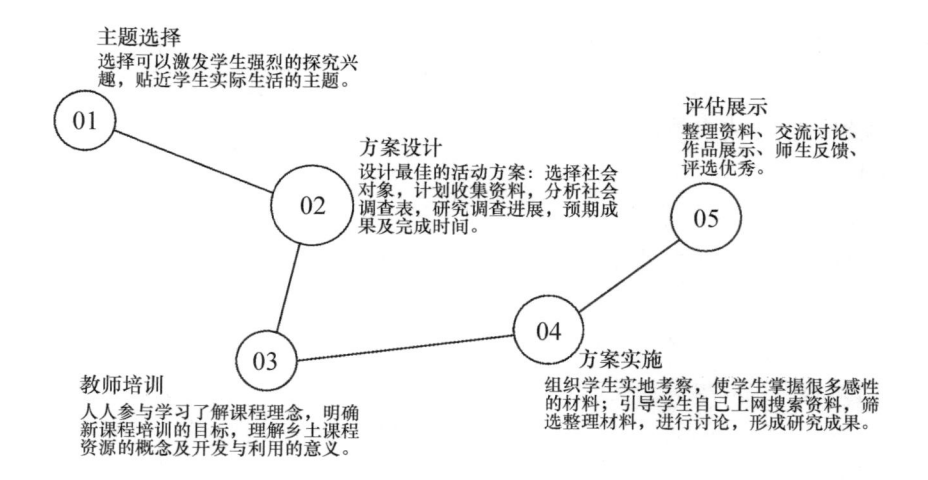

图3-6 范家小学乡土课程实践的基本模式

第一个环节为主题选择。针对学生的实际能力和现实存在的客观条件,科学选择可以激发学生较强探究兴趣、贴近学生实际生活的主题。

第二个环节为方案设计。在主题确定之后,开发团队要根据所研究的课题内容，认真讨论、精心设计出最佳的活动方案，包括社会调查的对象选择、收集资料计划、制作社会调查表、研究调查进展以及预期成果、完成时间等。

第三个环节为教师培训。根据设计方案，结合学校教师能力特长，组建合理的相互尊重的实践团队，上至校长，下至教师，人人参与学习，了解课程设置的目的、实施方法，同时引导教师学习乡土课程的相关理论和实践方法，理解实践课程的概念、开发与利用的意义。

第四个环节为方案实施。在实施过程中，授课教师要收集材料，帮助学生挖掘乡土资源，组织学生实地考察，使学生掌握很多感性的材料，引导学生自己在网上查找资料，筛选整理材料，进行讨论，形成研究成果。

第五个是评估展示。让学生自己整理调查结果、绘制自然观察笔记，撰写调查报告以及名人能人传记，给学生搭建一个展示自己的平台，向全校同学展示，并让其他同学提出问题和质疑，老师进行有针对性的点评，使学生获得积极愉悦情感体验的同时，提高他们分析问题、解决问题的能力，让学生在竞争合作中共同成长。

（三）在地化学习的基本课程类型

当前，范家小学在地化课程实践已三年有余，积累了一定数量的课程实施经验素材。以课程内容和素材载体为分类标准，范家小学的在地化课程大致可以分为自然观察类、历史文化类、社会调查类和生产生活类四种类型。

1. 自然观察类课程

自然观察类课程意在带领学生走进田间地头，认识当地的植物（包括中草药、野果、野菜、树木的种类），绘制自然观察笔记，了解各种植物的食用价值、经济价值和药用价值，学习繁殖栽培的技术方法，了解与之相关的传说故事等。同时让学生学会一些常见食物的食用方法和烹饪技术，通过一段时间的实践，最终形成自然观察手册、家乡常见植物地图、自然植物志等。

学生自然观察笔记的绘制过程分五个步骤：一是组织学生实地考察，就某一种植物观察其外形特征，在确保可食用的情况下，让学生品尝辨识一下味道；二是画基本形态，在观察基础上，学生画出植物的根、茎、叶、花、果实的基本形态，记录观察数据，对比和区别类似植物；三是查阅相关资料，学生利用平板电脑查阅所观察植物的相关资料，加深认识，结合观察情况，甄别资料的真实性；四是展示观察成果，学生将绘制完成的自然观察笔记向班级同学交流展示，师生就展示成果提出修改意见；五是根据展示情况，评选出优秀作品，颁发表扬信，同时将优秀的作品制成卡片、塑封、留档。

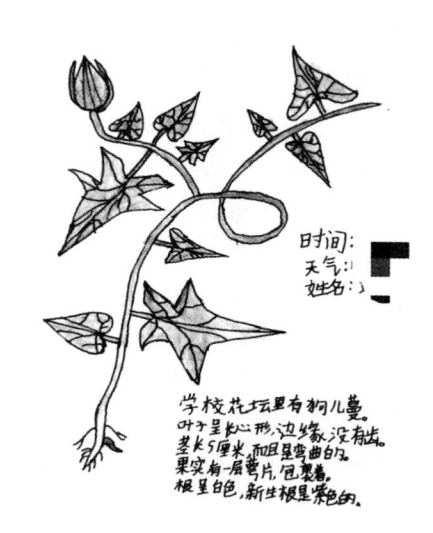

图3-7 范家小学学生的自然观察笔记

2. 历史文化类课程

历史文化类课程意在带领学生走进社区，了解社区的历史建筑、文化遗迹、地方艺术等，在确定需要了解的对象之后，教师同学生一起走访当地社区里的居民，通过调查和访问获取主题对象的相关信息，并做好记录，形成文本，在增进学生对家乡历史文化了解的同时，培养学生的恋乡之情，传承地方历史文化。当前已经推进的课程有"消失的小甑酒""家乡的童谣——苟村记忆"以及"文昌宫的变迁"等。以"家乡的童谣——苟村记忆"课程为例，在确定课程学习主题之后，教师首先带领学生们走进社区，调查家乡童谣失传的原因，然后让孩子们去寻找村子里会唱童谣的老人，与他们一起学童谣。在孩子们学习的过程中，教师会引导学生与老人交流一些童谣中涉及的地方习俗或历史生活特点等，并随时利用网络对这一过程中出现的知识进行甄别和判断，一方面扩充学生对童谣所描述的历史社会文化背景的认识；另一方面防止错误的信息传导。最后，学生们会形成一幅童谣作品，教师会将学生的作品整理成册挂在教室或者办公室的墙上。

3. 社会调查类课程

社会调查类课程意在树立农村孩子的责任意识，主要从学校所在社区的社会现象入手，组织学生调查，确定调查和访问提纲，实地进行调查，集体商议所发现问题的解决对策。在社会调查实践中，范家小学采用混龄搭配、小组活动的形式带领孩子们走村入户、调查了解当地生活状况、生活环境、生活水平以及文化娱乐方式等，调查了解当地的家畜、家禽以及养殖状况。让学生明确当地常见家畜家禽的品种、习性以及饲养方法等，调查了解当地建筑的变迁，了解"小甄酒"以及菜籽油的酿造过程，通过调查家乡的主要建筑、民俗活动、民俗传说、村民生活等社会状态，以童野看世界，形成独具个性的社会调查报告，提出一些合理的建议，树立农村孩子的社会责任意识，感悟社会的多姿多彩。如"走进村委会"一课，任课教师首先会问学生想了解什么，根据学生的反馈确定苟村村委会为调研对象，然后由孩子们提出自己最想了解的问题，拟定调查提纲，教师拟定调查方案、联系村委会相关责任人、约定时间，组织实地调查。调查结束后，老师和孩子们整理调查资料，分析调查结果，提出合理建议并进行反馈。由老师将孩子们的建议反馈给村委会责任人，或许孩子们的建议是不全面甚至是不正确的，这都不是重点，重要的是培养孩子们的参与意识、合作意识，鼓励孩子们表达自己的独立见解。

4. 生产生活类课程

生产生活类课程与日常生活紧密相连，既包括日常教学中结合生活元素开展的项目式学习（如借助学校建筑上数学课），也包括开设与生产生活息息相关的实践类课程。范家小学租有一方面积为2.7亩的农田，学生与教师会一起完成播种、除草、移苗等劳动，让学生感受种植的过程。日常生活是生活类课程的主要载体，如已开展的"神奇的豆""善变的叶"等项目式学习课程。譬如，有关南瓜的项目式学习课程，第一课时带领孩子们走进大自然，仔细观察南瓜各个部分的结构，回来之后绘制思维导图；第二课时通过学生网络上查阅资料了解南瓜的功效和作用；第三课时结合万圣节，与学生共同制作南瓜灯并举办一个小型的万圣节晚会；第四课时"吃南瓜"，教师与学生共同制作南瓜饼，然后共同品尝并分享彼此的感受；第五课时"画南瓜"，结合美术课程画出南瓜，粘贴在学校的文化墙上；第六课时"谈南瓜",一是让学生收集南瓜故事,开展讲故事比赛,评选故事大王并给予奖励,二是老师给学生讲绘本;第七课时,让学生利用网络查阅常见的南瓜品种形成"南瓜家族",然后绘制成思维导图。

四 范家小学在地化学习的主体联结效应

总的来看,范家小学的在地化实践是一种基于学生发展需要的在地化学习,其变革始于保护学生的学习兴趣、培养学生的学习能力,发展于学校课程结构调整,成型于学生学习方式、教师教学方式的整体变革。可以说,范家小学的在地化是按照基于儿童、以地方为中介而至学校教育变革的逻辑展开的。这一过程的开启改变了人们对乡村学校的传统印象,学校不再是嵌入村落里的教育"飞地",学校与乡村之间由物理性连接转向功能性嵌入,乡村、学校、儿童三者之间的意义联结得以确认。从社区一侧来看,社区之于儿童、之于学校的教育价值得到确认。乡村社区不再被当作一群缺乏文化甚至是无知人群的聚居地,对其教育价值的探寻置换了学校与社区之间的紧张关系,拓展了社区之于儿童的空间意义,社区不仅仅是儿童原生成长场所,更是儿童学习兴趣、学习能力培育的中介空间,乡村社区在学校教育的再解释下彰显了之于儿童的多重意义。从学校一侧来看,以尊重儿童的学习权为乡村作为"学习空间"合法性赋权的实践逻辑,表现形式为一种策略行为,但本质上更是一种价值选择。向社区问学的在地化学习体现的是范家小学对其所在社区的尊重与信任,学校不再是高高在上的知识的代表,不再是"村落中的堡垒",提升了社区、家长教育参与的积极性和自信。之于社区而言,学校存在的意义不仅是提供儿童学习的场所,更是展现、解释、传承社区知识的重要场域,学校的空间价值更加多元。

第三节 范家小学在地化变革的理论译码

范家小学在地化变革案例资料的扎根译码是在实地访谈、观察获得的一手资料以及网络中既有视频、新闻报道、报纸等二手资料的基础上完成的。其中,一手资料包括对校长、教师等人的开放式访谈文本、课程解读等,二手资料包括新闻媒体的采访报道等(见表3-1)。在资料的收集整理上,除对范家小学实地调查获取的一手资料外,二手资料的收集和补充性一手资料的整理是伴随写作过程逐渐完善的,因实地访谈、新闻报道、采访视频等并不是完全指向范家小学的在地化变革，因此在对文本进行编码之前，删除了访谈者的自我表述、被访者觉得敏感的内容、访谈者与被访者的"闲聊"、访谈中表示语气的词汇①以及其他非访谈文本中与研究主题不相关的部分，并尽量保证被访者叙述事件和观点的完整性和独立性，整合后的文本资料 2 万余字，② 涉及主体对象有范家小学校长 1 名，教师 4 名，③ 其中对 2 名教师采集了网络视频、实地访谈内容，另外 2 名教师资料则直接来源于视频内容。

表 3-1　　　　　范家小学单案例扎根理论译码资料表单

来源	内容
实地访谈资料	①校长（Z） ·访谈时间为 3 小时，整理文字资料约 4 万字 ·男，高级教师，原执教语文学科，2014 年调任范家小学校长 ②教师（W） ·访谈时间为 1 小时，整理文字资料约 1 万字 ·男，一级教师，副校长，现执教六年级数学，任教范家小学 21 年 ③教师（Y） ·访谈时间为 2 小时，整理文字为手记文本，约 5000 字④ ·女，一级教师，德育主任，现执教一年级语文，任教范家小学 8 年
网络文本资料	①报纸 ·《中国青年报》：范家小学是农村教育的乌托邦？ ·《中国教育报》：村小教师的开学第一课 ②微信文本 ·第四届南师计划候选教师网络公示 ·公办民办携手　城乡教育共进
网络视频资料	①"小而美"案例（五）：乡土课程实践——范家小学 ②CCTV13 新闻频道《新闻调查》：山村里的"小"小学

---

　　① 因本书为案例研究而非口述史、生活史、民族志之类的质性研究，所以不需要对被访者的语气、表情等进行细致地分析，而是重在对被访者所述内容的系统化分析，因此在对访谈资料的处理上，除非语气词代表着某一种确定答案，其他无实质性意义的语气词均被作者删除。

　　② 这里的 2 万余字是对案例学校资料综合处理和筛选之后的结果，而表 3-1 中所呈现出的被访者文字量则是未进行处理的文字数量，特此说明。

　　③ 笔者对范家小学实地调研正式访谈对象共 4 人，其中校长 1 人，教师 3 人。此处分析资料中共涉及 4 名教师，包含视频资料中的 1 位教师。

　　④ 出于研究伦理考虑，笔者在对受访者进行访谈之前，均会询问受访者的意愿再决定是否录音，因受访者希望不录音，故该对象的访谈资料依靠笔者即时记录获得。

一 范家小学案例资料的开放性译码

对范家小学案例资料的开放性译码经历了贴标签、概念化和范畴化三个步骤。贴标签的过程即是寻找案例资料初始代码的过程。一般情况下，一项纯粹的基于扎根理论的质性研究多选择逐句、逐词、逐行译码的方式，但正如格拉泽所言，逐行编码似乎是一种专断的行为，因为并不是每一行都包含了一个完整的句子，并不是每一个句子都很重要，他认为逐行编码产生了对实践进行过度概念化的狼狈，产生了太多的类属和属性，而没有产生一个分析。① 在反复熟悉、理解被访者所谈内容的基础上，为保证编码与文本信息在内涵上的一致性和完整性，且把含糊、冗长的表述表达清楚，对文本资料贴标签放弃了逐行编码的方式，而是将信息完整且语义独立的语段规定为贴标签阶段的最小编码单位。如以下这段话来自被访者陈述的一个片段："走上这一关过来是因为你做得好，他们领导总觉得我这个学校的配备和你的这个学校教育的不相匹配，所以他们出钱帮你建得更好一点，这个一方面来显示政府的重视，所以我们条件是逐步地得到改善，我们最初……"很显然，被访者这段话是在表达学校变革与政府支持之间的次序关系，学校办学条件是在推进变革获得政府支持之后才逐渐改善的，若是采用逐行编码的方式则会破坏被访者陈述中释放信息的完整性和逻辑性而带来碎片化的理解。因此，文中初始贴标签的过程皆按照保证被访者陈述信息的完整性以及语义的独立性两个标准确定编码单位的。考虑到编码工作的层级性和系统性，为了清晰呈现编码指代的层级、明确区分三个案例的编码，以方便后续工作中对案例内编码和案例间编码的归纳、对比和分析，范家小学案例资料的贴标签工作以"g1，g2，g3……"的形式表示。在坚持对数据保持开放性的态度和尽可能地贴近数据两个原则的基础上，范家小学的案例资料共获得与原始资料相对应的247个标签。

概念化的过程是建立在对案例所形成的标签的对比分析和进一步归纳基础上的，是将具有相同指向和语义的标签进一步抽象的过程，这一过程意在将具有本质一致性的编码归纳在一起以减少具有重复性表述的编码，

---

① 转引自[英]凯西·卡麦兹《建构扎根理论：质性研究实践指南》，边国英译，重庆大学出版社2016年版，第64页。

譬如对比标签"g13 真正办学不需要花太多钱""g15 没钱可以通过网络寻找学习资源""g16 网络学习资源不需要钱""g17 开发乡土课程的成本低""g18 大家一起商讨课程教学不需要花钱""g19 真正的办学成本较低"可以发现,虽然陈述者的内容表达的是不同的引例背景,但其语义所指均在为"学校改革成本低"而举例论证,因此,在概念化过程中,具有相同语义指向的标签被进一步抽象概括为新概念,因概念化的过程是建立在贴标签基础上,故将这一过程的编码工作以"gg1,gg2,gg3……"的形式表示,共抽象得到 57 个概念(见表 3 - 2)。

范畴化也叫类属、类别,是对案例资料抽象出来的概念再一次对比、归纳的过程,意在通过反复审视概念之间的联系,将具有同一性质以及一致性结构的概念归纳在一起。范家小学案例材料共抽象出 57 个独立概念,但 57 个概念之间存在性质或内涵指涉上的关联性,如"gg4 校长办学的独立精神""gg5 校长对教育的自我认识""gg7 好学校的标准在内涵而非条件""gg8 对学校发展保持清醒客观"等,虽然这几个概念所描述的事件具有独立性,但就性质而言,无论是"gg4 校长办学应有独立精神"抑或是"gg7 好学校的标准在内涵而非条件"均来源于校长的理性思考,在本质上所表达的内涵是一致的。因而,在反复对比 57 个概念性质间关联的基础上,范家小学案例资料共抽象出 26 个范畴,并以"G1,G2,G3……"的编码形式呈现出来,分别为:

G1 对农村学校的积极正向认知;G2 校长办学的批判性精神;G3 明确乡土课程的价值;G4 强调以学生为主体的课堂;G5 以学生学习能力为教学初衷;G6 生活化的课程素材;G7 课程实施中的教师角色多元化;G8 教师的宽松管理;G9 对学生进行评比奖励;G10 弱化考试评价;G11 调整学校课程结构作为保障;G12 与学科知识相结合的教学策略;G13 网络作为学习媒介;G14 为学生提供展示机会;G15 校长积极学习;G16 学习型教师队伍;G17 良好的校园人际关系;G18 强化了校社关系;G19 增加了家校联系;G20 学生多方面发展;G21 外界肯定性回应;G22 学校对外开放;G23 政府的肯定与支持;G24 学校改革的成本低;G25 探索式实践;G26 乡土课程凸显学校办学特色。

表3-2　　　　　范家小学案例资料编码的概念化

gg1 农村学校在培养公民方面不比城市学校差（g11） gg2 乡村不缺教育资源（g114，g115） gg3 乡村学校适合办学（g116，g154） gg4 校长办学的独立精神（g36，g37，g137） gg5 校长对教育的自我认识（g35，g126） gg6 学校改革成本低（g13，g15，g16，g17，g18，g19） gg7 好学校的标准在内涵而非条件（g20，g21，g22） gg8 对学校发展保持清醒客观（g130，g133，g134，g135，g150） gg9 就近原则（g51） gg10 以自然资源为素材（g63，g103，g104，g173，g197，g201，g202） gg11 以社会文化资源为素材（g181，g182，g236） gg12 探索式实践（g62，g71，g84，g88，g89，g93，g94，g153，g244，g220，g161，g219，g47，g48，g164，g50） gg13 校长积极学习（g75，g76，g77，g78，g151，g152） gg14 主动对外展示学校实践做法（g79） gg15 课程知识不在老师既有知识范围内（g64，g108） gg16 教师需要边学边教（g233，g235，g242，g243） gg17 教师在课程实施中发挥协助者的作用（g139，g169，g189，g231，g238） gg18 课程设计需要发挥教师创造性（g162，g234） gg19 课程实施激发教师反思（g195，g196，g222，g223，g227，g228，g229，g230） gg20 教师和学生共同作为课程行动者（g72，g109，g124，g224，g225，g123） gg21 为学生提供展示机会（g69，g113，g170，g171，g179，g212） gg22 外界肯定性回应（g80，g81，g91，g92，g127，g136） gg23 对外开放（g138，g245，g246，g247） gg24 学生考试能通过（g6，g96） gg25 学生的学习能力得到锻炼（g128，g129，g218，g221） gg26 学生获得良好的学习情感体验（g201，g209） gg27 学生的非智力能力得到锻炼（g10，g240，g241） gg28 学生解决问题能力得到锻炼（g131，g132，g140）	gg29 玩耍的时间多（g9） gg30 上级支持（g12） gg31 减少教师的事务性工作压力（g117，g119，g120，g144，g145，g146，g147） gg32 为教师行动提供支架（g85，g118，g125） gg33 给予教师一定的自由度（g122，g148） gg34 校长信任教师（g121） gg35 行动导向的教师评价（g5） gg36 提供多种形式的教师培训（g8，g228） gg37 全校教师的集体学习（g149，g167） gg38 组织教师学习理论（g168，g216，g217） gg39 对学生进行评比奖励（g180，g199，g215） gg40 借助网络资源展开学习（g68，g178，g204，g216） gg41 与学科知识相结合的教学策略（g95，g99，g200，g213） gg42 调整学校课程结构作为保障（g74，g160，g163，g166） gg43 弱化学生评价的分数导向（g3，g4，g39） gg44 多主体分享活动（g55，g60，g70，g110） gg45 师生之间建立了良好情感（g1，g61） gg46 温暖的同侪关系影响教师坚守（g2） gg47 课程开展增加了同学之间友情（g193） gg48 课程内容加强与村民往来（g194，g58，g59，g62，g83，g185，g186，g187，g65） gg49 教师主动与家长分享学生课程作品（g191，g226） gg50 乡土课程帮助孩子了解家乡、热爱家乡（g155） gg51 乡土课程凸显学校办学特色（g158） gg52 乡土课程可拓展国家课程（g157） gg53 乡土课程有利于提升学生综合能力（g156，g159，g174，g175，g176，g177，g184，g188，g197，g198，g203，g205，g207，g208，g211，g214，g73，g82，g105，g106，g107，g111，g112，g183，g237，g239，g240，g192，g46，g53，g54，g56，g57，g67，g86，g97，g98，g100，g101，g102，g141，g245，g190） gg54 做乡土课程的经验有助于教学（g143） gg55 强调以学生为主体的课堂（g26，g27，g28，g29，g30，g31，g165） gg56 营造宽松好玩的课堂氛围（g25，g32，g33，g34，g24，g52） gg57 培养学生学习能力是教学的核心理念（g38，g40，g41，g42，g43，g44，g45，g49，g90，g87，g172，g23，g7）

关于范畴性质和维度的详细说明，见表 3-3。

表 3-3　范家小学案例资料概念的归纳范畴及其性质表述

范畴	包含概念	范畴性质	概念关联描述
G1 对农村学校的积极正向认知	gg1, gg2, gg3	正向看待乡村学校的办学资源和育人目标	乡村不缺办学资源，在培育公民上不比城市差
G2 校长办学的批判性精神	gg4, gg5, gg7, gg8	对学校如何发展保持清醒、辩证、客观	做自己、事上练、注重内涵的教育设计、客观看待学校发展都彰显了校长的办学思考与理性思维
G3 明确乡土课程的价值	gg50, gg52, gg53, gg54	乡土课程的实施是建立在对其教育意义的清晰认知基础上的	帮助孩子热爱家乡、拓展国家课程、提升学生综合能力、有助于日常教学本质均是对乡村课程价值的一种描述
G4 强调以学生为主体的课堂	gg55, gg56	学生是课堂教学的出发点	强调学生做的体验、宽松好玩的课堂氛围均是尊重学生发展特点的一种表达
G5 以学生学习能力为教学初衷	gg57	教育教学是围绕提高学生学习能力展开的	
G6 生活化的课程素材	gg10, gg11	乡土课程的素材来源是丰富多样的	自然资源、社会文化资源本身具有丰富性的特点
G7 课程实施中的教师角色多元化	gg15, gg16, gg17, gg18, gg19, gg20	乡土课程中的教师不再是传统的"教"书者	乡土课程的知识、设计、组织与日常教学中的均不同，对教师角色提出新要求
G8 教师的宽松管理	gg31, gg32, gg33, gg34, gg35	校长对于实施乡土课程的教师并没有高要求	校长在信任教师能做好的前提下，给予工作空间和课程实施的自由度，弱化教师评价

续表

范畴	包含概念	范畴性质	概念关联描述
G9 对学生进行评比奖励	gg39	给予优秀的学生作品以证书奖励	—
G10 弱化考试评价	gg43	不过分关注和强调学生的考试分数	—
G11 调整学校课程结构作为保障	gg42	合理安排乡土课程与国家要求课程的结构与时间	—
G12 与学科知识相结合的教学策略	gg41	将乡土课程的学习与学科知识相融合的教学设计	—
G13 网络作为学习媒介	gg40	乡土课程中教师和学生都要借助网络寻找学习资料	—
G14 为学生提供展示机会	gg21	课程展示交流环节给予了学生展示的机会	—
G15 校长积极学习	gg13	校长通过参会、读书等方式补充相关知识	—
G16 学习型教师队伍	gg36，gg37，gg38	全校教师的集体学习、培训等	组织培训、集体学习其本质均是教师群体的学习
G17 良好的校园人际关系	gg44，gg45，gg46，gg47	学校内主体间人际关系良好	师生、生生、师师以及多主体的活动构成了学校内和谐人际关系
G18 强化了校社关系	gg48	与村民之间的往来增加	—
G19 增加了家校联系	gg49	家校关系逐渐增加	—
G20 学生多方面发展	gg24，gg25，gg26，gg27，gg28，gg29	学生的能力得到综合提升	学生的学习成绩、学习能力、情感体验、解决问题的能力等均指向学生的发展
G21 外界肯定性回应	gg22	学校获得外界的肯定和好评	—

续表

范畴	包含概念	范畴性质	概念关联描述
G22 学校对外开放	gg14，gg23	学校主动开放并迎来城市到访者	学校主动向外展示和迎接城市学校都是向外展示学校的一种表现
G23 政府的肯定与支持	gg30	上级教育行政部门的权力和资源支持	—
G24 学校改革的成本低	gg6，gg9	乡土课程改革消耗的经济成本低	课程实施中的选材、就近选址都是一种低成本的选择
G25 探索式实践	gg12	课程的改革与发展是在实践中探索生成的	—
G26 乡土课程凸显学校办学特色	gg51	乡土课程的异质性是独具特色的	—

经历了贴标签、概念化、范畴化三次对比、归纳和抽象之后,范家小学开放性译码的工作基本完成了。对范家小学案例资料的开放性译码进一步拨冗了复杂陈述中隐藏的概念和关系,通过反复对比原始文本资料的编码策略,将原始文本资料清晰化,经过开放性译码提炼出来的范畴基本构成了案例资料的基本骨架,为案例的深入分析提供了更为清晰的分析单位,一些反映范家小学在地化变革运转机理的核心要素已经开始浮出水面。

二 范家小学案例资料的主轴译码

开放性译码的过程提供了关联范家小学在地化变革的基本范畴,明确了一些重要的分析方向,提供了新的类聚线索。为了进一步探索范畴之间的关联性,研究将进入主轴译码,综合和解释更大范围的数据。主轴译码,按照施特劳斯对轴心编码的理解,建立了"围绕类属之类的'轴'"的密集关系网络,目的在于分类、综合和组织大量的数据,在开放编码之后以新的方式重新排列它们。[1] 这一解释为本书的主轴译码提供了一定的

---

[1] [英]凯西·卡麦兹:《建构扎根理论:质性研究实践指南》,边国英译,重庆大学出版社2016年版,第77页。

理论支持和方向指导。本书在范家小学既有的26个基本范畴的基础上展开了进一步的对比分析，通过再次反复对比原始文本资料，洞察、发掘在概念层次上、性质指涉上、功能指向上相互联系的范畴并加以类聚，找回被分割的范畴之间的内在联结和逻辑关系，并依照其逻辑次序进行了归纳，提炼出七个类属轴，并以"GG1，GG2，GG3……"的形式表示，分别为：

GG1 背景性认识；GG2 行动中的主体角色；GG3 关联性约束条件；GG4 围绕生活化课程素材展开的教学策略；GG5 实践特质；GG6 内部效应；GG7 外部反馈。

具体的关系类别及关系内涵详见表3-4。

表3-4　　　范家小学案例资料的主轴译码及其关系描述

类属轴	对应范畴	范畴关系内涵
GG1 背景性认识	G1 对农村学校的积极正向认知 G5 以学生学习能力为教学初衷	乡村学校在培养公民方面不比城市学校差，相反乡村有着城市里没有的乡土资源（G1 对农村学校的积极正向认知），而学校教育不应该只关注书本知识和成绩，更重要的是对学生学习能力的培养（G5 以学生学习能力为教学初衷），这种对学生学习能力培养的初衷以及对乡土资源教育性的认识构成了范家小学在地化变革认识上的结合点
GG2 行动中的主体角色	G2 校长办学的批判性精神 G7 课程实施中的教师角色多元化	相较于常规办学和常规教学而言，基于乡土资源的教育设计是变例，需要校长理性、冷静地对学校实践做出判断，不怕出丑，也不受外界评价的左右（G2 校长办学的批判性精神），同时需要教师学习新的知识、在实践中反思，与学生共同学习成长（G7 课程实施中的教师角色多元化），很显然这一改变是在校长、教师的共同行动中完成的
GG3 关联性约束条件	G8 教师的宽松管理 G10 弱化考试评价 G13 网络作为学习媒介	弱化考试评价对学生成绩和教师绩效的影响，放宽对教师的管理是范家小学促进教师实施在地化课程的条件保障，而教师和学生学习内容的变化让网络成了变革中一项必不可少的媒介

续表

类属轴	对应范畴	范畴关系内涵
GG4 围绕生活化课程素材展开的教学策略	G3 明确乡土课程的价值 G4 强调以学生为主体的课堂 G6 生活化的课程素材 G9 对学生进行评比奖励 G11 调整学校课程结构作为保障 G12 与学科知识相结合的教学策略 G14 为学生提供展示机会	在明确了开发乡土课程能够拓展国家课程、帮助学生了解家乡、提升学生综合能力、有助于教师的日常教学（G3 明确乡土课程的价值）等多项价值前提下，为保证在地化课程的实施，学校调整了国家课程、乡土课程的结构（G11 调整学校课程结构作为保障），保证学校课程结构合理化，以学校附近村落的历史建筑、生活状况、生活元素、自然生态植物等作为课程素材（G6 生活化的课程素材），通过课程设计与学科知识，如美术、数学、诗歌等建立关联的设计（G12 与学科知识相结合的教学策略），将课程知识的学习与学生的兴趣、经验相联系，在锻炼学生的语言表达和实践能力（G4 强调以学生为主体的课堂）的学习过程中形成学习作品，学生们的作品将在师生中展示交流（G14 为学生提供展示机会），并对优秀的学生作品进行奖励（G9 对学生进行评比奖励）
GG5 实践特质	G24 学校改革的成本低 G25 探索式实践 G26 乡土课程凸显学校办学特色	就地取材的低成本是学校在地化的一个起点，来自乡土的课程素材增添了学校课程的多样性，彰显办学特色，但整个过程的成熟是在不断实践中逐渐摸索出来的，因而是生成式的
GG6 内部效应	G15 校长积极学习 G16 学习型教师队伍 G17 良好的校园人际关系 G18 强化了校社关系 G19 增加了家校联系 G20 学生多方面发展	在地化课程作为一种实践尝试带来了学校校长、教师的共同学习，校长要积极学习相关知识（G15 校长积极学习）以投入和推进实践，教师需要共同学习进步以保证课程的顺利实施和质量（G16 学习型教师队伍），教师合作、师生合作提升了校园的人际关系质量（G17 良好的校园人际关系），向社区取材、求教增加了校社互动（G18 强化了校社关系），向家长展示学生作品、活动向家长开放改善了家校联系（G19 增加了家校联系），学生的能力、情感、自信等得到发展
GG7 外部反馈	G21 外界肯定性回应 G22 学校对外开放 G23 政府的肯定与支持	学生的自信和学校的做法得到了外界的肯定和认可，引来了政府的关注和支持，这种办学改革上的成就转化成了学校的一种交流资本，引来城市学校学生前来体验

三 范家小学案例资料的选择性译码

主轴译码完成之后，反映范家小学在地化变革性质、过程以及关键要素的基本维度已经呈现出来，接下来则是从不同类属轴中挖掘核心范畴的选择性译码过程。选择性译码，即通过对比范畴找出隐藏在复杂资料背后，联结类属轴，并统领其他范畴的核心点。根据这一核心范畴，可将范家小学在地化变革的分析单元串联起来，形成故事线。基于开放性译码、主轴译码的分析过程，本书进一步对比、分析范家小学案例资料的类属轴发现，范家小学在地化变革的展开是建立在对乡村资源的正确认识上，而在地化变革的实践也是在将乡村中的生活化素材转化为教育资源的过程中展开的，正是因为生活化课程素材的引入，学校需要加强与村民、家长的联系以展开课程，教师间、教师与学生间、教师与村民间有了更多讨论知识、共同学习的空间，主体间互动的增加改善了学校内部以及外部的人际关系网络和教育生态氛围，学校的内外关系网络由相对独立转向多向互动、更加紧密，学习内容和学习方式吸引来了城市里的学生，获得了外界的肯定。由此，可将范家小学在地化变革的核心范畴化为"生活化素材驱动下的在地化变革"。

第四节 本章小结

本章内容为乡村教育在地化变革的运转机理研究提供了第一个实践案例。整章内容共分为三个部分。第一部分呈现的是现实场域中范家小学的真实样貌，以研究者实地的田野观察和切身经历详细地描绘了范家小学的校园环境、学生、教师、校长的精神面貌和群体特征，意在进一步梳理和深入理解范家小学的学校生态，以呈现出当下范家小学的内部生态状况；第二部分从推进路线、嵌入环境、行动框架三个维度描绘了范家小学在地化变革的实践图谱，总地来看，范家小学在地化变革的时间并不长，变革初衷在于培养学生的学习能力，源于范家小学的一次"春游寻宝"活动的启发，定型于一次乡土教材会议上教育专家的肯定，当前已转向基于项目式学习的在地化课程设计阶段。并提炼了在地化课程实施的"主题选择—方案设计—教师培训—方案实施—评估展示"五步基本模式，梳理了范家小学已经开发的四种课程类型，即自然观察类课程、历史文化类课程、社会调查类课程、生产生活类课程；第三部分呈现的则是对范家小学案例资料的扎根译码过程，范家小学案例资料的扎根译码是建立在 2 万余字的文字材料基础上的，开放性译码阶段共获得 247 个初始标签，57 个概念，26 个基本范畴；主轴译码阶段将 26 个基本范畴进一步类聚为 7 个类属轴，分别为 GG1 背景性认识、GG2 行动中的主体角色、GG3 关联性约束条件、GG4 围绕生活化课程素材展开的教学策略、GG5 实践特质、GG6 内部效应、GG7 外部反馈，选择性译码阶段对案例范畴和主轴译码进行了再一次对比，梳理了范家小学在地化变革的故事线，抽象出"生活化课程素材驱动下的在地化变革"作为范家小学在地化变革的核心范畴，以概括范家小学在地化变革的本质特征。

第四章

一朵不凋零的山花
——长坑小学在地化变革的单案例分析

在一定程度上,问题的存在是因为要让战略发挥作用还要假以时日,或者说要我们付出"耐心成本"。要培植领军人物,塑造必要的社会关系,积累必备的知识,都需要漫长的时间。

——[美]欧内斯托·J.小科尔特斯[1]

不叹息自身卑微,不埋怨地处偏僻,只要春天来到,便蓬蓬勃勃生长!也许没有人欣赏,也许没有人知道,甚至难免会遭遇被践踏的命运,然而,顽强的生命依然勃发,漫山遍野,向着大地宇宙,默默奉献美丽和芳香……自20世纪80年代伊始,长坑小学自主发展的脚步就从未停止过,从一所不过百人的山村小学到如今的山村明星学校,长坑小学改写了山村小学寂寥落后、无人问津的历史,躲过了撤点并校、城镇化浪潮对乡村学校的侵扰。更难能可贵的是,与其他名声大噪后便默默无闻的乡村学校相比,长坑小学的教育变革摆脱了"昙花一现"的时代厄运,被外界誉为"一朵不凋零的山花"。那么,长坑小学究竟是一所怎样的学校?缘何走上了在地化变革之路?在地化变革又是如何运转的,有什么特点?是什么在支撑长坑小学在地化变革的延续?其中蕴含着哪些理论命题?本章将依托文献与实地调研资料,对长坑小学的在地化变革进行全景式素描,以期勾勒出长坑小学在地化变革的行动路线,继而为挖掘乡村学校在地化变革的实践逻辑与运转机理做准备。

---

[1] 转引自[美]理查德·F.埃尔莫尔编《二十位教育先行者对教育改革的反思》,张建惠译,商务印书馆2017年版,第11页。

第一节 走进长坑小学

在乡村学校普遍面临生源危机、生存岌岌可危的当下，长坑小学的存在可谓是"这边风景独好"，热闹的校园里充满了生机与活力。那么，这所被称为"一朵不凋零的山花"的山村小学，究竟是一所什么样的学校，其校园生活实践又是一番怎样的景象？又因何被称为"一朵不凋零的山花"呢？

一 教育山花格外香：长坑小学整体面貌素描

长坑小学位于浙江省丽水市缙云县东渡镇长坑村，是一所距县城较近的山村寄宿制学校。从地理位置看，到县城的距离约 11 公里，到丽水市的距离约为 26 公里，330 国道从学校门前穿过。学校虽背倚高山，但交通相对比较便利，驾车到县城仅需要十几分钟，到丽水市大概半个小时。长坑小学所在辖区缙云县多为山地和丘陵，是"八山一水一分田"的山区县，相较于浙江其他地区，缙云县属浙江省内经济相对落后地区，2017 年缙云县地区生产总值（GDP）为 215.46 亿元，三大产业结构为 5.2∶50.4∶44.4，人均生产总值 58748 元。近年来，随着旅游业的发展，缙云县城镇化率已达 54.5%。据当地人介绍，缙云县城内住房已达 20000 元/平方米。可见，缙云县的生活消费水平已经远超国内部分地级市的标准。

长坑村是东渡镇的中心村，因沿河而建得名，是个分散聚居、耕地面积匮乏但山林资源相对丰富、生态环境较好的山区村。2017 年全村共有 390 户，总人口 1260 人，耕地 289 亩，山林 5400 余亩，人均收入 4418 元，村民收入主要来自农业、外出务工和运输收入。因缙云当地工业相对发达，建有一些工业园区，农村人口可以在当地打工赚钱，选择外出务工的人则相对较少。据说外出的人多是到其他地方养鱼或者养虾去了，如果养得好，收入是非常可观的。如果站在长坑小学的后山望下去的话，稀稀拉拉地散落在河两岸的房子多为两三层的独栋小楼房，外形与城市里的建筑基本没有什么区别。据长坑小学的蔡校长讲，这边的农村超过三层的房子，村民自己会装上电梯。可见，即便是浙江相对落后地区的乡村，也已经有了十分现代的生活方式。

图4-1　长坑小学地理区位的卫星云图

长坑小学是一所有着深厚历史积淀的农村寄宿制小学；前身是1943年由村民创办于家族祠堂的私立国民初级小学；1952年由政府接管改名为"长坑村初级小学"；1959年正式批准为完小并成立长坑辅导区；1974年国家拨款改造王氏祠堂将其改建为341平方米的二层土木教学楼（即现在的乡村少年宫，拓展性课程活动教室）；1977年邻近的建山、黄山、竹园脚三村高年级并入，学生增至200多人，设有6个班，9名教师。1998年南湖、东溪初小并入，长坑小学成为周边14个行政村唯一小学。2000年学校由五年制转为六年制，全校有12个班，学生增至500多人，教师25名。2002年学生撤离教学楼危房，租用3幢民房作为学生和教师宿舍，进入最艰难办学时期。2006年学校喜迁新居，圆了长坑小学多年的楼房梦。当前，长坑小学已是丽水市规模最大的农村寄宿制小学之一，共有12个教学班，467名学生，26名教师，其中207名学生是本地户籍，其余260名学生主要来自缙云县其他乡镇以及附近的莲都和青田两个县，也有从上海、青岛等外地远道来求学的学生。据长坑小学校长介绍，目前学校的学生数是遵照教育行政部门划片招生要求控制的结果，若非生源地控制，学校的招生数会比现在多很多。

从硬件配备和校园建设来看，目前长坑小学主体功能区分为教学区、生活区及活动区三块。总地来看，长坑小学的办学条件不仅没有华丽的外表，甚至可以说十分朴素。由于紧临330国道，学校门口的道路有些狭窄，仅够泊一台车的宽度。校门是中小学校常见的伸缩电动门，深红色方砖砌成的门垛子上镶嵌着"长坑小学"四个大字，站在校门口即可看到左侧楼墙面上刻着的"自强不息"校训以及"全国教育系统先进集体""全国和谐校园""全国中小学德育工作先进集体""全国中小学中华优秀文化艺术传承学校"等荣誉称号。走进校门即到了长坑小学的教学区，教学区面积不大，建筑呈"U"字形分布（见图4-1），位于中间的空地是操场，操场面积不大，地面是普通的水泥地，靠近大门一侧有用多肉植物装点的小花坛，多肉植物形状装点着"七彩童年，快乐长坑"这一办学理念。校门右手边是教学楼，每个班级的学生人数大概在30—40人，按照当下班级规模标准，长坑小学的班级容量十分合理。每一层教学楼的走廊外边都摆放着书架，里面摆放的是校长亲自为孩子们挑选的、适合不同年龄阶段孩子阅读的图书，有绘本、童话故事、小说及名人传记等。教学楼的外墙面贴有一米多高的白色瓷砖，上面贴满了每个班级学生的绘画作品和手抄报，窗户上则贴了一层由学校专门设计的"七彩童年，快乐长坑"的窗纸，配合着学生的作品显得格外灵动。

每间教室都有前后两扇门，均是最常见的老式木质门，门上面的玻璃窗是"田字格"式的。走进长坑小学的教室，可以看见最常见的桌椅排列方式，有些班级的桌椅比较老式、古板，缺乏设计美感，地面上铺着一层微旧但干净的深蓝色地革。教室里除了国家规定的标准教学设施配备以及教室后面多了一张班主任教师的办公桌之外，没有什么特别之处，也未见提供制冷或取暖的设备。如果说有什么不一样的话，那应该是教室各个功能角或区上都贴着班级同学的名字，因为整个班级的日常卫生和管理均是由同学们负责完成的。

走出教室转到"U"字形建筑的底部，是教师的办公区。办公区不大，但为每位教师配备了台式电脑。教师办公室墙上还贴着全校教师的通讯录。办公区"最气派"的一间是二楼的会议室。之所以说"最气派"并不是因为装修华丽或布置精致，而是那占据了整整一面墙的荣誉牌匾。会议室面积并不大，除了一张能容纳十几人的会议桌之外，可活动的空间已经不多了。会议桌前面是一个液晶电子显示屏，旁边立着一台柜式空调。会议室里最大的那面墙镶着木制的方格，里面摆着长坑小学几十年来的办学硕果，既有教育部、浙江省等政府组织认可的，也有联合国教科文组织（UNESCO）国际农村教育研究与培训中心等组织的合作认证。很显然，外来访客或者是参观团队到了长坑小学之后，这间会议室便是一个不可不到之处。

教学区另外一栋楼外面漆着天蓝色的涂料，上面印着"世界上只有一种教育——爱的教育"13个鲜红的大字。一楼主要是学校少先队、图书室以及储物间等，储物间里放着学生从家里带来的各种各样的农家物件，生产和生活方面的都有，没有乡村生活经历或者当地生活经验的人恐怕是弄不明白这些物件的名字和用途的。这些物件是有组织地被带进学校的，原因是长坑小学校长想开发这些旧物件的教育价值。图书室是长坑小学寄宿孩子的精神家园，寄宿生活里每天都要与书有紧密的联系。现在长坑小学有两个图书室，一个是县图书馆的分馆，一个是公益组织捐助的"蒲公英图书馆"。"蒲公英图书馆"不仅有适合不同年级学生的图书，还有一个显示器可以在固定的时间为孩子们放电影。

在教师办公楼与天蓝色楼的拐角处设有天桥，可以通至生活区。从天桥走下来会路过长坑小学戏剧排练场，里面配有一个不算太大的舞台，剩下一片面积较大的区域是学生们练功和排练的场地，摆着婺剧排练需要的器材。

从排练厅出来往前走是长坑小学的食堂和宿舍区。目前长坑小学宿舍已经保证学生一人一床，各楼层均配置了浴室，虽然面积不大，但足够满足南方人冲凉的需要。在长坑小学，学生宿舍的卫生绝对可圈可点，干净的宿舍、整齐的床铺、排成一条线的毛巾、牙刷，彰显着长坑小学学生的自立和自律，同时也是长坑小学半军事化寄宿制管理纪律的证明。学生宿舍后面是长坑小学另一片长方形活动区，可以看到篮球架，学生的体育课就是在这里完成的。装点这一区域的元素融入了更多的田园感，白色覆盖黑瓦片的学校围墙，用木头制成的覆盖着茅草的凉亭，以及有些历史的彰显古韵的水风车，映衬着墙外的青山，在教育场域里书写着乡村生活元素的另一种美好，为略显拥挤和躁动的长坑小学带来了一份田园般的宁静。

放眼望去，围墙外的后山能够看到一片桃树林，如果爬上去可以看到一块已经褪色很严重的石碑，上面刻着"长坑小学学农基地"。[①] 学农基地也即学校劳动课实践基地，共有六亩。据说今年可以结果子，孩子们可以吃到自己亲手种的桃子了。

[①] 学农基地位于长坑小学的后山上，走出长坑小学校门后转十几米即可以看到上山的小路。据校长介绍，这块地是20世纪末21世纪初，国家鼓励农村开展劳动技术教育的时候就有了，至今一直在坚持做劳动教育。

将视线转至长坑小学的活动区，会看到这所普通得不能再普通学校里隐藏的教育秘密。长坑小学活动区是学校的旧址，在教学区校门左侧十几米远的地方有两栋房子，白墙灰瓦的建筑物记载着长坑小学的发展历史，是长坑小学成长的记忆，学校一直没有舍得拆掉，现在是乡村少年宫，也是长坑小学的活动区，因为长坑小学的拓展性课程都是在这里完成的。从外表看上去，教室的门有些老掉牙了，墙壁有些脏，教室里课桌椅也显得旧了许多，可以说条件太有限了。可是当看到多种多样的拓展性课程和认真钻研和学习各种乐器、手工的孩子们时，破旧的教室里顿时变得生机盎然，充满童趣。

以上就是长坑小学一方天地的整体样貌。可以说，长坑小学并没有惹人艳羡的外表和外在力量的特殊关照，它就是一所朴素的山村小学，然而简朴的环境却滋养了一所充满生命力的乡村学校。长期以来，长坑小学凭借自强不息的办学精神，树立了"根扎缙云，花开丽水，果结浙江，志在中华"的远大办学目标，通过"质量扎根、校容起家、文体出名、特长发展"的战略步骤，组建了民乐、象棋、科技、书法等兴趣小组，在"爱、严、细、实"的工作管理中办出了自己的特色，教育教学质量稳居丽水市农村学校前列，各方面工作得到了社会的广泛认同和群众的普遍赞誉。学校先后获得全国教育系统先进集体、全国德育工作先进集体、全国和谐校园、全国少先队工作先进集体、全国文明交通示范校、浙江省文明单位、浙江省文明学校、丽水市模范集体等40多项市级以上荣誉。原浙江省吕祖善省长曾称赞长坑小学办学很有思想、很有特色；省政协盛昌黎副主席认为长坑小学的办学模式值得在全省全国农村寄宿制学校推广；省教育厅刘希平厅长称赞长坑小学是浙江省农村学校素质教育的典范，原浙江省教育厅侯靖方厅长称赞长坑小学是浙江省最具特色的山村小学，学校被誉为"培养社会主义一代新人的摇篮""农村学校的典范""山村学校的楷模"。多年以来，全国各地教育局、学校纷纷组织人员来长坑小学参观学习，目前累计到校参观人员已达5.2万人次，已然成为缙云乃至浙江省农村优质教育的品牌学校。

综上可见，当下的长坑小学虽然办学条件朴素，但长期以来的坚持和努力已经收获了来自各个层级行政部门和全国各地教育同行的认可，生源吸引力的扩大是长坑小学获得社会认可的最佳例证。由此可知，朴素的办学条件并没有阻挡社会对长坑小学的信任，长坑小学的吸引力是在内涵实力而非外在的装扮。

二 长坑小学的孩子们

长坑小学作为一所规模较大的农村寄宿制学校,与大多数学校一样,不乏对学生的管理规训,从这个意义上说,长坑小学绝不是一所慢节奏、宽纪律的乡村学校。相反,学校里的时间和空间管理都相对严格,但不一样的是,在严格封闭的寄宿制生活规训下,培养的并不是一群胆小怕生、情感冷漠的乡村孩子,而是一群自信、活泼、热情且快乐的孩子。走在长坑的校园,同学们叽叽喳喳的嬉戏声飘浮在校园的上空,迎面走来的三三两两的学生会主动打招呼问好,有的还会伸出小手主动要求与来访的客人击掌。那么,是什么样的校园生活滋养着这群阳光自信的儿童呢?了解不同时空里的长坑教育纪事,有助于我们更加全面且深入地认识长坑小学的孩子们。

毋庸置疑,对于一个有着近500名学生的农村寄宿制学校来说,既要保证学校日常管理有序,又要让学生的寄宿生活不至于枯燥乏味并不是一件容易的事情。长坑小学的日常管理井然有序,学生寄宿制生活充实且有趣,这样的常态与规律的学生日常生活是分不开的。长坑小学的孩子每天6:40起床,整理好个人卫生与宿舍卫生之后,所有的同学都会集中到宿舍楼下面的操场上,开始每天早晨20分钟的晨诵活动,主要是读一些经典书籍,校长偶尔会拿着手机记录下这一刻的最美读书人。晨诵活动结束后,学生们有40分钟的早餐时间,早餐之后进入"晨光伴读"时间,即正式上课之前的读书时间。在这一时间段里,学生们主要阅读语、数、外及相关的书。8:30—11:30是学生们的上课时间,11:30—13:10是学生的午餐、读报写字时间,13:45—15:10是学生下午上课与大课间活动时间,上午和下午的大课间活动累计1个小时,学生们可以跳绳、跑圈、练习乒乓球等。15:20—16:40是长坑小学的孩子们最喜欢的乡村少年宫社团活动时间,即学校开设的拓展性课程,这个时间段是长坑小学最热闹的时间。晚饭之后的17:30—19:30是晚自修、作业整理时间,其中一小时整理作业,另一个小时自由阅读,学生可以自由选择阅读的图书,学校有几千册的图书向全校学生开放。作业整理是要求学生当日事当日毕,做到日事日清。19:30之后就到了一天的尾声,学生们收拾好个人卫生就可以上床睡觉了。这就是长坑小学孩子们的一天校园生活,充实而又丰富多彩。课业学习、兴趣活动、体育锻炼、特长积累、读书增识，多方面齐头并进。正是这样一种日常生活的规训编织着长坑小学孩子们的七彩童年。然而，这仅仅是长坑小学孩子们在校学习和生活的日常剪影，学校提供给孩子们的舞台远不止于此。长坑小学的学习和历练成就的是一个个全面发展的小学生。

（一）一群有着广阔舞台的孩子

长坑小学丰富的校内校外活动为学生们提供了充分、多样的展示自己的舞台。每一年，长坑小学会举办校内艺术节活动，会有各种各样的校外展示性演出和比赛活动。长坑小学的学生们拥有登上大舞台的机会——小至县里中小学生的文艺会演，大到省级电视台、中央电视台的文艺演出等，同时校内也会提供不同形式和性质的展示舞台。可以说，长坑小学的孩子们是一群有着丰富舞台经验和演出经验的孩子们。长坑小学的民乐不仅在国际比赛中取得佳绩，一些国外学生艺术节活动也已向长坑小学发出了邀请函，[①] 长坑小学的民乐已经踏出了国门，正在走向世界。这一个个大大小小的舞台，一次又一次的历练，使得长坑小学的学生们更加勇敢、自信，视野早已不再局限于小小的山村。很显然，这样的锻炼机会不仅仅对于很多乡村学校，就是对于很多城市学校来说也是很奢侈的，而这种经验无疑将成为长坑小学孩子们人生成长中的一笔宝贵的财富。

图 4-2 长坑小学生的全国"大舞台"与学校"小舞台"

[①] 笔者在长坑小学调研期间，校长就接到了来自欧洲的中小学艺术节活动的邀请函。据校长介绍，这样的邀请并不是第一次，除此之外还有新加坡等地的邀请。

（二）一群极其自律自立的孩子

如果说自立是寄宿制学校孩子的一个普遍特点的话，那么长坑小学的孩子则要比自立更加的自律，而这源于长坑小学军事化的宿舍管理制度。走进长坑小学的学生宿舍会产生一种来到军营的错觉，学生们的被子叠得整整齐齐，毛巾、牙杯、箱子一条线地摆放着，军事化的生活教育锻炼，不仅增强了学生的生活自立能力，而且还磨炼了学生的意志，年仅7岁的孩子就可以自己步行20余里到学校上学，离开父母也能在学校安心住上一周。吃饭的时候，无论年纪大小，孩子们看上去都比较专注，很少存在边玩边吃或拖沓、嬉戏以及浪费食物的现象，与在操场上自由玩耍的他们判若两人。

（三）一群认真负责且互帮互助的孩子

在长坑小学，学生是学校的小主人，教室里的每个区域，学校举行的文体活动等都由学生参与管理或志愿服务进行的。对学生而言，学校不仅仅是满足学习需要的组织，更是生活的地方，通过切身参与学校日常生活实践来锻炼学生认真负责的做事态度和生活态度。同时，长坑小学的孩子们互帮互助，对于低年级小朋友而言，学习乐器并不是一件容易的事情，尤其在初学伊始，姿势、指法、曲调等每一项都是挑战。这时，经验丰富或者习得技术要领较快的同学则会主动提供帮助，因而，在长坑小学的拓展性课程中经常会看到两三个同学把头聚在一起，或者一人在看一人在弹的场景，这正是他们在相互交流。

（四）一群热爱生活且意志坚强的孩子

生活运动会、美食节、军训拉练等是长坑小学每年的经典活动。生活运动会上的孩子们通过叠被子、叠衣服等比赛体验着日常生活中细微琐事的乐趣；美食节中的孩子们通过亲手做、相互品尝交流的方式体验着生活中美食带给人的愉悦和享受；军训拉练中的孩子们则要严格遵守既定要求，实实在在地体验20公里路程是一种什么样的感受。这种既生活化又严格化的校园生活体验让长坑小学的孩子们感受着真实生活的点点滴滴，这既是对学生生活能力的一种打磨，又是对学生生活情趣和生活态度的塑造，在这样的训练中成长起来的小学生既热爱生活又能勇敢地面对生活。

综上可见，学界对农村学生寄宿的忧虑，如"寄宿生容易产生孤独感和无力感，逐渐变得封闭和自卑，对自身能力做出消极判断，不利于良好性格养成"[1] 等现象并没有发生在长坑小学。相反，学生所呈现出来的精神面貌已经远远超越了人们对乡村寄宿生的刻板认知。全时空、强规训的日常校园生活给学生带来的是自律且独立的学习生活、自信而快乐的童年时光。

三 "毛竹筒"精神的深耕：三任校长，一群教师，同一使命

回顾教育改革史，因自下而上的学校变革而瞬间走红并为人所熟知的乡村学校并不鲜见。然而，能将改革持续下去、几十年如一日坚守的乡村学校却十分稀少。可以说，在教改盛行的年代里，长坑小学的办学实践并不是最出众的，甚至在当前每年接待教育系统内外几千人考察的情况下，长坑小学依旧没有走上"一炮而红"的道路，几十年的改革努力并没有获得如范家小学般成为被国内媒体争相关注的、收获广泛赞誉的网红学校，其较高的关注度和知名度更多体现在浙江省内。但长坑小学的可贵之处也恰在于此，社会快速变革、教育改革不停更迭并没有冲断长坑小学的变革筋脉，相反，默默耕耘的教育探索将学校发展的根深深地扎进缙云这片灵秀的土地，生根开花结果，成为一朵不凋零的山花。长坑小学令人感动的不仅办学特色独具一格且收获佳绩，更是来自三任校长、一群教师以"毛竹筒"般的精神对乡村教育的深耕。

长坑小学的改革起步于20世纪80年代，之所以至今仍旧是浙江省农村教育的一张名片，源于三任校长的坚持与传承。老校长樊厚通是带领长坑小学走上变革之路的缔造者，他是一位爱学习、爱思考、不服输、敢想敢做的校长，这位不甘于现状的校长用最质朴的方式、最生活化的智慧默默耕耘，最终让长坑小学走进当地人的视野、得到教育行政部门的关注，进而才有了一次又一次在人前展示的资本与机会，成为缙云县农村学校改革的样板，为长坑小学的特色化办学积攒了勇气、培塑了精神。

承继樊校长改革步伐，使长坑小学办学道路得以传承的是一位毕业于20世纪90年代的中师生，姓刘，他个子不高，略显清瘦，却是一位健谈、风趣、善于交流、头脑灵活、真诚质朴且爱折腾的年轻人，他现在年龄刚过40岁，却已经是一位有着正高级职称、荣获浙江省特级教师及马

---

[1] 姚松、高莉亚：《大规模兴建寄宿学校能更好促进农村学生发展吗？》，《教育与经济》2018年第4期。

云乡村校长奖的优秀校长。无可否认，特级教师对于中小学教师而言不仅是业务能力的铁证，更是难得的殊荣，更何况是对于浙江省这样一个特级教师比例仅占全省教师队伍1.5‰的省份。按理说，一个业务能力和管理能力如此优秀的人才早就被城市学校挖走了，但刘校长对自己有很明确的定位，他并没有觉得在农村学校当校长是一件非常痛苦的事情。相反，他的工作状态和言语行为呈现的是一位乐在其中的校长。在他的认识当中，长坑小学的发展更多的是一种坚守，无论教师管理还是学生教育，刘校长做到了以身作则，以榜样的力量带领长坑小学师生前行是他的管理智慧。拥有独立人格和独立思想是这位校长充满活力的源泉所在。在他看来，乡村教师想进城是再正常不过的事情，乡村学校也不是一定要有城市学校那样的教师才能办好，乡村孩子也未必都要做英雄，为英雄鼓掌未尝不是一件幸福的事情。在他的教育理念中，与考试成绩相比，学生的生命状态和生活状态更加真实。因而，在他任职长坑小学校长期间，对学生生活能力、生活情趣、生活态度、生活方式的培养融入了长坑小学的寄宿管理、课程建设以及学校文化之中，在传承中坚守，在坚守中发展。刘校长的坚守让长坑小学广获赞誉，名气随之越来越大。

在长坑小学工作23年之后，刘校长被教育局调到一所乡镇小学做校长，2018年长坑小学迎来了一位新校长。他是刘校长的中师同学，皮肤略黑，身材和刘校长相比壮实了许多，是一位讲话实在、耿直，不拘小节且粗中有细的数学教师。他会俯身捡起校园里散落的纸屑，也会与孩子们愉快地击掌，学生们见到他多数还会喊他"蔡老师"。每天早上6：50，学生们刚开始晨读蔡校长就到校了，晚上8点左右当学校一切归于安静状态的时候，他才会开车返回县城。刚来学校不久的他并没有进行大刀阔斧的改革，而是选择先做好传承再思考创新。他个人有坚持读书的习惯，他认为阅读对于孩子来说是一件十分重要的事情，因此他将学校的图书移到了教室外面的长廊，图书馆的书全部向学生开放，书不怕丢、不怕坏，但是学生读书之前一定要将手洗干净，这是校长对书的尊重。近期，他正在筹备和酝酿的"一件大事"便是修建长坑小学校史馆，即在校园的一个开放长廊里展示长坑小学发展史，他希望通过这样一种呈现方式记录长坑小学的发展历史，并嵌入每一个长坑小学学生的记忆里。这难道不是对传承的一种默会表达吗？可见，长坑小学几十年的发展成就是在一任又一任校长的默默坚守、脚踏实地的实干中展开的。

当然，长坑小学能够一直保持特色优势与勤恳工作的教师们是分不开的。总地来看，长坑小学的教师队伍比较年轻，但骨干教师的流失率很高，学校需要临聘教师来解决教师不足问题。同其他乡村学校相比，在长坑小学做教师需要投入更多的精力和时间。长坑小学是近500人的寄宿制学校，没有专门的生活教师，寄宿的执勤和管理工作都需要老师轮流值周完成。学校演出活动、学生拓展性课程等都是需要完成的"额外工作"。然而，据学校校长和相关老师介绍，虽然年轻教师工作繁重复杂，却并没有人因此感到劳累而抱怨抵制，相反依旧认真而专注。在专业教学上，长坑小学的教师已经掌握了当前流行的课堂教学技术和学生管理技术，普通话也相对标准，所以日常课堂教学对他们没有太大的挑战。相较之下，拓展性课程的挑战更大一些。因为长坑小学教师资源有限，尤其是民乐教师十分稀缺，因而一些教师不得不"临危受命"，从零开始学习如何吹笛子、如何弹琴，等等。这对于没有任何音乐知识积累的普通教师而言，学好并且教好一门拓展性课程是有一定的困难的。但是这一点也没影响教师们的投入与专注。他们在谈论起自己学习乐器时的神态和语气是平和的，他们也会像学生一样，拿着谱，抱着琴，跟学生一起一点点地学，虽显笨拙，但会坚持，回家之后借着闲暇也会再练一下生疏的指法。看着长坑小学教师"笨拙"且认真学习弹奏乐器的场景还真是一件令人感动的事情。教师之间互相请教、互帮互助，较少会因为向对方请教而招致抱怨和推诿，虽说学习新乐器有一定难度，向音乐老师或有经验者请教，大家都愿意提供帮助。对于学生而言，老师不仅仅是"师者"，也是"学生"更是"战友"，学生们可以毫无距离感地与校长、教师击掌打招呼，校长、教师可以轻松地喊出同学们的名字并与其随意地交谈几句。高年级乐器掌握好的学生面对掌握不好的老师便成了老师，老师便成了学生。外出参加比赛或者有文艺活动时，有些节目需要教师参与协助，这时师生又变成了战友。寄宿管理和组织演出都是长坑小学教师分内之事，日常工作要到晚上8点才能结束，相当于普通小学一天半的工作量。在有演出活动时，女老师会更辛苦一些，因为她们不仅要像男教师一样搬乐器，还要起早帮助学生们化妆，用蔡校长的话来讲，长坑小学的女老师都是当作男老师来用的。

可见，长坑小学的校长和教师们在实践中的耕耘和努力，正是对变革之初用"毛竹筒"制作乐器那段岁月里朴素精神的继承与发扬，不讲条件，耐得住辛劳和挑战，一步一个脚印地深耕长坑小学的教育实践，坚守和传承长坑小学的办学精神和特色。长坑小学的外在是质朴的，但内在却是丰富且有力量的。

第二节 长坑小学在地化艺术教育的实践图谱

作为一所在合乡并镇、学校布局调整改革中生存下来的山村小学，长坑小学"转危为安的变革奇迹"是多种学校改革齐头并进的结果。而让长坑小学保持生命力和竞争力的却是地方传统文化与学校教育有效耦合形成的独树一帜的艺术教育传统和文化传承自信。然而，长坑小学引入地方民乐和婺剧的起点尚在20世纪80年代，而那一时期无论是研究领域、政策领域还是实践领域对乡村教育发展的定位均是围绕乡村产业和经济发展服务展开的。因此，从长坑小学自主变革的起点来看，将目光转向民乐和婺剧并不是传承乡土文化的办学号召使然，而是作为一种寄宿制学校闲暇时间的管理智慧而存在的，民乐和婺剧的学习以"躁动的音符"置换了"无聊的聒噪"，用音乐学习提升寄宿制学校管理的效率和质量是长坑学校在地化变革的实践起点。建立在当地民乐和婺剧积淀基础上所形成的办学优势无疑是在地化艺术教育的一种实践范型。总体来看，长坑小学的在地化艺术教育经历了由自发到自觉的转变过程，在与学校整体变革的互动中形成了较为成熟和完整的行动框架。

一 长坑小学在地化艺术教育的推进路线

长坑小学的在地化变革是一次旅程而不是一幅蓝图。换言之，长坑小学起初之所以踏上以民乐和婺剧为办学特色的在地化艺术教育之路是误打误撞的结果，而不是教育行动者带着变革宏愿的计划行为。然而，在几十年朴素的办学实践中由自发转向自觉，在地化艺术教育由学校管理的智慧转化为学生发展的智慧，并升华为地方传统文化传承的实践范型。

（一）给学生找点事儿干：长坑小学在地化艺术教育的实践起点

将民族乐器引入长坑小学的引路人是老校长樊厚通。20世纪80年代后期樊厚通开始担任长坑小学校长，当时学校仅有9名教师、200多名学生，教学用房面积仅有341平方米，教学质量差、社会认可度低。他任职长坑小学校长后，首先在教学质量上下了一番功夫，几年时间长坑小学小升初考试成绩得到很大的改观，1987年被县教育局授予教学质量优秀单位，办学有了一定底气。随后，他开始关注校容校貌，刷墙漆、修花坛、葺台阶……在校长和师生共同努力下，办学条件有限但舒适、干净、温馨的长坑小学再次闯入县教育局领导的视线。1988年缙云县教育局在长坑小学召开了全县校容校貌现场会，再次得到县教育局的认可。虽然这种变革是修修补补式的，但对提升长坑小学的办学自信却是大有助益的，并且抵御了长坑小学被裁撤的风险，为长坑小学走上在地化艺术教育之路奠定了发展基础。

20世纪90年代以后，随着国家普及九年义务教育政策的推进，小升初考试压力没有了，学生不需要花太多的精力准备升学考试了，有了更多的闲暇时间，那么一个寄宿制学校该如何打发学生的在校时间呢？为了让调皮吵闹的学生（尤其是毕业班的寄宿学生）安静下来，樊校长决定给学生们"找点事儿干"。想来想去，老校长决定从自己擅长的二胡和笛子入手，利用山上的毛竹筒亲手制作了二胡和笛子，这是既不需要花钱又能让学生安静下来的最好办法。于是，长坑小学的学生们晚饭之后就开始学习拉二胡、吹笛子。1992年长坑小学的学生们已经开始自发地组建小乐队了（即长坑小学现在民乐队的前身）。长坑小学就在这样的偶然探索中踏上了学习民族乐器的发展道路。

可见变革之初，樊校长的出发点是十分简单的，也是十分朴素的，让学生学习民乐其本质是一种置换学生闲暇时间的替代手段，然而正是这种看上去有些"小聪明"的学生管理智慧，再一次改变了长坑小学学生的在校生活状态，赋予了乡村寄宿制学校新的生长空间。长坑小学的办学改革又一次得到了当地社会的好评和教育行政部门的认可。1995年缙云县经过学校布局调整开始兴办寄宿制学校，长坑小学的寄宿制教育模式再一次成为全县学习的样板。由此可见，合理安置寄宿生的闲暇时间是长坑小学在地化艺术教育的实践起点，而校长将自身优势转化为教育素材这一教育选择无疑既是务实之举，也是教育管理中的"大智慧"，是教育治理维度上对乡村教育在地化变革价值的确认。

（二）以艺术涵养生活：长坑小学在地化艺术教育的价值转向

老校长"无心插柳柳成荫"的这一教育改革与20世纪90年代全国掀起的教改之潮的对接与呼应，将长坑小学的发展方向转向了以特长发展立校的轨道。在民乐教育效应的影响下，长坑小学逐渐拓展了学生兴趣小组的种类，尽量照顾学生的个性化需求。这一新的尝试增强了长坑小学的竞争优势，1997年之后，长坑村附近21所村小的学生全部并入长坑小学，长坑小学成为周边14个行政村里唯一的小学，学生人数翻了1倍，达到近500人。

随着艺术教育在学生寄宿生活里价值的显现，器乐学习带来的学校教育生态改变激发了长坑小学新的思考，在结合学校寄宿制生活教育传统的基础上，赋予艺术教育以新的意义，有意识地将艺术与生活联系起来，将艺术教育纳入学校生活教育框架之中，以艺术涵养生活，并将艺术教育作为学校"生活德育"理念的实现方式之一。为学生提供负责任、有道德、高质量的校园生活是长坑小学生活德育的宗旨，生活信念、生活态度、生活方式、生活情趣是长坑小学生活德育的四个方面，而明确了其中的生活情趣的陶冶主要是通过艺术教育来完成，也就是说长坑小学开始有意识地拓展器乐艺术的育人功能。按照校长的解释，艺术教育能够为学生提供丰富多彩的精神文化以及健康积极的休闲方式，他们相信生活情趣的培植会养成一个善良的、有责任感的、不会给他人制造麻烦的幸福的人。且莫论这种内置的教育逻辑假设是否具有科学依据，单就长坑小学这一认识转向来看，通过艺术涵养生活的认知赋予了在地化艺术教育新的内涵，变成学生享受生活状态的一种教育方式，这一教育愿景的萌生实则是将长坑小学的在地化艺术教育由一种无意识的生活实践转向了形塑生活理念的理论自觉。

（三）由"借文化"到"养文化"：作为地方传统文化转译中介的在地化教育实践

进入21世纪，长坑小学在地化艺术教育实践开始转向文本化、制度化和标识化。随着长坑小学不断获得社会认可和荣誉激励，民乐早已经成为长坑小学的重头戏和特色名片，是外界识别长坑小学的重要标识，延续以二胡、笛子、阮等民族乐器和婺剧艺术教育传统已经内化为长坑小学的办学坚持，在地化的艺术教育已转变为长坑小学办学的显性传统和隐性价值。

为了更好地延续学校的民乐和婺剧教育传统，2008年长坑小学着手将兴趣活动转化为学校艺术教育校本课程，至此，长坑小学在地化艺术教育有了文本支撑，在地化艺术教育也由活动形态转向课程形态。2009年缙云婺剧被浙江省人民政府列入省第三批非物质文化遗产名录。因长坑小学长时间的民乐教育经验积累和突出业绩，2011 年 9 月，缙云县文化广电新闻出版局正式授牌长坑小学作为缙云县非物质文化遗产——缙云婺剧传承基地。近年来的长坑小学在婺剧以及民乐上已经屡获佳绩，大放异彩，2016 年在中央音乐学院主办的"鼓动·国音"国际打击乐艺术周暨"国音奖"全国青少年打击乐展演赛上与加拿大等国内外打击乐选手同台竞技并收获银奖，学校自主改编的经典婺剧曲目也登上了央视舞台。

毋庸置疑，长坑小学为缙云对外推广宣传民乐和婺剧提供了一种有效途径，成为地方传统文化传承的一种有效实践路径。当前，长坑小学的民乐和婺剧已成为学校拓展性课程的重要支柱。总体来看，长坑小学在地化艺术教育经历了由"借文化"到"养文化"的发展过程，由最初借力地方传统文化改善学校寄宿生活到形成艺术涵养生活的艺术教育哲学，在不断的实践探索中赋予婺剧与民乐新元素和意义，发挥了传承并滋养地方传统文化的重要功能。

透过长坑小学在地化艺术教育的推进路线可以发现，长坑小学的实践主体由自发走向自觉，在地化艺术教育经历了由致力于学校闲暇时间管理到学生生命个体发展再向特色立校、传承地方传统文化的转换。这种转换展现的恰恰是在地化教育功能辐射圈——从个人圈到学校圈再到社会圈的动态演进。

二 长坑小学在地化艺术教育的嵌入环境

长坑小学的在地化艺术教育能够在快速的时代变革和教育变革中坚守下来，没有一些环境和条件的支持是很难完成的，因而，若想深刻把握长坑小学的在地化艺术教育是如何坚守下来，又是如何一步步走向成熟化的，了解其嵌入的环境是十分必要的。

（一）地方文化传统的浸润与经济发展的巩固

婺剧作为浙江省地方戏曲剧种之一，在缙云当地有着较为久长的历史。据蔡校长介绍，在长坑小学引进婺剧和民乐初期，缙云县几乎村村都有婺剧团，土生土长的民办教师对婺剧多少都懂一些。可以说，无论家长、教师还是学生对于婺剧和乐器都有文化的亲近感。当前，看婺剧是缙云当地老百姓较为常见的休闲娱乐方式，每逢家中有喜事或者比较重大的节日，当地村民都会花钱请戏班子到家里热闹一番。2006 年缙云县在全省率先成立了婺剧促进会，据粗略估计，缙云全县有业余婺剧丝竹锣鼓班、小唱班 100 多个，农村专业剧团 20 多个。校长表示，掌握了二胡、婺剧等技能的毕业生在当地的婺剧团很受欢迎，每月工资达七八千元。这种特定的地方婺剧传统对当地人的文化滋养，所营造的浓郁文化氛围和婺剧消费市场，于乡村儿童而言既是识别家乡的文化符号亦可作为一种经济谋生手段。另近些年来，随着浙江省新农村建设的推进，缙云发起了村村有春晚的乡村文化建设活动。每逢春节，缙云县每个村子都会筹备一台属于自己村的春节晚会。这台"春晚"成了村里孩子们展示自身才艺的舞台。当村民们看到自己孩子或者别人孩子在舞台上展示才艺的时候，自然而然会形成一种教育满足感，这种间接的教育鼓励形成了学校与社区之间的合力。因而无论是从地方传统文化积淀、学生个人收益还是社会包容度及接受度来看，都给予了长坑小学推进在地化艺术教育的价值发挥空间和社会支持。

另从社会经济发展的维度来看，如上文已提到，虽然缙云在浙江属于落后地区，但由于第二、第三产业的发展，缙云县的经济发展水平与国内其他地区的县相比已经相对较高了，因而，长坑小学几十年的变革进程中基本没有来自社会公益力量的经济支持，目前学校现有的运转资源中，仅有"蒲公英图书馆"是属于公益性质的。但也正是因为当地的经济发展水平，乡村居民的人均收入水平相较于其他贫困地区的乡村居民也是要高一些的，因而，学校组织一些活动或者外出演出需要一些额外的费用，在一定范围内，长坑小学的家长还是能够支付得起的。此外，在缙云当地不乏一些办得较好的、走在全国乡村前列的新兴农业和工业企业项目，个别与校长交好的老板是愿意给长坑小学提供帮助的。很显然，当地的经济发展环境和家长的经济收入条件能够为学生更好地参与民乐及婺剧学习和演出提供必要的经济支持，这对于长坑小学在地化艺术教育的展开是一种潜在的帮助。

(二) 规范化的制度管理

无论是从几十年的办学历程来看，还是从当前办学规模来看，制度建设都是长坑小学办学取得当前成绩的伴侣。总体来看，长坑小学自 20 世纪 80 年代办学有了起色后就一直是缙云县教育局关注的对象，乡村学校撤并调整，长坑小学作为 14 个行政村仅存的村级小学变为六年制完全小学，拥有独立法人资格，校长在经费使用、教师管理、学校发展等方面拥有独立的决策权，且因受上级教育行政部门重视，长坑小学与县教育局之间的交往距离较短，校长拥有与县教育局领导的沟通对话空间，有助于长坑小学建设、改革和发展。比如长坑小学希望创建一个记载学校发展历程的校史馆，虽然县教育行政部门拨付经费十分有限，但总体上是支持的。而对于全国大多数村级小学来说，拥有独立的管理权限和向上对话空间是十分奢侈的事情，但需要注意的是，长坑小学向上的对话空间并不是来自县教育局"先天性的特别偏爱"，而是其实践努力和成绩被教育行政部门承认的结果。

在学校内部管理上，进入21世纪之后，长坑小学一直持对外开放而不是封闭的态度，推行开放办学、坚守对外交流沟通机制，它们既不阻挡和怠慢无名之辈的到访，也愿意迎接全国各地乡村教育考察团的参观。作为缙云县的农村窗口学校，它们欢迎来宾进课堂、进活动组实地体验学习活动氛围，以此激发孩子们的成就感和自豪感。虽然学校仅有20多名教师，但整个学校的管理组织架构十分健全，为了让教师安心、静心、甘心地工作，给孩子们以最快乐的童年，长坑小学在教师管理制度和学生管理制度上下了一番功夫。

在教师管理上，由于长坑小学教师数量与全校刚性工作量相比十分不足，尤其是学校离县城较近，保持教师队伍稳定是一大难题。因此，对于教师流动，长坑小学的校长们虽然不舍，但也支持，做到让教师静心、安心和甘心是长坑小学校长努力的方向。第一，做好教师生活服务。校长会主动与教师沟通，对生活上的困难给予帮助，减少教师的生活焦虑。第二，合理规划教师职业发展。校长会关心教师的职业发展定位，帮助每位教师明确自己的职业发展方向（学术性或者行政性）并给予一定的指导。第三，建立绩效考核和晋升标准。学校绩效考核和晋升都是公开透明的，按照教师日常工作表现分配和评定，一视同仁，不存在模糊地带和平均分配现象。第四，因长坑小学师资力量有限，日常教育教学、学生管理任务量较大，且没有专门的生活教师，学校目前采用的是教师全员参与学生管理和寄宿管理的制度，设值日和值周教师，也就是说全校教师轮流担任值日和值周教师，每天保证有6名教师全天（24小时）在校，负责学校日常事务和学生寄宿事务管理，其中每天值日教师3名，负责学校当天（24小时）的学生管理事项，每周值周老师3名（24小时×5），专门负责学生吃饭和睡觉管理，保证和谐安全的校园学习和生活环境。第五，校本教研制度和周前会制度。长坑小学每周五下午一点钟左右学生基本离校，教师离校时间为下午 5 点之后，这段时间为学校校本教研和周前会时间。校本教研主要讨论关于教学、班主任管理、德育以及艺术课程，如吹笛子、化妆等。周前会并不是布置学校下周工作任务，而是全校教师聚在一起讨论和交流如何教育学生、如何搞好教学问题。

在学生管理上，寄宿生实行半军事化管理。长坑小学对学生要求严格，规律的作息时间、自立的生活方式、良好的卫生习惯都是长小学生的生活必修课。长坑小学构建了面向全体学生、关注全面发展、重视发展全程的学生评价体系。一方面，淡化成绩导向的结果性评价，改变知识为本、纸笔测试为主的单一评价形式，采用表现性评价、发展性评价等多种评价方式，引导学生注重过程参与、自主发展，减少考试科目与考试次数，每学期只组织一次期末考试，并对学生的学业评价采用等级制，创新非考试科目评价形式，譬如音乐采用班级音乐会、体育采用自主"5选3"、美术采用秀作品等。另一方面，构建多元化、过程性"七彩少年"学生评价体系，引导学生在家里做好孩子，在学校做好学生，在社会做好公民。七彩少年共分为尚德少年、阳光少年、善学少年、环保少年、书韵少年、律己少年和品艺少年。每学期期末，各班根据申报表进行审核，评出校级"七彩少年"，学校认定批准、留存档案；次学期初，学校召开表彰大会，表彰各班评选出来的"七彩少年"，授予"七彩少年"奖状和奖章，与家长一起通过学校荣耀之门，走上红地毯。

综合起来，从外部管理制度来看，长坑小学作为隶属于县教育局的独立教育法人，多年的探索实践一直与上级教育行政部门保持着积极的互动，无疑，上级教育行政部门的信任和支持对于长坑小学办学的自主性和实践勇气来说是一种权力激励，赋予其行动动力和变革空间。从内部管理制度来看，一方面，寄宿制学校管理制度提升了教师的工作抗压能力和学生的自主生活能力，养成了教师和学生不怕吃苦，自律独立的意志品质；另一方面，在教师管理上的暖、严、公相结合，学生评价上的多元化和过程化转向均发挥着激励二者积极自主、专注投入学校工作和学习的效应，两方面的结合所营造的有序校园生活和师生群体特质与长坑小学在地化艺术教育能够得以持续传承和不断创新发展是密切相关的。

（三）"自信自觉"的教师队伍建设文化

学校管理幅度和人际关系的复杂性不仅仅会增加管理难度，同时也是影响学校能否顺利推进自主变革的重要因素。长坑小学虽然学校规模较大、人际关系链接较多、学校组织管理较严格，但总体来看，不同角色间保持着和谐友爱的沟通关系、平等协助的交往距离，无论是校长和教师之间、教师群体内部还是学生与学生之间，虽然与规模较小的学校相比，达不到熟人社会般的亲近和热情，但更像是一个目标明确、各司其职、恪守承诺的协作型团队。之所以这样说，一方面源自长坑小学办学的团队愿景和韧劲。长坑小学虽然是一所村小，却有着高远的办学志向和坚挺的办学韧劲，多年来坚持"自强不息"校训，有着根扎缙云、花开丽水、果结浙江、志在中华的宏大办学愿景，不怕苦，不怕难，更不怕强，敢为天下先的长坑精神濡染着长坑小学的师生们。用该校校长的话来讲，在长坑小学，校长是"生产队长"，是走在前面的领头羊，校长要求教师和学生做的事情，首先自己是要先做起来的。这也能够看出，长坑小学校长的权威并不来自于自上而下的权力威慑，而是一种身体力行的榜样魅力。另一方面，长坑小学要求每位教师做到"自信自觉，日事日清"，并将其印在每位教师的工作日记本上，这既是长坑小学对教师的要求，也是长坑小学教师文化的体现。正如长坑小学教务主任说："长坑小学的教师不需要花费太多心思管理，自觉性比较高，如果教师请假或者出差等，都会提前做好自己的分内事，安排好课程或者提前调班。"此外，长坑小学制作了专属于长坑小学的手机彩铃（学校音乐教师创作），每一位教师的手机彩铃都是一样的，这也是长坑小学教师团队的一种符号文化。很显然，无论是从团队愿景还是从教师文化上来看，长坑小学和谐自觉的人际交往和行动文化是有助于减弱学校变革过程中教师的畏难情绪和消极怠工状况的，降低了复杂人际关系的处理成本和合作阻力，形成了教师行动的文化动力，便于推动在地化艺术教育变革过程中的有效教师合作。除此之外，对于教师而言，任何一项学校教育改革都会在无形之中增加教师的工作难度和工作强度，来自心理和身体上的压力会影响教师参与的积极性和能动性，进而影响改革的推进。长坑小学"自信自觉"的教师文化赋予了教师参与在地化艺术教育的行动力，为具体变革实践高效保质地展开、深化、传承与发展提供了保障。

三 长坑小学在地化艺术教育的行动框架

长坑小学在地化艺术教育已探索了几十年，随着实践经验的累积，长坑小学在地化艺术教育已经告别了碎片化的实践方式，在不断完善和规范的过程中形成了一套系统、稳定的行动框架。

（一）在地化艺术教育行动的主体秩序

长坑小学在地化艺术教育始于老校长对寄宿生闲暇时间的管理智慧以及与个人艺术特长优势的有机结合。现在，坚守和传承民乐和婺剧教育传统已然成为长坑小学的发展特色和文化积淀，是长坑小学每一届校长肩上的重担，如何继续做好在地化艺术教育传承工作是长坑小学始终如一思考的问题。长坑小学的民乐和婺剧教育是一直没有专业教师的，但能长期保持传承下来的主要秘密在于他们打破了传统意义上的学校教育定势思维，即只有专业老师才能做专业教育的刻板印象，重新定义了教师与学生身份。在学习民乐和婺剧上，"教"与"学"的内在主体秩序是按照知识持有的先后顺序排列的，而非传统的教龄、身份、权威等权力符号。

每位教师必须学会一种乐器是长坑小学对教师的硬性要求，没有音乐基础的教师，或者是新来的教师既可以向学校里有经验的教师请教，也可以向高年级的学生请教，尤其是当学校里擅长这方面的教师调走之后，一些教师只能求助于高年级学习经验较为丰富的学生们。在这样的"教"与"学"秩序下，学生可以走在教师之前，年轻教师可以走在骨干教师、学校行政干部之前等，教师同时也是学生，学生同时也是教师。可以说，在推进学校在地化艺术教育传承这条路上，长坑小学的师生、师师之间组成了一个民乐学习共同体，彼此依存，共同成长和进步，教师同侪之间的竞争关系、师生之间的权威关系逐渐弱化了。虽然长坑小学在地化艺术教育实践很少有"外援"帮助，但在重要比赛中，校长也会邀请婺剧专业人士进行现场指导和帮助。作为婺剧传承基地，2016年缙云县婺剧促进会和非物质文化遗产保护中心组织开展了"庆祝文化遗产日暨婺剧进校园"系列活动就为长坑小学师生提供了婺剧基础知识讲座、婺剧演唱和婺剧器乐演奏培训、婺剧演唱会等。[①] 因而，长坑小学在地化艺术教育行动的主体秩序是以知识承继的先后顺序展开的，无法按照角色进行规律性的排序。

（二）在地化艺术教育实践的行动逻辑

长坑小学在地化艺术教育注重实践的连贯性和学生发展的过程性。首先，民乐课程开发与建设是长坑小学的首要任务。目前，学校已成立了课程建设中心，统一领导课程开发的组织、落实、审核、推广、实施等工

---

① 缙云局非遗办：《缙云长坑小学举办婺剧进校园活动》（http：//www.zjfeiyi.cn/news/Detail/31-1664.html）。

作，并设有新课程专项资金。拓展性课程内容的选编遵照"谁任教，谁开发"的原则，先由教师个体开发，然后组织团队进行修改、提炼，最后由课程建设中心组织专家审核通过。每门拓展性课程都要编写简要的《课程指导纲要》，其中《笛子》《婺剧》等校本教材已进行了第二次开发。其次，人人都会吹笛子是长坑小学对学生民乐学习的基本要求。学生可以根据自己的兴趣爱好从学校开设的民乐选修课中进行自主选择，初次体验时间为一个月，如果一个月之内学生想放弃所选课程，学校会为学生提供二次选择机会。如果超过一个月，学生则需要坚持学习自己已选的课程。而作为教师，因学校的民乐教育和婺剧教育是学校办学特色的精髓所在，所以在任课教师的选择上，学校是拥有绝对主导权的，对教师的要求是"先学后教，边学边教"，如当前唢呐吹得最好的是学校里一名在长坑小学任教仅有一年半的英语教师，起初是为解决学校唢呐教师调走之后的尴尬而被校长"临危授命"，因而这名教师对于吹唢呐是存在抵触情绪的，但随着一边学一边教，逐渐地体会到了吹唢呐的乐趣，现在不仅成为全校唢呐吹得最好的教师，而且对唢呐也越来越喜爱。再次，拓展性课程学习与开放式展示活动相结合的课程组织形式是长坑小学民乐和婺剧课程实施的常规技术。从民乐课程的安排上来看，目前民乐和婺剧课程属于长坑小学的拓展性课程，主要安排在15：20—16：40之间，每周共三天。其中，周一安排全校吹笛子，周二和周四安排扬琴、琵琶、二胡、唢呐等民乐选修类课程，课程向全校一年级至六年级学生全员开放。每学期课程开设一段时间之后，学校会组织作品汇报展示活动，届时学校向社会和家长开放，吸引家长和社区参与到学校中来。最后，考核与评价机制是长坑小学激励教师和学生民乐学习的重要手段。所谓考核与评价机制实则是一种激励制度。一方面，学校会成立拓展性课程评价小组，由对拓展性课程有正确认识和丰富经验的教师组成，通过听课、听取学生反馈意见、检查课程开发与建设情况、教学目标达成程度、教学安排情况等方式，对教师作出一定评价，教师也会进行自我评价，目的在于不断提高教师开发与实施拓展性课程的能力；另一方面，学校会不定期为学生提供表演和展示舞台，譬如每年校内的艺术节、拓展性课程展示活动，校外的演出活动等都是孩子们展示自己的舞台，均可以增强学生学习的自信和参与的积极性，除此之外，学校还成立了民乐考级委员会，如二胡考级委员会、琵琶考级委员会等，按照学校内部制定的音乐考级标准，对学生进行考级并颁发考级证书。这种评级考核并不是严格意义上的音乐技能等级评定，其主要目的并不在于考核学生的掌握水平，而在于为学生设计一种学习进阶的路径以进行激励，增强学生学习民乐的动力。

图 4-3 长坑小学乐器考级现场

（三）在地化艺术教育实施的基本样态

长时间的实践探索拓展了长坑小学在地化艺术教育的存在样态。总体来看，当前长坑小学民乐和婺剧教育包含课程、学年活动、经典演出三种基本样态。

其一，建有民乐教育课程群。长坑小学开设的民乐课程包括中阮、柳琴、扬琴、琵琶、二胡、唢呐、横笛等不同乐种，已构成了民乐教育课程群，内置于学校的拓展性课程中，实行混龄学习方式，全校学生可按自身兴趣自主选择。

其二，开展学年艺术节活动。每年春季学期，长坑小学会举办一次校内艺术周活动，这是长坑小学坚持了十几年的经典活动，全校学生均有登台参与演出的机会。表 4-1 为长坑小学 2019 年学生艺术节表演曲目。

表 4-1　　　　长坑小学 2019 年艺术类课程展示节目单

序号	乐器类别	曲目名称
1	打击乐	《夺丰收》
2	扬琴	《捉迷藏》
3	扬琴	《快乐的小铃铛》

续表

序号	乐器类别	曲目名称
4	二胡	《小星星》
5	笛子	《只要妈妈露笑脸》
6	琵琶	《紫竹调》
7	柳琴、阮	《卖报歌》
8	小唢呐	《春光好》
9	笛子	《学习雷锋好榜样》
10	琵琶	《四季歌》
11	二胡	《茉莉花》
12	大唢呐	《十样景》
13	笛子	《茉莉花》
14	柳琴、阮	《花好月圆》

其三，创编婺剧经典曲目。传统的婺剧经典曲目过长，长坑小学会对这些经典曲目进行校本化的处理，通过教师和学生的二次创编，目前已经形成了一些独具长坑小学风格的婺剧经典曲目，如《水漫金山》《斗战神猴》等。

其四，国内外展演舞台。随着长坑小学在各种县级、市级、省级、全国甚至国际音乐比赛中屡获佳绩，长坑小学在婺剧和民乐方面的成就已经收到越来越多的国内外展演邀请，远至中国台湾、新加坡、欧洲等地，近至县内的文艺演出活动。每个学期都有来自外界的邀请，长坑小学的孩子们已经伴随着婺剧和民乐走出了山村、走向了世界。这些舞台经历给予长坑孩子的不仅仅是锻炼和展示的机会，更是一种个体自信、人生经历和生命体悟的增重。以下三个例子来源于长坑小学校长、教师、学生的分享，其内容是对长坑小学学生婺剧和民乐学习获得的一种现实验证。

四 长坑小学在地化艺术教育的主体联结效应

综上可见，长坑小学的在地化艺术教育实践变革是一次由自发到自觉的乡村学校自信的系统性建构过程。肇始于寄宿制学生闲暇时间管理，现在已发展为地方传统文化的传承和转译机制。可以说，长坑小学在地化教育实践是以寄宿生管理为逻辑起点展开的一次变革探索，将乡村寄宿制学校的办学需要与地方传统文化的传承有机结合起来，既挖掘了乡村寄宿制学校的办学优势和空间，又开发了乡村儿童的多种发展可能以及对生活、生命意义的感悟空间，并最终受益地方传统文化的传承和发展。乡村学校成为一方的文化传承符号，以地方传统文化为载体的艺术教育，弱化了学校与乡村之间过渡、分离和伪生活形态产生的强烈摇摆感，婺剧和民乐的学习经历促进了儿童与地方之间的紧密联结。正如美国学者乔伊·G. 伯特林（Joy G. Bertling）所表达的："经历过艺术的人，能够与地方建立更多的意识和联系。通过将慢节奏教学方法融入艺术教育的方式，学生可以参与到场所识别中来，发现他们所在社区的独特性，建立与场所之间的连接，形成审美，建立与人类和比人类世界更有同理心的关系，并通过新颖的艺术形式和关系创造、生产场所。"[1] 很显然，长坑小学建构的儿童艺术教育与地方传统文化之间的知识链接本质上是对学校、儿童、地方三者之间意义联结的一种实践表达形式。可见，长坑小学以在地化艺术教育实践再次诠释了学校、儿童、地方三者之间的意义联结。

校长分享：男孩扮"女角儿"的尬与傲

我们有个学生写了一篇作文，分享他的心路历程，写得很好，我看了之后都很感动！因为去年我们演的婺剧节目呢，是一个男生在演女角儿。他刚开始不肯演，说这个是娘娘腔，角色是女的。他知道是要演女的，因为动作都要很柔嘛，他不肯演！然后我们慢慢把他说服了，其实他心里一直都有疙瘩在那里。但是当他拿到市里一等奖那天，市里电视台对他进行采访的时候，他释怀了！他说，原来艺术是可以让男人扮女人扮得这么出色，他说我不认为我在舞台上是怎么样！哇，那天我都很感动！

教师分享：公益演出中的"断电"插曲

我印象很深刻的就是有一次我们一个八合拍的民乐合奏，残联举办的公益晚会邀请我们去演。那一天刚去的时候下雨，然后我们就在旁边等了很久，然后（雨）终于不下了啊，然后开始演。我们是第一个节目，上了之后，才演了一半，突然停电了。那是晚上，天都基本黑下来了！如果没有经历过历练的话，那个时候肯定会乱。但是我们没有一个孩子慌张，真的很镇定地把节目演完了！因为我们刚好是民乐合奏嘛，又没有背景，没有什么音响，其实影响也不大，还是可以演的。那个时候下面所有的观众都是很，怎么说呢？很感动，他们都觉得这太了不起了，这些小孩子能够这么镇定！

学生分享：打鼓男孩的自信

我喜欢打鼓，我打鼓的时候特别用力，很刺激，像玩游戏、玩赛车一样！以前我的性子很暴烈，没有什么朋友，别人又很喜欢用成绩压我，所以我很讨厌他们，但是现在我打鼓以后，又认识了很多朋友，我觉得我现在特别自信，因为我打得特别好！

---

[1] Bertling, J. G, "Non-Place and the Future of Place-based Education", *Environmental Education Research*, Vol. 24, No. 11, 2018.

第三节　长坑小学在地化变革的理论译码

长坑小学在地化变革案例资料的扎根译码主要依托实地访谈和观察获得的一手资料，网络新闻报道资料辅之。其中，一手资料包括对校长、教师等人的开放式访谈文本、学校文件；二手资料来源于网络新闻报道（见表4-2）。在资料的收集整理上，除对长坑小学实地调查获取的一手资料以外，一些补充性问题是伴随着写作过程逐渐完善的。在实地调研过程中，由于校长对学校变革举措、经验和想法的介绍是全景式的，有些资料对于研究问题并无助益，因此对案例资料做了进一步的甄别和筛选。在对文本进行编码之前，删除了访谈者的自我表述、被访者明确要求不能公开的部分、与研究主题完全不相关的部分、访谈者与被访者的"闲聊"、访谈中表示语气的词汇[①]，以及其研究主题毫不相关的非访谈文本等。在实地调研过程中共有4位教师接受了访问，根据案例扎根译码分析的需要，其中两位教师的访谈内容因重复和相关性问题并未作为文本编码的材料。长坑小学的案例资料筛选整合之后为1.6万余字，[②] 共涉及主体对象有校长和教师各2名。

一　长坑小学案例资料的开放性译码

对长坑小学案例资料的开放性译码遵循了与范家小学相同的原则和标准，完成了贴标签、概念化和范畴化三个步骤。在获得文本资料初始代码，即贴标签的过程中，标签编码方式是按照"j1，j2，j3……"形式呈现的，在反复对比原始文本资料的基础上，长坑小学1.6万余字的案例资料共概括出198个标签。接下来按照概念化过程的编码原则，将存在概念重叠和同质性的标签进一步抽象，并以"jj1，jj2，jj3……"的形式表示，共抽象出49个概念（见表4-3）。

[①]　因本书为案例研究而非口述史、生活史、民族志之类的质性研究，所以不需要对被访者的语气、表情等进行细致地分析，而是重在对被访者所谈内容的系统化分析，因此在对访谈资料的处理上，除非语气词代表着某一种确定答案，其他无实质性意义的语气词均被作者删除。

[②]　这里的1.6万余字是对案例学校资料综合处理和筛选之后的结果，而表4-2中所呈现出的被访者文字量则是未进行处理前的文字数量，特此说明。

表4-2　　　　　　　　长坑小学单案例扎根理论译码资料表单

来源	内容
实地访谈资料	①校长（L） ·访谈时间约1.5小时，整理原始文本资料约2万字 ·男，特级教师，原执教语文学科，任职长坑小学校长21年，现已调离 ②校长（C） ·访谈时间约4小时，整理原始文本资料约5万字 ·男，一级教师，原执教数学学科，2018年调任长坑小学，任职初期带过一段学校五年级的数学课 ③教师（D） ·访谈时间约1小时，整理原始文本资料约1.1万字 ·女，教务主任，现执教六年级语文，学校横笛课程的指导教师 ④教师（C） ·访谈时间约30分钟，整理原始文本资料约1.2万字 ·女，小学一级教师，现执教六年级数学，学校二胡课程的指导教师
学校文件资料	①长坑小学宣传册1 ②长坑小学宣传册2 ③缙云县长坑小学七彩课程建设与实施方案 ④缙云县长坑小学"七彩少年"评价方案

概念化工作完成之后，在反复对比原始文本资料的基础上对长坑小学案例资料所抽象出来的概念进行了进一步的归纳和抽象，即范畴化译码过程。长坑小学范畴化译码是以"J1，J2，J3……"的形式呈现的，经过对比长坑小学49个标签，共得到26个范畴，分别为：

J1 校长办学的理性和自觉；J2 校长的社会圈文化水平高；J3 对农村学校改革和发展的正向认知；J4 学校改革选择低成本素材；J5 基于学校自身擅长的改革选择；J6 在探索中逐渐提炼实践路径；J7 链接地方特色文化；J8 政府肯定；J9 对外交流；J10 外界积极评价；J11 学生获得多面向学习体验；J12 教师的管理激励；J13 弱化成绩导向的学生评价；J14 以教师为中心的校长领导；J15 师生见面拍手打招呼；J16 学校向家长和社区开放；J17 家校互动增加；J18 师生拥有共同技艺；J19 学校教师团队精神很好；J20 为学生提供舞台；J21 对学生进行成长认定；J22 教师角色转变；J23 学习型社群；J24 借用网络学习；J25 强调尊重学生的兴趣和体验；J26 以培养幸福生活的儿童为目的。

表4-3　　　　　　　　长坑小学案例资料编码的概念化

jj1　校长的办学体会（j6，j71）	jj25 校长去理解教师、帮助教师（j48，j55）
jj2　校长的示范作用（j25，j26，j27，j29，j152）	jj26 师生见面拍手打招呼（j144，j145）
jj3　校长对自己的清晰认知（j53，j54，j56）	jj27 师生拥有共同技艺（j62）
jj4　校长的办学自觉（j110，j111，j160，j164，j167，j168，j3，j1，j7，j24，j18，j20，j38）	jj28 学校活动向家长和社区开放（j73）
jj5　校长的社会圈文化水平高（j171）	jj29 学校主动加强与家长联系（j157，j158，j159）
jj6　农村学校改革要用心和坚持（j49，j52，j129，j140）	jj30 学生表现获得家长积极认可（j77，j85，j86，j87）
jj7　农村学校没钱也可以改革（j21，j50，j51）	jj31 为学生提供舞台（j72，j74，j84，j92，j94，j112）
jj8　认识到农村学校的改革优势（j46，j59，j60，j61）	jj32 对学生进行成长认定（j78，j79）
jj9　选择低成本的教育素材（j10，j134，j139，j107，j91，j44，j12）	jj33 演出获奖激励学生（j80，j89，j122）
jj10 基于学校自身擅长的改革选择（j109，j9，j108）	jj34 教师需要边学乐器边教学（j98，j100，j101，j103，j185，j193，j196，j104，j118，j97，j96）
jj11 在探索中逐渐提炼实践路径（j8，j13，j14，j17，j19，j68，j69，j146）	jj35 要求教师做好学生的示范（j138，j141，j142，j143）
jj12 婺剧和民乐是地方特色（j75，j76，j130，j165）	jj36 教师的自觉性比较高（j105，j182，j183，j187，j194，j195）
jj13 政府肯定（j4，j5，j16，j22，j81，j82，j83）	jj37 教师所编排的曲目具有竞争力（j114，j115）
jj14 对外交流（j45，j95）	jj38 校长扩大知识储备（j135，j136，j137，j170）
jj15 外界积极评价（j2，j15，j113，j116，j179，j181，j23）	jj39 学生间相互学习（j11，j184）
jj16 学生通过角色获得人生体悟（j88，j89，j90，j172，j173，j175）	jj40 教师向学生学习（j102，j106）
	jj41 同事间相互学习（j186，j188，j191，j192）
jj17 树立了学生的自信（j93，j177，j178，j180，j197）	jj42 学校教师团队精神很好（j190）
jj18 有助于学生的学习（j162，j163，j176，j198）	jj43 教师借用网络学习乐器吹奏方法（j189）
jj19 多元化管理提高教师积极性（j28，j151，j119，j156，j117，j47）	jj44 课程强调从学生兴趣出发（j42，j45，j66，j67）
jj20 不能给农村教师贴标签（j57）	jj45 教育目的强调学生的健康快乐（j31，j33，j64，j120，j121）
jj21 为教师规划职业发展路径（j30，j169）	jj46 强调学生的真实生活体验（j39，j41）
jj22 自信自觉的教师文化（j148，j149，j150）	jj47 教育要为儿童幸福生活服务（j32，j37，j58，j123，j124，j131，j133）
jj23 周前会用以讨论教育教学而非布置工作（j99，j153，j154，j155）	jj48 强调尊重教育规律（j70，j125，j127，j128）
jj24 弱化成绩导向的学生评价（j34，j43，j126）	jj49 艺术教育在于培养有生活情趣的人（j35，j36，j40，j147，j161，j166）

关于范畴的性质及其概念之间的关联性表述详见表4-4。

表4-4　　　长坑小学案例资料概念的归纳范畴及其性质表述

范畴	包含概念	范畴性质	概念关联表述
J1 校长办学的理性和自觉	jj1, jj3, jj4	校长对学校、自身有客观认识并能积极思考推动学校发展	校长对自己的定位以及办学中的自觉、形成的办学体会均是一种理性和自觉的表现
J2 校长的社会圈文化水平高	jj5	校长社会交往对象的文化水平	—
J3 对农村学校改革和发展的正向认知	jj6, jj7, jj8	对农村学校改革和发展的客观、辩证认识	认识到农村学校的优势、改革的逻辑以及着力点均指向一种客观且积极的认识
J4 学校改革选择低成本素材	jj9	改革素材的经济成本低	—
J5 基于学校自身擅长的改革选择	jj10	从学校已有的条件和擅长的方面出发	—
J6 在探索中逐渐提炼实践路径	jj11	改革的道路是摸索和生成的	—
J7 链接地方特色文化	jj12	学校改革与地方特色文化相吻合	—
J8 政府肯定	jj13	获得上级教育行政部门的权力和经济支持	—
J9 对外交流	jj14	学校扩大对外交流	—
J10 外界积极评价	jj15	社会的积极评价和信任	—
J11 学生获得多面向学习体验	jj16, jj17, jj18, jj33	学生的学习收获是多方面的	学生获得的人生体悟、自信、学习鼓励，丰富了学生的学习体验
J12 教师的管理激励	jj19, jj21, jj22, jj23	以管理促进教师工作积极性	为教师规划职业路径、减少工作性会议内容、自信自觉的教师文化均是一种激励教师工作的管理技术

续表

范畴	包含概念	范畴性质	概念关联表述
J13 弱化成绩导向的学生评价	jj24	不强调学生考试成绩	—
J14 以教师为中心的校长领导	jj2，jj20，jj25	校长对教师的理解、尊重	校长帮助教师、不给农村教师贴标签、起示范作用均是以教师为出发点的
J15 师生见面拍手打招呼	jj26	亲近的师生关系	—
J16 学校活动向家长和社区开放	jj28	学校欢迎家长、社区参加开放活动	—
J17 家校互动增加	jj29，jj30	学校和家长之间的交往增加	学校邀请家长参与学校活动和家长主动联系学校是组成家校互动的两面
J18 师生拥有共同技艺	jj27	师生都会乐器	—
J19 学校教师团队精神很好	jj42	学校教师团队建设好	—
J20 为学生提供舞台	jj31	给予学生展示的舞台	—
J21 对学生进行成长认定	jj32	对学生乐器学习进行考级认定	—
J22 教师角色转变	jj34，jj35，jj36，jj37	学校改革需要教师转换角色	教师边学边教、编排具有竞争性的曲目、给学生做示范、自觉行动均是一种新的教师角色的体现
J23 学习型社群	jj38，jj39，jj40，jj41	学校成员的相互学习构成了一个学习社群	师生、生生、师师是学校内的主要关系，主体间的相互学习构成了一个学习社群
J24 借用网络学习	jj43	网络是一种学习媒介	—

续表

范畴	包含概念	范畴性质	概念关联表述
J25 强调尊重学生的兴趣和体验	jj44，jj46，jj48	尊重学生的主体需要	尊重教育规律、强调学生的兴趣、体验均是从学生主体出发的
J26 培养幸福生活的儿童	jj45，jj47，jj49	儿童的幸福生活是学校教育的目的	学生的健康快乐、生活情趣都是为儿童幸福生活服务的表达

长坑小学案例资料经过贴标签、概念化、范畴化的开放性译码过程之后，形成了反映长坑小学在地化艺术教育的基本范畴，精细化的概念范畴将一系列复杂事件和模糊概念清晰化，提炼出的范畴是长坑小学在地化艺术教育的基本要素集，这些基本要素为探索长坑小学在地化艺术教育的运转机理提供了更加清晰的分析单位，是接下来分析的基础。

二 长坑小学案例资料的主轴译码

长坑小学开放性译码过程总结了 26 个在地化艺术教育基本范畴，明确了一些重要的分析方向，但基本范畴间的关联性并没有得到十分清晰的呈现。为了进一步探索与长坑小学在地化变革 26 个范畴间的关联性，接下来的主轴译码将追寻基本范畴提供的类聚线索，再次反复对比原始文本资料，分析、挖掘基本范畴间在概念内涵、本质指涉上的相互联系，找回被分割范畴之间的内在联结和逻辑关系，并依照逻辑次序进行了归纳，提炼出类属轴，并以"JJ1，JJ2，JJ3……"的形式表示。经反复对比分析，长坑小学主轴译码过程共得到七个类属轴，分别为：

JJ1 背景性认识；JJ2 行动中的主体角色；JJ3 关联性约束条件；JJ4 围绕地方文化性资源展开的教学策略；JJ5 实践特质；JJ6 内部效应；JJ7 外部反馈。

具体的关系类别及关系内涵详见表 4-5。

表4-5　　　　　长坑小学案例资料的主轴译码及其关系描述

类属轴	对应范畴	范畴关系内涵
JJ1 背景性认识	J3 对农村学校改革和发展的正向认知 J26 培养幸福生活的儿童	农村学校的改革和发展重在办学精神，明确学校发展定位，而不在于是否有条件、经济能力，辩证看待寄宿制学校家长关注少的问题则会转化为学校的改革优势（J3 对农村学校改革和发展的正向认知），寄宿制为学生的兴趣爱好培养提供了空间，学生寄宿制生活成了养成生活情趣、生活态度的过程，而这种以学生生活情趣和态度出发的教育本质上是为培养幸福生活的儿童的教育初衷所在（J26 培养幸福生活的儿童），这一逻辑是长坑小学推进艺术教育的背景性认知
JJ2 行动中的主体角色	J1 校长办学的理性和自觉 J22 教师角色转变 J5 基于学校自身擅长的改革选择	长坑小学的在地化变革缘起于寄宿制与校长特长的结合（J5 基于学校自身擅长的改革选择），这是一种办学自醒的表现，校长是改革的领头羊，而传承和发展教育传统需要校长理性的认识与思考，批判性地与外界展开对话交流（J1 校长办学的理性和自觉），而学校民乐、婺剧课程的引进让学校教师不得不转变为学习者和创造者以支持学校的改革推进
JJ3 关联性约束条件	J2 校长的社会圈文化水平高 J12 教师的管理激励 J13 弱化成绩导向的学生评价 J14 以教师为中心的校长领导 J24 借用网络学习	校长的社会关系是长坑小学办学的社会资本优势和重要保障（J2 校长的社会圈文化水平高）。另从学校内部管理来看，关注教师的生命状态、生活和工作状况（J14 以教师为中心的校长领导），宽、严、实的教师管理和考核方式（J12 教师的管理激励）培育了教师的自信自觉，是推进教师积极投入学校变革工作的有力条件。同时，强调学生的快乐幸福，而不再单一地关注学习成绩的学生评价转向（J13 弱化成绩导向的学生评价）释放了教师和学生的考试压力，是使教师和学生有精力且心态放松地投入到民乐课程及相关活动中的必要条件。此外，对于没有任何民乐基础的教师来说，借助网络查阅资料是在教学和学习过程中的获取知识的必要媒介

续表

类属轴	对应范畴	范畴关系内涵
JJ4 围绕地方文化性资源展开的教学策略	J25 强调尊重学生的兴趣和体验 J7 民乐和婺剧是地方特色文化 J20 为学生提供舞台 J21 对学生进行成长认定	学校之所以选择民乐，是因为民乐和婺剧在长坑当地有着较长的发展历史，深受当地人的喜爱，是当地的传统文化（J7 民乐和婺剧是地方特色文化），而校长和个别教师会拉二胡，这才开启了长坑小学的民乐之路，在民乐和婺剧的学习中，强调以学生的兴趣为基础，学习哪种乐器，学生拥有自主选择的权利（J25 强调尊重学生的兴趣和体验），且为学生提供大大小小、校内校外的展示舞台（J20 为学生提供舞台），并为学生的成长提供认定，以此激发民乐的优势促进学生的学习积极性和成长（J21 对学生进行成长认定）
JJ5 实践特质	J4 学校改革选择低成本素材 J6 在探索中逐渐提炼实践路径	教学成本低是长坑小学开展民乐教学的起始条件，从最开始自制毛竹筒逐渐发展到当前多种乐器和婺剧社团是一个在实践中逐渐探索、提炼的过程
JJ6 内部效应	J11 学生获得多面向学习体验 J15 师生见面拍手打招呼 J16 学校活动向家长和社区开放 J17 家校互动增加 J18 师生拥有共同技艺 J19 学校教师团队精神很好 J23 学习型社群	全校师生都需要掌握一种乐器的要求促使教师间、学生间、师生间相互学习（J23 学习型社群），这种共同成长进步拉近了师生、同事之间的关系，培植了学校教师队伍的团队精神（J19 学校教师团队精神很好），随着学校演出活动的对外开放，家长和社区与学校的互动增多，学生在参加活动中获得的成绩、得到的锻炼和改变（J11 学生获得多面向学习体验），得到了家长的积极回应，家校关系质量提高
JJ7 外部反馈	J8 政府肯定 J9 对外交流 J10 外界积极评价	长坑小学的改革带来的变化得到了政府的多次肯定以及外界的积极评价，这种反馈促进了长坑小学持续性的努力，吸引来了外界的邀请和城市学校的到访体验

三 长坑小学案例资料的选择性译码

长坑小学主轴译码完成后，更大范围、更加综合性的类属分析使得范畴之间的关系更加明晰，反映长坑小学在地化变革性质、过程以及关键要素的基本维度已经呈现出来，进一步寻找案例资料范畴内联结与统领其他范畴的核心范畴是选择性译码阶段的主要工作。这一过程通过挖掘核心范畴形成反映长坑小学在地化变革的故事线。基于开放性译码、主轴译码的分析过程，经进一步对比分析长坑小学案例资料的类属轴发现，长坑小学在地化变革的展开源自校长自身特长与当地特色文化传统之间的联结，婺剧是当地文化传统，在当地有着广阔的市场，将其纳入学校课程既是一种艺术生活的展开，又是一种生存技能的增加。长坑小学在地化艺术教育建立了学校与地方之间的文化联结，乐器教学、演出比赛、主题互动带来了师师、师生、生生之间的相互学习、友好合作，改善了学校的人际交往氛围，凝聚了学校教师的团队意识，学生在比赛中收获了成绩、在乐器学习取得了进步，增加了家长、社会对学校的认可和信任，同时也得到了上级教育行政部门的肯定，在持续发展过程中，民乐和婺剧成为长坑小学的一张名片。由此可见，民乐和婺剧的引入既改变了学生的学习生活，也改变了学校的教育生态。基于以上分析，长坑小学在地化变革的核心范畴可抽象为"地方文化性资源驱动下的在地化变革"。

第四节 本章小结

整章共分三个部分。第一部分呈现了现实场域中长坑小学的真实样貌，以研究者的实地田野观察和切身经历详细描绘了长坑小学的校园环境，学生、教师和校长的精神面貌和群体特征，意在进一步梳理和深入理解长坑小学的学校生态，以呈现当前长坑小学的内部生态状况；第二部分从推进路线、嵌入环境、行动框架三个维度描绘了长坑小学在地化变革的实践图谱。总体来看，长坑小学在地化教育变革起步于20世纪90年代，源于校长自身民乐技能与管理寄宿学生闲暇时间的结合，在实践主体由自发走向自觉的过程中，在地化艺术教育经历了由致力于生命个体发展，向强调特色立校发展，再向地方文化传承发展的转换过程，经过几十年的坚持和探索，完成了由"借文化"到"养文化"的发展转型。当前，长坑小学的婺剧和民乐已经提升为学校艺术类拓展性课程群，每年会举办艺术节主题活动，创编经典曲目参加县、市、省以至全国的比赛和演出活动。第三部分呈现的则是对长坑小学案例资料的扎根译码过程，扎根译码建立在1.6万余字文字材料的基础上，开放性译码阶段共获得198个初始标签、49个概念和26个基本范畴。主轴译码阶段将26个基本范畴进一步类聚为7个类属轴，分别为：JJ1背景性认识、

JJ2 行动者角色、JJ3 关联性约束条件、JJ4 围绕地方文化性课程素材展开的教学策略、JJ5 实践特质、JJ6 内部效应和 JJ7 外部反馈。选择性译码阶段对案例范畴和主轴译码进行了再一次对比，抽象出"地方文化性资源驱动下的在地化变革"作为长坑小学在地化变革的核心范畴并作为其本质特征。

第五章

现代田园教育的佳范
——成佳学校在地化变革的单案例分析

> 当教育拥有了对关系的敏感性，我们便会意识到，对于未来的幸福而言，"我们是利益一致的同盟军"。
>
> ——［美］肯尼思·J. 格根[①]

构建家庭、学校、社区协同合作的大教育体系是世界范围内提高学校教育质量的共识和治理转向。四川省蒲江县成佳学校探索出的"家庭+学校+社区+企业"四位一体育人模式便是这一趋势的生动诠释和实践。21世纪之初，成佳学校在蒲江县构建现代田园教育模式的征途中踏上了寻求为地方产业发展服务的学校变革之路，其独特的办学思路和育人模式随着实践的深入逐渐走进大众视野，成为中国教育报等媒体和教育专家褒扬的对象。那么，成佳学校究竟是怎样一所学校？为地方产业发展服务的初衷是什么？地方又是如何助力其学校发展的？四类主体在实践中各自扮演什么角色？对于成佳学校在地化变革有什么意义和价值？这种以地方产业为底色的乡村学校在地化变革蕴含着哪些理论命题呢？本章将依托文献资料与实地调研，对成佳学校在地化变革进行全景式素描，以期勾勒出成佳学校在地化变革的行动路线，继而为挖掘乡村学校在地化变革的实践逻辑与运转机理做准备。

---

① ［美］肯尼思·J. 格根：《关系性存在：超越自我与共同体》，杨莉萍译，上海教育出版社2017年版，第277页。

第一节　走进成佳学校

绿植和花卉是现代社会整饬学校的惯常艺术美学，而地处茶乡的成佳学校却别出心裁，将家乡的茶树种进了朴素的校园。可以说，在成佳学校校园里，对于一个不认识茶树的外乡人来说，乍看上去基本不会勾起视觉上的审美享受和教育上的心灵撼动，但也正是这样一种淡淡的校园氛围，才是茶乡现代田园教育的本色。

一　嵌入茶乡的学校：成佳学校整体面貌概览

成佳学校坐落于川藏线上成雅高速路旁的国家级茶叶生态标准示范区成都市蒲江县成佳镇，是一所九年一贯制半寄宿制学校。从地理位置看，成佳镇到蒲江县城的距离为19公里左右，选择开车走高速公路大约需用15—20分钟。县城有公交车通往成佳镇，虽然是"公交车"，但收费方式却同大多数往返于县镇之间的乡村小客车极其相似。换句话说，成佳镇虽然离县城较近，但社交规范却依旧是乡土性的。公交车走的是相对平坦的普通公路，路途中并没有四川常见的盘山公路，沿线路过一些村子，村子旁边种着大片大片的果树，树上挂满了裹着白色纸袋的丑橘，是当地的现代特色农业之一。

蒲江县位于成都、眉山、雅安三市交汇处，毗邻天府新区，距离成都市区75公里，属成都"半小时经济圈"，成蒲铁路、川藏铁路、成雅高速G108、成都经济区环线高速公路穿境而过，交通条件便利、生态环境良好，素有"绿色蒲江·生态新城"之美誉，是全国首批、全省唯一的国家生态文明建设示范县。2017年全县常住人口25.62万，城镇化率达42.65%，地区生产总值136亿元，人均地区生产总值53273元，三大产业结构比为14.3∶51.6∶34.1。从产业结构和生产业态看，蒲江已是一个集现代农业、现代工业、现代服务业于一体的现代田园县城了。①

---

① 据悉，2019年蒲江县可通过成都中德（蒲江）中小企业合作区建设引进亿元以上项目35个，届时将吸引大批人流、物流和资金流涌入蒲江。

图 5-1 成佳镇地理区位及街景

　　成佳镇是四川省小城镇建设的试点镇，以绿茶雀舌为主要支柱产业，主要工业企业多与茶业相关。相距镇上不远的麟凤村正在进行旅游度假村建设，一方面证实了当地的自然生态景观是有着一定开发潜力的；另一方面也可以看到地方政府为推动乡村经济发展而做的努力。成佳镇内卫生干净、街道两旁以卖茶的商铺居多，当地农民大多农忙时在家种茶、采茶，农闲时外出务工，一年的经济收入加起来还是不错的。从成佳镇社会经济发展及产业结构来看，茶叶已然成为当前支撑成佳镇经济发展和社会建设的支柱产业。产业结构的稳定性与吸纳劳动力的能力决定了成佳镇相对稳定的社会发展结构。

　　成佳学校是成都市农村标准化建设学校，教学设施设备完善，能满足现代教育教学所需。学校占地 18287 平方米，有 14 个教学班，55 名教职工，在校生 547 人，其中小学生走读，初中生住宿，附设幼儿园 1 所（教职工 22 人，入园幼儿 298 人）。成佳学校始建于 1949 年，当时设官办学堂，原名成佳中心小学，第一任校长是陈俊文，有 10 个教学班，15 名教师。1970 年随着国家人口剧增，县城学校不能满足乡村孩子入学要求，因而在"小学不出村""初中高中不出乡"的布局规划下，成佳中心小学分为成佳中学和成佳小学，小学中心校和村小共 40 个教学班，初中 17 个教学班，高中 2 个教学班，学校教师多达 80 余人。20 世纪 90 年代，随着省市县大力普及九年制义务教育，地方政府积极投入学校硬软件建设、改善办学条件，1996 年成佳小学和成佳初中均通过了省市县合格评估验收。受国家计划生育政策影响，出生人口下降，学校生源减少，各校教育资源不均衡，2003 年蒲江县进行农村学校布局调整，成佳小学和成佳初中整合为成佳九年制学校，2014 年 7 月 1 日蒲江中学实验学校委托管理成佳镇九年制学校，为期三年，总体目标是将成佳学校建成蒲江县现代田园教育窗口学校、成都市新优质学校、中国农村基础教育特色学校，到 2015 年学校教学质量已升至全县第六位。

  成佳学校位于成佳镇一条正街的后侧，需要走进几十米巷子才能看到成佳学校的大门。在巷子口处竖着成佳学校校牌，巷子墙上宣传栏里记录着成佳学校的简要发展史、优秀教师团队、学校活动介绍及家长委员会章程。走进那扇极为普通的学校大门，首先映入眼帘的是一面白墙灰瓦、透着古韵、长约 2 米、宽在 5 米左右的石头壁墙，这是学校的茶人广场（面积很小），"茶人同道·自然成佳"八个绿字镶嵌在棕红色实木板上。紧挨着的是初中部教学楼，西侧白色墙面上镶着"知茶礼、懂茶道、学茶艺、做茶人"两行字，南面一楼有两间专门的茶艺教室，门平时锁着，透过窗户可以看到里面整整齐齐地排着几十套茶具。初中教学楼前面与校门口之间有一片空地，整齐地停放着一排教师的轿车，教学楼西侧靠近学校围墙处也停放着一排教师的轿车。这些轿车既是成佳学校教师们生活消费水平的物化符号，同时也是家校居住空间的距离象征，很显然，部分学校教师并不住在镇上。邻近初中部、正对学校大门口的是学校行政办公楼，办公楼与初中部中间空地设有一片绿植，里面种着不同种类的树木，外面围着修剪得整整齐齐的树丛。如果不是学校的人介绍，对于一个北方人来说，无论如何也看不出来这些平凡无奇的树丛就是茶树。更想不到的是，那些站在茶树旁边的松树是为了给茶树授粉，这样能够使茶叶的味道更加香醇清新。这应该是成佳学校特有的"绿化知识"吧。在绿植区靠近办公楼一侧，立着一块写着"润"字的石头，嵌入绿植之中，有些图文相称的意味。

沿着办公楼往东走便是学校操场了，操场并不大，有几个篮球架，四周稀稀疏疏地种着叫不出名字的树木。操场南侧依学校围墙建有一条开放式长廊，正中间顶端写着"弘扬传统文化，培养茶道人格"一行字，长廊里面张贴着关于制茶工序的图画和解释文字。操场北侧是小学部，无论是教学楼外侧还是教室里面布置都相对简约，小学常见的学生绘画、手抄报及手工制品并不多。小学部主楼旁边原来是社区教育培训场所，现在装修成一个多功能报告厅。据介绍，社区培训场地已转移到另外一处能容纳300人的地方。绕过小学部再往后走是生活区，一栋楼是食堂，一栋楼是宿舍。目前，宿舍仅供初中生和部分外地教师居住，空间比较紧张，尚没有条件满足六年级学生的住宿需求。

校园东北角一隅是幼儿园，幼儿园有一扇铁栅栏门，区域相对独立。据说幼儿园区域是新建的，地面铺着软绵绵的人造草地，建筑物外观是充满活力的粉橙色，看起来现代明亮。幼儿园走廊和教室里都贴满了各式各样的手工作品、美术作品等，孩子2—6岁不等。每年农忙时节，当地老百姓没有时间照顾孩子，便送到幼儿园上学，待到农闲时再把孩子接回家自己照看，所以幼儿园的学生总会变动，学校为了满足当地人的需求，不得不接收还未到上幼儿园年纪的孩子。靠近幼儿园一侧围墙的外面是一栋栋新建起来的住宅楼，楼房看起来十分洋气，据说是为下辖村村民建的安置楼。学校西墙外是一大片茶田，茶田里稀稀落落地种着几株桃树或松树。可见，成佳学校的围墙内外都是与茶树紧密连接在一起的。

近年来，成佳学校依托地方办学取得了一定成绩，先后被评为成都市绿色学校、成都市社区教育先进单位、蒲江县办学特色学校等称号，《中国教育报、四川日报、成都日报、中央电视台教育频道等媒体相继报道了成佳学校独具一格的"家庭+学校+社区+企业"四位一体茶乡教育模式并给予肯定和好评。学校教师有数十篇科研论文在国家、省、市、县教育科研论文评选中获奖。现在，由成佳学校具体负责的"青（成都市青羊区）蒲（蒲江县）中小学素质教育基地"为成都市青羊区和蒲江县两地中小学生提供素质教育实践服务，开发了成都市民乡村游学体验项目，成为城里人及子女体验乡村田园生活的好去处。

综上可见，若仅从学校硬件条件判断，成佳学校与一般的乡镇学校没有区别，甚至不如一些乡镇学校。但是，成佳学校却是一个内置茶文化、外显茶乡特色的学校。在"茶文化"熏陶下，成佳学校是宁静且淡雅的。

二 成佳学校的孩子们

一般意义上，与村级小学相比，乡镇学校的内部组织架构会更加完善，对学生的规训要略为严格，尤其对九年一贯制学校而言，学生的年龄跨度比较大，管理上会更谨慎一些。总体来看，成佳学校学生纪律相对严格，学生整体上看起来很精神，但少了一些躁动，个人衣着打扮干净且简约、不落俗套，已经不是大众刻板印象中又"脏"又"土"的乡村小孩了。尤其是低年级小朋友更加充满生机和活力，初中部学生课业压力较大，课间鲜见学生们聚在一起或长时间在外面玩耍。走在成佳学校校园里，学生稀稀落落地散在校园的不同角落里玩耍着，不会因为一个陌生人的到来而停住脚步或闪躲，他们会主动打招呼问好或者把陌生人的到访当成一件新鲜事来看待，他们都很快乐地沉浸在自己的世界里。那么，成佳学校的孩子们是一群怎样的孩子呢？走进成佳学校的日常生活，能更加深入地了解茶乡孩子们的校园生活是一幅怎样的风景。

（一）升旗仪式上的孩子们

成佳学校的升旗仪式是全校师生都要参加的活动（幼儿园除外）。操场上从一年级到九年级依次排成纵列，非班主任教师也会排成纵列站在一年级学生队伍边上。升旗仪式由学生代表主持，第一项为升国旗、奏国歌，全校师生齐唱《中华人民共和国国歌》，教师们身体力行，不失为身边小朋友们的榜样！第二项是国旗下讲话，学生代表结合全国中小学安全教育日主题，从学校集体活动、放学排队、课间活动、体育运动安全保护、交通安全保护、消防安全以及饮食卫生安全等方面阐释了保护个体安全的注意事项，对全校学生进行了安全教育。讲话结束后，校学生会主席针对上周各班级表现，宣读获得示范班级、文明班级、自主管理优秀班级等奖项的名单，各班级学生代表到讲台接受教师授牌，授牌结束后，学生会主席对上周学生会工作进行总结，如"每个班级早读较好，早上进校门时每个班级都向老师与值周同学问好。不足是做操时个别班级大声喧哗，排队就餐时个别班级打闹，楼梯上有时会出现白色垃圾，请打扫干净。最后祝愿同学们月考取得优异成绩"。

短短的升旗仪式是成佳学校学生日常生活的缩影，囊括的各项内容背后透着成佳学校在时空上对学生的规训。很显然，成佳学校的学生组织不是缺位或"有名无实"的，而是有着与城市学校相似的学生组织管理制度。学生组织对全校班级表现和评比名次的当众表达内置着成佳学校学生管理的日常规训法则。讲话内容中提到的即将到来的全校月考，无疑是学校对学生成绩关注的集中表达。可见，成佳学校对学生的管理是一种强规训，对学生成绩的关注是作为一所九年一贯制学校区别于一般村小的明显表现。

（二）回馈家乡的毕业生

对于成佳学校学生来说，茶不仅是日常生活饮品，还是家庭经济来源，更是一种家乡符号。这种生长在茶乡，浸润在茶知识和茶文化校园中的生命成长历程带给学生的是对家乡的认同和对乡土的怀恋。他们在学校读书的时候学习茶知识，毕业之后也不忘自己的母校和家乡。据校长介绍，有的学生虽然已从成佳学校毕业多年，甚至远在深圳工作和生活，但却依然对家乡的茶叶情有独钟，只喝自己家乡产的绿茶，而不是距离深圳更近的福建茶叶。此外，他们愿意通过自己的力量帮助母校家庭经济困难的学生。从中可以看出，作为茶乡的孩子和成佳学校的毕业生对家乡和母校的情谊、对社会的责任。有的学生读了大学之后，会利用假期走进家乡的企业做义务导游和讲解员，向游客讲解茶文化、传授茶知识，而且把家乡的茶品做成小陶艺，向外界推广。[①] 这种身体力行的义务行动既是为家乡献出的一份力量，更是对家乡的一份热爱。无疑，这份热爱是浸润在成佳学校学习茶知识、习得茶品格教育中一点一滴养成的，是成佳学校以茶育人的典型例证。

三 身体力行的校长与勤勉的教师

浸润在茶乡的成佳学校，改变的不仅是学生，还有校长和教师。与成佳学校校园一样，成佳学校有着一群质朴且身体力行的教师。从对外展现的气质看，无论校长还是教师都是恬淡且质朴的，这与成佳学校的校园文化浑然一体。校长和教师都是成佳学校茶文化的附带者和诠释者。校长亦是教师，校长是身体力行的引领者，以润物无声的方式影响着师生们。

对于成佳学校校长而言，茶意味着一种日常生活的必备饮品，茶的知

---

① 刘磊：《让农村教育反哺农村发展——四川省蒲江县推进现代田园教育采访纪行》，《中国教育报》2013年10月28日第1版。

识就像生活常识一样了然于心。面对校园里那些不起眼的茶树，校长娓娓道出了隐藏其中的茶的秘密：

> 这是我们学校的茶园。我们家家户户都种茶，他们种植得比我们好。这个芽采摘下来把它加工出来就是我们喝的茶叶，为什么我们要在茶树丛中种几棵松树呢？松树是喜阳的，茶是喜阴的，混合在一起就相当于阴阳平衡，还有花粉，松树松花粉风一吹它掉下来就铺在茶叶上，这样茶的品质就是最好的，老百姓就能够卖大价钱，而且这个茶比没有松树的茶喝起来有特殊的香味。我们的茶园基本上都种植松树就是这个原理。

很显然，对校长而言，这些知识已是常识。在一定意义上，它象征着茶乡的印记。作为一所九年一贯制学校，成佳学校校长多由高年级教师担任，而有限的教师配置决定了校长需兼任教学工作。不仅如此，学校与社区携手举办的公益活动也少不了校长的身影。譬如2019年3月成佳学校、成佳镇团委、成佳镇圣茶社区等单位联合组织"学雷锋，树新风，净环境，美家园"主题学雷锋活动，成佳学校王副校长带领学生们一起参与长达300多米龙凤街街面卫生清扫工作。可以说，无论是育人还是管理，成佳学校的校长都是身体力行，以身作则。

当然，一所学校的良性运转与教师队伍的贡献是分不开的。成佳学校由蒲江实验中学托管后，师资力量得到了进一步加强。对一所九年一贯制学校来说，学生成绩和升学压力是教师必须面对的挑战。因为能否升入一所好高中是学生家长是否愿意把子女送入成佳学校的重要依据，这意味着成佳学校教师在初小衔接阶段必须百倍努力。年轻教师学习和工作中遇到的困惑多，学习欲望强烈，他们渴望有更多的培训机会，培训内容更有实际指导意义。

综上可见，无论是学校硬件配置、环境建设，还是成佳学校校长、教师、学生都是朴素的，内涵与外表都渗透着茶乡特有的恬淡。这种恬淡看上去既没有感官上的审美享受，也尚不能激发人们内心中的浪漫涟漪，但这种弥漫在校园空气中的宁静和朴素却使工作和学习在其中的人们忘记了外物的纷扰，静心地投入工作和学习中去。这就是成佳学校，学校与社区形神相似，有一种潜移默化的力量在形塑学校的教育生态。

第二节　成佳学校在地化育人文化的实践图谱

九年一贯制学校因学生年龄跨度、知识跨度和家长群体跨度大，无论在学业成绩、学校管理还是家校关系上面临的挑战都要比一般学校复杂得多。地处茶乡的成佳学校抓住地方产业特质，将茶乡文化融入学校育人目标、文化建设和内外关系构建上，缓和了过去紧张的家校关系、社校关系，走上了一条以内置茶品底色，外构"家庭＋学校＋社区＋企业"育人合力的特色化办学之路，这种通过拓展学校功能与地方产业联系，继而将地方产业资源和人力资源要素嵌入学校发展的变革理路是成佳学校在地化发展的实践表征。然而变革伊始，成佳学校的初衷并不是为学校发展的行动，而是源自20世纪后期国家推进农村教育综合改革的热情，服务于地方产业发展是成佳学校在地化变革的实践起点。总体来看，成佳学校以地方产业为中介载体的在地化变革源自为家乡产业服务的朴素办学愿望，并在学术知识的支持下逐渐内化为学校的办学特色与优势，经过十几年的实践积累、提炼和反思已经形成了相对稳定、成熟和结构化的行动框架。

一　成佳学校在地化育人文化的推进路线

成佳学校在地化变革实践是多元智慧集合的产物，是学校有意识的教育行动。回顾十几年的发展历程，期间经历了由外而内的学校优势建构，再到由内而外的学校特色输出的发展过程。一方面，依托地方产业形成了现代田园教育的实践路径；另一方面，在服务地方产业和学校特色输出相结合的发展实践中拓展了地方产业的功能位域，将乡村产业带向城市。

（一）一校挂两牌：始于服务地方产业需要的朴素初衷

20世纪80年代以后，国家开始热衷于推进农村教育综合改革，强调农村教育为农村经济发展服务，基础教育、职业教育和成人教育相结合的"三教统筹"政策成为当时农村教育综合改革的重要举措。成佳学校在地化变革之路就是在这种背景下发展起来的。总地来看，成佳学校在地化变革是一次有意识、有计划的教育行动，萌生于吕际洲校长与当地茶企老板的一次谈话，开始于服务地方产业需要的朴素初衷。"成佳茶产业发展需要培养更多有技术、高素质的茶农和技术工人，茶乡的学生和家长就是培训的对象。"2002年成佳学校校长吕际洲与茶企老板的一次谈话，让这所茶乡学校找到了教育反哺茶乡的切入点。① 2003 年 2 月成佳学校与绿昌茗茶叶公司合作创建了成都市第一所农村社区教育学校——蒲江县绿昌茗社区教育学校。至此，成佳学校成为一所"一校挂两牌"的农村九年制学校，它既是普通的义务教育学校，还是成佳社区的教育培训中心，集基础教育、成人职业技术教育与社区教育的空间教育职能于一身。此后，学校与企业联合开展茶业技术培训，由学校开放教育资源提供培训场所并负责适用于培训需要的乡土教材的编写，企业则负责为学校提供实习和实践基地；学校还与县就业局协作，开展春季采茶工短期培训；与县"阳光办"合作，开展农村劳动力转移培训等。与此同时，学校还承担着成都市市级课题《农村学校为地方特色经济发展服务的对策研究》工作。研究期间，成都市教育研究人员给予指导，教育实践者与教育研究者之间保持着密切联系和互动，也就是说，成佳学校通过教育反哺乡村的教育行动是在理论指导下的在地化实践。2007 年学校完成了课题结题工作，总结和积累了系列实践经验和做法，为进一步结合茶乡特点明确学校育人目标，构建以茶为底色的学校文化奠定了理论和实践基础。

（二）由外而内的学校优势建构：从"为地方"到"助学校"的实践行动转向

完成市级课题后，成佳学校对"学校 + 家庭 + 企业 + 社区"四位一体育人模式有了初步的认识，在此基础上又开展了"教育反哺农村的茶乡模式实践探究"工作，进一步深化了四位一体育人模式。譬如，强化以"茶文化"为主的校本培训，提升教师"以茶育人、以德树人"的综合素质，引导学生"懂茶道""行茶礼""爱茶乡"；设置社区教育服务站，免费为家长及社区居民播放农科教碟片、提供上网服务、开放图书报刊和学习交流场所，为家长和社区人员参与学习、提高综合素质提供便利条件；开展评选"学习型家庭"活动等。一系列实践举措达到了学校教育学生、学生带动家庭、家庭影响社区的良好社会效果，得到了社会和家长的好评。

随着实践的深入，成佳学校在探索育人模式的同时，已经开始有意识地将茶文化融入学校文化建设和育人目标之中。2009 年学校将"学校 +

---

① 刘磊：《让农村教育反哺农村发展——四川省蒲江县推进现代田园教育采访纪行》，《中国教育报》2013 年 10 月 28 日第 1 版。

家庭＋企业＋社区"四位一体茶乡教育模式提炼到"茶·人"教育的高度，开始了以茶文化为底色构建学校品牌系统，在充分挖掘"茶道"内涵的基础上，提出了"茶人同道、自然成佳"① 的核心办学理念，旨在通过以茶为媒的"茶·人"教育，通过显性课程教育与隐性文化浸润双重教育途径，依据茶文化以"品"为核心、以"和"为灵魂、以"真"为终极追求的精神，引导个体逐步完成品格修养，自然养成热爱生活、精行修德、向善求真的公民。

在改革实践中，一方面，通过优化以茶文化为载体的校园文化建设，如设置茶人主题展板普及茶文化知识，形成以"绿昌茗""嘉竹"等茶叶品类为主的学校绿化设计，校园所有路灯的灯杆上都安装了以茶文化和国学经典为主要内容的宣传路牌等，以校园器物文化浸润师生的茶人精神；另一方面，学校日常教育教学活动以德育为基点，逐步将茶文化特色教育渗透到系列特色活动、课堂教学及校本课程中，譬如每年4月23日通过"世界读书日"评选"学习型家庭"，积极开展茶人学生社团活动，举办包括成佳文化节、成佳感恩节、成佳摘茶节等茶人主题教育活动，修订第四版形成校本教材《茶人教育四部曲》等。2012年之后，学校特色品牌建设开始产生积极社会评价，被各类媒体多次报道。之后，校本教材《茶人教育四部曲》被评选为国家级特色课程，成佳学校被教育部基础教育二司确定为全国首批40所中小学优秀传统文化教学研究基地校，从而完成了从"为地方"产业服务向以地方产业为中介"助学校"发展的实践转向，实现了从"为家乡人"到"培养家乡人"的由外而内的学校优势建构。

（三）由内而外的学校特色输出：构建乡村游学基地拓展地方产业功能位域

随着茶文化品牌的系统建设，成佳学校看到了茶叶之于都市儿童的教育价值，继而将学校茶文化实践与地方产业基地相融合，建立了面向成都市民和中小学生的乡村游学体验基地，拓展地方产业的功能位域，将乡村产业推向城市，开启在地化教育变革新局面。对于生活在都市里的孩子而

---

① "茶人同道、自然成佳"理念颇具妙意。"茶"字上下皆为草木，但中间是人，做茶实际上就是做人。然而，做茶和做人的妙境并非靠强力而得，而在自然之水到渠成。自然即是佳境或最高意境，而"成佳"却是学校之名，实至而名归。

言，虽然干茶叶并不稀奇，但对于茶树是什么样的、茶叶是什么样的、茶叶是怎么制作出来的等问题却知之甚少。因而，体验乡间茶园以及采茶制茶过程对于都市里的孩子而言是一件充满了趣味性的体验。基于为都市儿童提供彰显茶乡本色的游学体验设想，成佳学校在既有"青蒲中小学素质教育基地"和"成都市民乡村游学体验项目"基础上进一步推出了面向成都市中小学生的游学课程，包括古典茶艺欣赏课程、问鼎茶山采茶体验课程、"文明进餐"养正课程、"茶史·茶文化"研习课程、"手工制茶"体验课程、"茶艺茶礼"体验课程等，其中部分课程在青蒲基地采茶体验中心（茶园200多亩）完成，部分在成佳学校完成。一般而言，每年3—6月是最佳游学时间，来自城里的小朋友可以在一天的时间内体验茶乡的自然风光、了解中国茶文化的发展历史、欣赏古典茶艺、戏曲、武术、杂技、舞蹈，以及体验采茶、制茶、泡茶的整个流程。在游学活动结束后，学生还可将自采自制的一袋茶叶带回家中孝敬父母。这种游学体验项目不仅拉近了城乡学生之间的距离，而且向外界输出了成佳学校的"茶·人"教育文化，这种由内而外地输出学校办学特色的过程是成佳学校以地方产业为媒介进行教育在地化变革的高阶意义体现，将地方产业的教育功能和意义延伸至更广阔的位域空间，赋予了在地化教育弥合城乡教育分异的价值意涵。

总体来看，虽然成佳学校在地化教育变革是一次有计划的实践行动，但在实践进程中却有超越既有计划的改变。这种改变来源于与时代发展形势的不断对话。农村学校变革要保持开放、要保持与外界的联系与对话，这是一条基本规律。成佳学校在地化教育变革既是一次自我变革的探索之旅，也是一次承载教育发展意志的目标之旅。

二　成佳学校在地化育人文化的嵌入环境

成佳学校在地化变革作为一项有意识的教育行动，根植于地方特色产业的发展路向是在与国家教育政策、地方教育发展愿景的持续互动中逐步展开的，地区教育发展环境与学校内部发展环境对于深入理解成佳学校在地化变革具有十分重要的参考价值。

（一）地方教育政策的引领与支持

以现代田园教育范式推进农村教育现代化一直是蒲江县教育发展的方向。进入21世纪以来，蒲江县致力于推进城乡教育均衡发展，蒲江县农村中小学办学条件得到了很大改善,2004—2006 年市县投入 1.2 亿元,率先在全市启动并完成农村中小学标准化建设,随后县级政府先后投入 2000 万元推进义务教育学段生活设施标准化建设以及学校技术装备、"校校通"等工程,2006 年全国义务教育均衡发展现场会在蒲江县召开,2007 年蒲江县成为四川省首批、成都市第一个"义务教育示范县"。[①] 可以说,无论从地方教育经费支付能力还是地方教育行动者的行动力和教育志向来看,蒲江县义务教育的发展都有较强的经济和智力基础。这无疑给成佳学校的变革发展提供了良好的教育物质基础和上层动力支持。此外,为促进教育更好地为地方经济和社会发展服务,蒲江县基于职业教育、社区教育、成人教育统筹的发展传统,通过拓展学校空间功能和教育优势,坚持学校资源向社区开放,在终身学习理念下不断加强学习型社区和学习型家庭建设,积极推进社区教育学校、社区教育服务站、社区教育资源库和数字化终身教育网络体系建设,全面开展"学习型组织"和"学习型家庭"评选以及"全民终身学习活动周"等大型活动,推动终身学习型社会构建。可以说,蒲江县重视社区教育、成人教育、职业教育的教育改革环境促进、滋养和保障了成佳学校变革的有序推进。一方面,成佳学校以"一校挂两牌"的方式服务于当地经济和产业发展的思路是契合并带头践行了蒲江县教育局所倡导的教育为地方经济和社会发展服务的理念的,这意味着其变革行动是有实践的政策空间的。另一方面,蒲江县教育局对成佳学校"学校+家庭+社区+企业"四位一体育人模式和"茶·人"教育办学特色的积极肯定与大力推广,并致力于将成佳学校建成蒲江现代田园教育的窗口学校和中国农村基础教育的特色学校的发展定位,对于一个处于科层体制末端的农村学校而言,政府的鼓励和支持强化了学校发展自信、坚定了学校发展特色、延续了学校发展传统。由此可见,成佳学校的在地化变革作为对当地教育局乡村教育改革行动的回应,是在与政府的积极互动中完成的,得到政府的肯定性回应和积极支持是成佳学校在地化变革的主要动力。

(二)社会的智力支持和资源支持

成佳学校的硬件条件算不上豪华,但早在 2006 年就已完成成都市学校标准化建设项目,2008 年完成了成都市教育技术装备满覆盖项目,无

---

① 蒲江县教育局:《蒲江县教育现代化发展规划(2010—2020 年)》,2010 年 7 月 6 日。

论是从教育经费投入还是教育硬件配置上都能满足学校的正常教育教学需要。2012年2月成都市教育局下发了《关于深化城乡教育互动发展促进教育圈层融合的意见》,旨在通过资源整合、互惠共存的融合发展路径推进城乡教育一体化进程。在城乡教育互动发展政策引领下,2013年4月成都市青羊区和蒲江县两地政府协议投资共建"青蒲中小学素质教育基地",通过集约共建模式实现资源共享,为成佳学校在地化实践提供了资源支持。此外,由于成佳学校一直与地方企业保持着密切联系,企业会通过捐款或者资助的形式向学校提供资金支持,如资助学校为家庭经济困难的留守儿童发放书包和文具、提供助学金,向学校提供办学资源或资金(如帮助安装LED显示屏)等。虽然企业的资助行为并不具有长期性和稳定性,但也能在一定程度上改善学校的资源和资金供给问题,尤其是困难学生的资助问题。另外很重要的一个方面是,成佳学校还与教育研究机构有着密切的联系,来自省市及大学的教育研究资源为成佳学校在地化实践提供了强有力的智力支持,来自研究者的理念和理论知识的介入提升了成佳学校办学的理论素养,这些为成佳学校在地化变革实践提供了理论支持和指导,是成佳学校提炼和总结实践经验中不可或缺的力量。也正是因为成佳学校与相关研究机构、研究者的紧密联系,使得成佳学校的办学实践能够通过学术会议以及研究人员的推介等在更大范围内得到更多的社会认可,进而提升了自身的办学自信和办学知名度。可见,这种理论与实践相结合的学校发展方式是成佳学校在地化变革取得成功的一项十分重要的条件。

(三)管理方式上的创新提增学校效能

从学校制度环境看,规范化是成佳学校管理的基本特征。既强调培养茶人品性,又重视学生学业成绩是成佳学校的突出特点。一方面,成佳学校在"茶·人"教育办学理念指导下,强调以茶德树人德,培养良好教风学风,提高教育教学水平和学生综合素质。学校根据自身情况确立了以茶德树人德的办学目标,按照《中学生守则》和《中小学生日常行为规范》要求,规范和健全学生管理规章制度,通过开展懂茶道、行茶礼、爱茶乡教育活动,努力养成学生良好的思想品德和行为习惯。在教师管理上,要求教师树立终身学习思想,规划教师培训,组织各种形式的培训。另一方面,学校十分重视学生尤其是初中生的学习成绩。蒲江县高中阶段教育入学率已经达到97%,基本完成了普及高中教育任务,但升入重点高中依旧是大部分家长的教育期待，也是成佳学校的办学压力所在。所以，成佳学校保持着阶段性学生检测制度，每隔一段时间，学校就会组织一次全校性学习成绩测验，用以诊断和检测学生的学习效果。2014年成佳学校被县内名牌学校蒲江中学实验学校托管三年后，人力和财力资源不断注入，教学质量有了明显提升，初中毕业生实现了升入重点高中零的突破，并保持连年有学生升入重点高中，老百姓对学校的满意度大为改观，成佳学校教师也说"我们在走上升之路"。当时，托管成佳学校的蒲江中学实验学校校长现在已是县教育局局长。可见，虽然成佳学校作为一所镇级九年一贯制学校，但在县教育局的分量以及与县教育局的联系却是一般乡村学校所不能及的。

（四）"学校+家庭+社区+企业"育人模式的构建

家长、社区和企业的支持构建了成佳学校良好的社会关系网络。在"学校+家庭+社区+企业"四位一体育人模式下，成佳学校与家长、社区、企业一直保持着良好的互动关系。

其一，与家长建立良好的互动关系。学校除一些开放性活动会邀请家长参与之外，还成立了家长委员会，一方面赋予家长参与、监督学校教育教学工作的权利；另一方面通过家长协助完成学校相关活动，建立家长群体与学校之间的交流与沟通机制。

其二，与当地社区保持优势互补的良好互动关系。譬如成佳镇当地社区每年重阳节或者春节会组织一些社区活动，学校会协助社区策划活动、参加演出，反过来，当学校遇到管理上或建设上的困难时，譬如当地居民在校门口乱停车、学校门口道路修补等，当地社区也会发挥自身优势积极为学校排忧解难。学校和当地社区还会联合举办有助于社区建设的公益活动，比如2019年全国学习雷锋纪念月，成佳学校、成佳镇团委、成佳镇圣茶社区等联合组织100余名教师、学生、党员、团员志愿者在成佳场镇开展了"学雷锋，树新风，净环境，美家园"主题学雷锋活动，成佳学校100多名师生与当地社区志愿者一起清理和打扫成佳镇300多米龙凤街街面卫生，既服务了社区，又锻炼了学生，更加深了学校和社区之间的联系。

其三，企业对成佳学校的支持。企业除了向成佳学校提供学习、特质资源和资助贫困学生外，当地茶企业依托自身的茶文化建设为成佳学校开展茶性德育提供教育基地。譬如当地一家名为同心亭的茶园景区，设有介绍茶文化和廉洁文化的专区，当学校开展学生廉洁自律品性教育专题时，可以与企业取得联系，企业会向成佳学校开放场地，供学生们参观、学习、体验，地方企业挖掘的教育素材既赋予自身以教育价值，同时也拓宽了学校的教育空间，节约了学校的资源投入，并在互动中深化了学校与企业之间的联系。

总体来看，成佳学校与家庭、社区和企业之间的持续互动所营造的和谐友善关系已成为成佳学校办学的社会资本支持，不仅减少了学校变革过程中潜在的家长、社区阻碍，还能够在一定程度上借助三者的力量推动学校相关实践行动的落地。

三　成佳学校在地化育人文化的行动框架

成佳学校在地化变革已走过十几年的路程，但以地方产业为核心标识的在地化之路还十分年轻，具有多主体参与、显性课程与隐性课程共在、学校德育和文化建设协同的在地化变革特征。

（一）在地化变革行动的主体秩序

成佳学校在地化变革是一项由家乡产业培植"家乡人"的教育行动计划，是多方力量支撑下的社区集体行动，体现的是集体力量和群体智慧。具体来看，成佳学校的在地化变革是嵌入"学校＋家庭＋社区＋企业"四位一体育人模式中，学校是主要教育主体和实践主体，在变革过程中家庭、社区和企业发挥着协助者的作用。

正如前文所述，一位有洞察力和行动力的校长是成佳小学踏上在地化变革之路的决定性要素。学校如何为当地社会发展服务是蒲江县教育局对教育发展的宏观定位，如何为成佳镇地方产业培训人才源自校长对上级教育发展政策的敏感性及洞察力，校长扮演了成佳学校在地化变革引路人的角色。学校与社区、企业联合组织的一系列活动，校长不仅身体力行参与其中，而且发挥了示范引领作用。但真正将茶文化内化为成佳学校的文化内涵和德育目标，则是校长与教师共同努力的结果。一方面，成佳学校成立了"茶·人"教育研究室，研究室人员由校行政领导班子和骨干教师组成，主要负责从整体上统筹安排"茶·人"教育事宜，譬如"茶·人"教育内涵研究以及校园茶文化建设等；另一方面，日常教学和校本课程实施，教师则成为茶文化的传播者和渗透者。常规科目力求在学科知识教学中合理、有效、适时渗入茶文化知识、对学生进行茶文化熏陶和茶文化思想渗透。譬如在政史地教学中开展茶史茶情教育，在语文课教学中诵读茶诗茶赋，在艺体课教学中唱茶歌、跳茶舞、绘茶画，在化学课教学中进行茶园施肥管理和无公害管理教育等。除此之外，学校还开设了适用于1—9年级的茶道文化校本课程，由接受过茶艺培训的教师兼任校本课程教学任务，教师会根据不同年级学生的成长特点，结合自身学习经验，对教学内容进行差别化处理，以提升对学生的适用性。由此可见，成佳学校教师不仅是课程的实施者，亦是"茶·人"教育内涵的传播者与实践者。此外，在成佳学校在地化实践过程中，家长、社区、企业发挥的是协助者的角色，教育研究者的介入给予成佳学校以理论支持，家长、社区、企业的介入给予成佳学校以实践上的帮助，多方力量的合作提升了成佳学校"茶·人"教育理念的系统化与落地的可能性。多主体参与打破了学校和家庭、社区之间的隔离，拓展了学校教育活动的关系圈，成佳学校在地化变革实质上经历了一个由借力到发力的发展过程。

（二）在地化变革实践的行动逻辑

成佳学校在地化变革是以课题研究的形式延伸至课堂教学的，是按有计划、有组织、多面向的实践逻辑展开的。

首先，成佳学校在地化变革是计划先于实践的。纵观成佳学校十几年的变革历程，每一次实践的深入都是在有计划的设计建构中完成的，如变革伊始学校与企业间的合作是基于学校承担的市级课题"农村学校为地方特色经济发展服务的对策研究"，而后"学校+家庭+社区+企业"四位一体育人模式也是在学校主持的"教育反哺农村的茶乡模式实践探究"中逐渐走向成熟和系统化的，并制定了《"四位一体"茶乡教育模式推进方案》《"茶人教育"校园文化建设总体规划方案》等指导学校在地化实践的文本方案。

其次，成佳学校在地化实践是由学校成立专门组织负责推进的。譬如在探索"学校+家庭+企业+社区"四位一体育人模式的过程中成立了"四位一体"推进办公室，在研究"茶·人"教育理念和学校文化建设过程中成立了"茶·人"教育研究室等，由学校组织专门机构以及工作队伍进行在地化实践探索。

最后，成佳学校在地化变革是以多面向的实践载体展开的。譬如组织围绕茶文化展开的多样性学生社团活动和学校教育实践活动，开发茶文化校本课程，撰写学校文化建设和育人模式论文等，以多面向的实践探索助推成佳学校"茶·人"教育的内化。

（三）在地化变革实践的基本构成

成佳学校在地化变革是将地方产业形象符号化为培养具有地方品性的人的过程，具体围绕课程、活动和校园文化建设三个维度展开。

其一，成佳学校在地化课程实践主要表现为茶知识、茶文化进课堂以及校本课程和教材的编写。除了学科教师结合学科知识渗入茶知识和茶形象外，学校还给每班配发了《人生如茶》一书，要求学生每天诵读书中的茶诗，做到人人会背茶诗、个个会唱茶歌，人人知"茶乡、茶情"，个个懂"茶礼、茶德"。学校还为4—8年级学生设置了每周一节的"茶人茶艺"校本课程，主要向学生传递如何认茶、泡茶、品茶等知识，将茶元素引入体育课程，形成了具有校本体育特色的茶韵太极，并开发了包含茶史茶情、茶艺茶道、茶礼茶德、茶乡茶技内容的校本教材。

其二，成佳学校校园活动和社团活动融入茶元素，包括结合传统节日的文化节、感恩节、采茶节等"茶·人"主题活动，结合学生综合素质培养的茶人编织、茶人歌舞、茶人书画等"茶·人"社团活动，以及增加学生实践经验的企业参观、茶技体验等"茶·人"实践活动。譬如学校组织面向全体学生的以茶为内容的演讲比赛、开展"人生如茶"校园主题征文活动、参加市廉政文化建设茶诗诵读活动等，设有"成佳茶人文化论坛"，充分利用学校、家庭、社区和企业等各方资源在学校设坛开讲，采用亦讲亦论的方式，旨在促进讲者和听者间的互动。论坛主题可由主讲人自定，也可根据学生兴趣选题。

其三，成佳学校在地化校园环境以茶文化为主题进行系统设计、美化及优化。通过打造特色文化墙、设置"茶·人"主题展板传递普及茶文化知识、展示学生创作的茶艺茶道作品，以此形塑学生的茶文化认知与茶文化认同；将茶元素融入学校器物文化建设，譬如学校大门楹联为"茶引博士文书中读尽千秋岁月，人修君子德茶中品出百味人生"，茶人广场以"茶人同道、自然成佳"为主题，在校内设名茶茶园，如"绿昌茗""嘉竹""绿雨村""良峰""绿典"等，花园中种植茶树，以及以宣传茶性品质的灯杆文化等，校园器物文化诠释着学校的茶乡本色、涵育着学生的茶性品格。

四　成佳学校在地化育人文化的主体联结效应

总体来看，成佳学校的在地化变革是以服务地方产业发展为逻辑起点，进而将服务地方与学校发展融为一体转向培养具有茶知识、茶品性的茶乡人为最终目标的实践进路。有计划、有组织、多面向实践行动建立了家乡产业与学校教育的有机联系，通过学校文化建设的"软""硬"兼施，将"茶的本体知识"转化为"茶的意象知识"，教育逻辑遵循从"茶的本体知识"（即茶叶习性、采摘、制作和文化等方面的实体知识）的习得到"茶的意象知识"（即茶的生长之道、生长特性与人的生存之道、生活艺术等之间关联的象征性知识）参悟的认知过程，最终的落脚点是通过建立一个依托地方产业介入的学校实践载体培养出具有茶性品质的茶乡人，在学生成长过程中埋下热爱家乡的根脉。同时将产业特色转化为学校文化符号既拓展着学校教育内涵，又负载着稳定地方产业结构、积淀并传承地方产业文化的内在价值。可以说，成佳学校通过地方产业推进学校教育加深儿童文化标识的在地化实践构建了乡村、学校、儿童三者之间的内在联结。

第三节　成佳学校在地化变革的理论译码

成佳学校在地化变革案例资料的扎根译码是基于实地访谈和观察获得的一手资料与报纸等二手资料完成的。其中，一手资料包括对校长、教师等人的开放式访谈文本、学校文件资料；二手资料包括媒体对成佳学校的采访和报道等（具体情况见表5-1）。在资料收集整理上，除对成佳学校实地调查获取部分一手资料以外，二手资料的收集和一些补充性一手资料是伴随着写作过程逐渐完善的。因实地访谈、新闻报道并不完全指向成佳学校在地化变革，因而，在对文本进行编码工作之前，删除了访谈者的自我表述、被访者觉得敏感的部分、访谈者与被访者的"闲聊"、访谈中表示语气的词汇，[1] 以及其他非访谈文本中与研究主题毫不相关的部分。经

---

[1]　因本书并非严格意义上的质性研究，不需要对被访者的语气、表情等进行细致的分析，重点是对被访者所谈内容进行系统化分析，因此在访谈资料的处理上，除非语气词代表着某一种确定答案，否则无实质性意义的语气词均被作者删除。

过整合后的文本资料为1.2万余字,[①] 涉及主体对象有校长1名,教师3名。

表 5-1　　　　成佳学校单案例扎根理论译码资料表单

来源	内容
实地访谈资料	①校长（C） ·访谈时间为2小时,整理原始文本资料约1.7万字 ·男,执教物理学科,调入成佳学校近2年 ②教师（D） ·访谈时间为30分钟,整理原始文本资料约5000字 ·男,教务主任,亲历学校《农村学校为地方特色经济发展服务的对策研究》《教育反哺农村的茶乡模式实践探究》等课题研究及学校活动 ③教师（Q） ·访谈时间为30分钟,整理原始文本资料8000余字 ·女,初级教师,小学五年级语文教研组组长,负责学校茶艺校本课程教师 ④教师（Y） ·访谈时间为30分钟,整理原始文本资料约5000字 ·男,中学二级教师,德育干事,体育教师,负责学校茶韵太极校本课程
学校文件资料	①"茶·人"教育品牌项目建设推进情况汇报 ②成佳学校"茶·人"教育校园文化总体规划方案 ③蒲江县成佳学校特色发展思路提要 ④成佳学校"茶·人"教育课程体系建设方案

一　成佳学校案例资料的开放性译码

对成佳学校案例资料的开放性译码遵循了开放性译码过程秉持的原则和标准完成了贴标签、概念化和范畴化三个步骤。在获得文本资料的初始代码,即贴标签过程中,标签编码方式是按照"p1,p2,p3……"的形式呈现的。在反复对比原始文本资料的基础上,将成佳学校1万余字的案例资料概括为与原始文本保持语义一致的108个标签。接下来按照概念化过程的编码原则,将存在概念重叠和同质性的标签进一步抽象,并以

[①] 这里的1.2万余字是对案例学校资料综合处理和筛选之后的结果,而表单5-1中所呈现出的被访者文字量则是未进行处理前的文字数量,特此说明。

"pp1，pp2，pp3……"的形式表示，共抽象得到33个概念（见表5-2）。

表5-2　　　　　成佳学校案例资料编码的概念化

pp1 办学坚持为地方服务（p2，p9，p52）	
pp2 建立向城市学校开放的游学基地（p3，p5，p26，p28，p31，p106，p107）	pp20 学生学习茶礼有助于处理人际关系（p81）
pp3 当地家家户户都种植茶叶（p6）	pp21 锻炼学生心性减少浮躁、静心学习（p76，p77，p78，p89，p90，p91）
pp4 结合茶道梳理学校办学优势（p92，p93）	pp22 有专业教育研究人员指导课题研究（p50）
pp5 获得政府肯定（p105，p108）	pp23 组织活动为学生提供展示舞台（p1，p11，p97，p98，p99，p101，p102，p102，p104）
pp6 缓慢的探索和提升过程（p4，p47，p48，p49，p51，p53，p54，p61）	pp24 将茶知识与学科知识相融合（p55，p56，p57，p58，p59，p82）
pp7 以特色活动增加社会影响力（p100）	pp25 校长认为农村学校发展要整合外在教育资源（p60）
pp8 与社区联系紧密（p8，p12，p13，p14，p17，p18）	pp26 校长认为家校共育培养学生更好（p19）
pp9 家校积极互动（p20，p21，p78，p79）	pp27 校长了解茶的知识（p7，p25）
pp10 同事相互合作（p83，p86）	pp28 教师会根据学生特点筛选校本课程内容（p69，p71）
pp11 获得社会支持（p10，p15，p16，p23，p24，p27）	pp29 教师需要根据地方茶的特点进行茶艺校本化处理（p74）
pp12 改革目的在于培养学生热爱家乡（p29，p33，p34，p35，p94）	pp30 校本课程教学对于教师是挑战（p66，p80，p84）
pp13 将茶品格融入教育教学中（p32，p40）	pp31 教师需要边摸索学习边教学（p62，p63，p64，p65，p67，p68，p72，p73）
pp14 传承中华传统茶文化（p30）	pp32 学校为教师提供茶艺培训学习（p22，p75）
pp15 学校培养学生是多元的而不仅是升学（p44，p45，p46，p95，p96）	pp33 教师利用网络查找、学习相关知识（p70，p85）
pp16 农村学校具有城市学校不具备的田园优势（p38，p87）	
pp17 农村学生在学习投入和学习条件上处于劣势（p39，p41，p42，p43）	
pp18 毕业生对家乡茶情有独钟（p36）	
pp19 毕业生资助在校生（p37）	

概念化工作完成之后，在反复对比原始文本资料的基础上对成佳学校案例资料所抽象出来的概念进行了进一步归纳和抽象，即范畴化译码过程。成佳学校范畴化译码是以"P1，P2，P3……"的形式呈现的，经过对比成佳学校的33个标签，共得到21个范畴，分别为：

P1 建立向城市学校开放的游学基地；P2 获得社会支持；P3 获得政府肯定；P4 当地家家户户都种植茶叶；P5 形成学校发展特色；P6 缓慢的探索和提升过程；P7 与社区联系紧密；P8 家校积极互动；P9 同事相互合作；P10 引入茶知识拓展学校的教育功能；P11 学校培养学生的目标是多

元的而不仅是为了升学；P12 保持对农村学校优势和劣势的清醒；P13 毕业生的积极反馈；P14 习茶磨炼学生品性；P15 为教师学习提供支持；P16 组织活动为学生提供展示舞台；P17 将茶知识与学科知识相融合；P18 校长的办学智慧；P19 校长了解茶的知识；P20 教师角色转变；P21 借助网络学习。

具体的范畴性质及其概念间的关联性表述详见表 5-3。

表 5-3　　成佳学校案例资料概念的归纳范畴及其性质表述

范畴	包含概念	范畴性质	概念关联表述
P1 建立向城市学校开放的游学基地	pp2	学校成为城市游学基地	—
P2 获得社会支持	pp11	当地企业和社区的帮助	—
P3 获得政府肯定	pp5	改革行为得到教育行政部门的认可	—
P4 当地家家户户都种植茶叶	pp3	茶是学校当地主产业	—
P5 形成学校发展特色	pp4，pp7	学校有意识地将茶文化转为特色	梳理茶道形成学校特色、以茶特色活动增强社会影响力从本质上意在形成和强化学校发展特色
P6 缓慢的探索和提升过程	pp6	学校的改革是慢慢展开的	—
P7 与社区联系紧密	pp8	学校与社区相互支持	—
P8 家校积极互动	pp9	家长支持学校，学校教育影响和联系家长	—
P9 同事相互合作	pp10	同事合作商讨课程实施	—
P10 引入茶知识拓展学校的功能	pp1，pp12，pp14	学校的功能多元化	为地方服务、培养学生对家乡的热爱以及传承茶文化是从不同方面拓展学校功能的表达

续表

范畴	包含概念	范畴性质	概念关联表述
P11 学校培养学生的目标是多元的而不仅是为了升学	pp15	学生的培养结果是多元的	—
P12 保持对农村学校优势和劣势的清醒	pp16，pp17	正确认识农村学校优缺点	学校的田园优势和教育弱势均是校长的理性思维结果
P13 毕业生的积极反馈	pp18，pp19	毕业生没有切断与学校和茶的联系	毕业生对家乡茶的情有独钟、资助学校困难生的心愿都是对学校的一种积极反馈
P14 习茶磨炼学生品性	pp13，pp20，pp21	学习茶知识让学生受到了茶品质的影响	处理人际关系、减少浮躁以及培植茶品格均是学习茶知识带来的直接影响
P15 为教师学习提供支持	pp22，pp32	学校为教师学习茶知识和改革提供了培训和专家指导机会	茶艺培训学习和专家指导课题是学校为教师学习提供的资源
P16 组织活动为学生提供展示舞台	pp23	开展茶主题的相关活动	—
P17 将茶知识与学科知识相融合	pp24	常规课程中融入茶知识	—
P18 校长的办学智慧	pp25，pp26	校长认为借助外在支持能够更好发展学校	整合外在资源、推进家校共育促进学校发展的认识是校长的办学智慧所在
P19 校长了解茶的知识	pp27	校长懂得茶的习性及相关知识	—
P20 教师角色转变	pp28，pp29，pp30，pp31	茶的课程需要教师学习、反思以及合理设计教学	课程的挑战、教师需要边摸索边教学、对教材内容和茶艺的校本化处理都改变了原来的教师角色
P21 借助网络学习	pp33	教师借助网络补充学习茶知识	—

成佳学校案例资料经过贴标签、概念化、范畴化三个过程后，资料中的线索和要素逐渐清晰化，形成了反映成佳学校在地化变革的基本范畴，这些基本范畴提供了更加精准和简化的分析单位，为进一步完成成佳学校案例资料的主轴译码，提供了类聚线索。

二 成佳学校案例资料的主轴译码

开放性译码的过程提供了关联成佳学校在地化变革的基本范畴。相对独立的范畴虽然是对成佳学校在地化变革脉络的系统性梳理，但并没有对范畴之间的关系做更加深入的分析。为了进一步明确成佳学校在地化变革中的主要维度以及范畴之间的内在关联，本书将再一次反复对比成佳学校的原始文本资料，从中挖掘21个范畴之间的内在关联，将具有内在关联的基本范畴进一步归纳分析，加以类聚，提炼出反映成佳学校在地化变革的六个类别，即围绕基本范畴的"主轴"，并以"PP1，PP2，PP3……"的形式表示，分别为：

PP1 背景性认识；PP2 行动中的主体角色；PP3 围绕地方产业性资源展开的教学策略；PP4 实践特质；PP5 内部效应；PP6 外部反馈。

具体的关系类别及关系内涵详见表5-4。

表5-4　　　成佳学校案例资料的主轴译码及其关系描述

类属轴	对应范畴	范畴关系内涵
PP1 背景性认识	P10 引入茶知识拓展学校的功能 P12 保持对农村学校优势和劣势的清醒认识 P11 学校培养学生的目标是多元的而不仅是为了升学	教育为地方服务是成佳学校一直坚持的办学思想，同时也是将茶文化引入学校的思想源头。除此之外，学校清醒地认识到作为农村学校依托田园办学的优势以及与城市学校在育人上的差距（P12 保持对农村学校优势和劣势的清醒认识），掌握了茶知识的学生多了一条发展出路，而不仅仅是升学的机器（P11 学校培养学生目标是多元的而不仅是为了升学），因此，将茶知识和文化引入学校，既拓展了育人功能，又拓展了学校功能（P10 引入茶知识拓展学校的功能）。这一认识逻辑构成了成佳学校在地化变革的背景性认识

续表

类属轴	对应范畴	范畴关系内涵
PP2 行动中的主体角色	P18 校长的办学智慧 P20 教师角色转变	整合外在资源发展学校是校长办学自觉的表现，茶课程的引入带来了教师和学生角色的转变。教师必须迎接新的挑战，边摸索边教学，学习和教学同时发生，同时教师需要结合地方茶的特点、学生的接受情况对茶艺、茶知识进行校本化处理
PP3 围绕地方产业性资源展开的教学策略	P4 当地家家户户都种植茶叶 P15 为教师学习提供支持 P16 组织活动为学生提供展示舞台 P17 将茶知识与学科知识相融合	为落实茶主题校本课程，成佳学校为教师提供了培训学习和专家指导的机会（P15 为教师学习提供支持），并将茶知识引入学科教学中，如茶的诗歌、选文、化学中的茶知识等（P17 将茶知识与学科知识相融合），开展茶主题的文体活动和知识活动，为学生提供了展示的舞台（P16 组织活动为学生提供展示舞台）
PP4 实践特质	P5 形成学校发展特色 P6 缓慢的探索和提升过程	成佳学校的茶文化建设成为蒲江现代田园教育中的特色代表，而这一过程是在学校十几年的探索中逐渐提炼和发展出来的
PP5 内部效应	P7 与社区联系紧密 P8 家校积极互动 P9 同事相互合作 P19 校长了解茶的知识 P14 习茶磨炼学生品性	茶知识的引入使得学校成员——校长、教师、学生都需要学习和了解茶知识，学习茶知识的过程增加了与当地社区、家长的联系，减少了学生的心浮气躁，有助于学生学习和人际关系处理
PP6 外部反馈	P1 建立向城市学校开放的游学基地 P2 获得社会支持 P3 获得政府肯定 P13 毕业生的积极反馈	成佳学校的茶文化建设得到了当地社区和企业的支持，获得了政府的肯定和推广，毕业生积极反馈，当前已经成为成都市中小学生的游学基地

三 成佳学校案例资料的选择性译码

成佳学校主轴译码概括出反映成佳学校在地化学校文化建设过程及性质的六个主要方面，进一步挖掘统领案例资料的核心范畴则进入了选择性译码过程。在选择性译码过程中，成佳学校的案例范畴将再一次被分析、抽象化，进而挖掘能够串联成佳学校变革故事线的核心范畴。通过进一步对比分析成佳学校案例资料的范畴过程以及类属轴发现，成佳学校在地化变革是在认识到地方茶产业现实需求和教育性后展开的，也正因为茶的引入，学校与家长、社区、企业有了联结的中介，开启了良性互动，形成了茶乡特色办学模式和教育模式,"茶·人"教育成为成佳学校的办学特色。田园特色的"茶·人"教育课程是城市学校所缺少的,这也成为成佳学校向外展示自身办学特色的资本,进而作为游学基地的组织者和构成部门吸引城市学生的游学和观赏。综上可见,成佳学校的在地化变革起源于地方产业且成就于地方产业,地方产业既是成佳学校变革的起点也是其实现变革的内核动力,因此可将成佳学校在地化变革的核心范畴概括为"地方产业性资源驱动下的在地化变革"。

第四节 本章小结

　　本章内容为乡村教育在地化变革研究的第三个实践案例。整章内容共分为三个部分。第一部分呈现的是现实场域中成佳学校的真实样态,以研究者实地田野观察和切身经历详细描绘了成佳学校的校园环境、学生、教师、校长的精神面貌和群体特征,意在进一步梳理和理解成佳学校的学校生态,以呈现出当下成佳学校的内部生态状况。第二部分从推进路线、嵌入环境、行动框架三个维度描绘了成佳学校在地化变革的实践图谱。总体来看,成佳学校起初建立与地方之间的联系源自教育服务地方的办学思想和实践启发,学校为地方服务的朴素愿望在实践中升华为学校文化和校本课程,办学特色的凝练成为学校对外交流的资本,促进了城乡学校的交流与融合,并使成佳学校获得政府更多的支持、社会更佳的反馈。总体上看,成佳学校在地化变革经历了从由外而内的输入再到由内而外的输出的发展过程,是将地方产业形象符号化为培养具有地方品性的人的过程,是由服务地方到形成学校特色发展优势的过程。当前成佳学校在地化实践的方式主要包括学校文化建设、茶主题校园活动和年度活动以及校本课程三种。第三部分呈现的则是对成佳学校案例资料的理论译码过程,成佳学校案例资料的理论译码是建立在1万余字的文字材料基础上的,开放性译码阶段共获得108个初始标签、33个概念、21个基本范畴;主轴译码阶段将21个基本范畴进一步类聚为6个类属轴,分别为PP1背景性认识、PP2行动者角色、PP3围绕地方产业性资源展开的教学策略、PP4实践特质、PP5内部效应、PP6外部反馈;选择性译码阶段对案例范畴和主轴译码进行了再一次对比,抽象出"地方产业性资源驱动下的在地化变革"作为成佳学校在地化变革的核心范畴,以概括成佳学校在地化变革的本质特征。

第六章

基于扎根译码的跨案例比较及在地化运转机理分析

> 一所行之有效的学校最基本的一个要素——一种能使其凝聚到一起的一种力量,用一个最简单的词来概括,那就是"联系"。在一所行之有效的学校里,人与人之间是相互联系的,形成了一个社区大家庭;在一所行之有效的学校里,开设的课程是相互关联的,达到了连贯的目的;在一所行之有效的学校里,课堂内容与文娱生活联系在一起,丰富了学校的环境;在一所行之有效的学校里,学习和生活联系在一起,培养了学生的优良品德。
>
> ——[美]厄内斯特·波伊尔[1]

编码是工作,也是游戏——我们和从数据中获得的想法进行游戏。我们要进入数据,并从它们那里学习。编码给了我们观察数据的一种聚焦方式。通过编码,我们会有所发现,并获得对经验世界更深入的理解。[2] 前三章通过案例描述的形式已经提供了范家小学、长坑小学、成佳学校在地化变革的实践样貌,扎根译码过程以更加清晰化和简约化的方式呈现了三所学校在地化变革的基本要素框架。行文至此,三所学校在地化变革中的关键因素和着力点已经基本显现出来,进一步对比三所学校扎根译码中所呈现出的范畴以及类属,挖掘三个案例中的共性要素,是探索乡村教育在地化变革机理的必要技术。

---

[1] 转引自吕达、周满生《当代外国教育著名文献》(美国卷·第四册),人民教育出版社2004年版,第14—15页。

[2] [英]凯西·卡麦兹:《建构扎根理论:质性研究实践指南》,边国英译,重庆大学出版社2016年版,第90页。

第一节 基于理论译码的跨案例比较分析

对扎根译码进行跨案例比较是为了寻找反映三个案例在地化变革的关键共性要素，继而为提炼乡村教育在地化运转模型，解释其运转机理提供支撑点。三个案例资料开放性译码的范畴以及主轴译码的范畴关系基本反映了三所学校在地化变革中的要素构成和基本过程框架，因此，扎根译码的跨案例比较分析是建立在对开放性译码的范畴比较以及主轴译码的范畴关系比较基础上的。具体的比较分析分为两个步骤，第一步是对三个案例译码的比较，找出共性要素，即关键要素或维度提炼；第二步则是对提炼出来的关键要素和维度的性质进行解释，描述其在案例中所处的位置。

一 关键要素提炼：基于基本范畴的跨案例比较分析

关键要素提炼，即通过对比三个案例的基本范畴抽象出反映在地化变革共性要素的过程。前三章案例资料基本范畴的确定是在反复对比原始文本资料基础上抽象化的结果，虽然经历了贴标签、概念化、范畴化三个步骤，但每个案例资料中抽象出来的范畴基本构成了在地化变革的要素骨架，因此，通过对比三个案例的基本范畴并进一步抽象其共有范畴，能够发现反映乡村教育在地化变革的共性关键要素。

在对三个案例基本范畴进行对比的过程中始终坚持两个原则：其一，对基本范畴的对比是依据各案例中基本范畴内涵的一致性进行归类取舍的，因共有三个案例，故若两个案例中存在同一内涵性质的基本范畴则将该基本范畴提炼为关键要素，三者最佳；其二，在关键要素提炼过程中，与译码过程最大的不同在于，对关键要素的概念化虽遵循案例基本范畴的内涵，但始终保持着与理论的对话，因此，关键要素的表述方式拒绝了一般化的朴素表达，而是带有一定理论色彩的抽象概念。表6-1呈现的是对三个案例基本范畴的对比分析过程，这一过程是寻找个案间具有内涵一致性的范畴的过程，重在跳出个案范畴的具体指向，挖掘案例范畴间的抽象本质。

表 6-1　　案例的范畴对比及关键要素提炼

个案 G 的范畴	个案 J 的范畴	个案 P 的范畴	共性要素点归纳
G1 对农村学校的积极正向认知	J3 对农村学校改革和发展的正向认知	P12 保持对农村学校优势和劣势的清醒认识	个案 G 强调乡土资源优势，认为乡村更适合办学；个案 J 强调经费与改革之间的逻辑次序，认为钱不是改革的阻力，更重要的是做和坚持；个案 P 强调农村学校教育条件劣势与自身依托的地方优势；虽具体指向不同，但均包含一种对乡村学校积极的正向认识
G2 校长办学的批判性精神	J1 校长办学的理性和自觉　J5 基于学校自身擅长的改革选择	P18 校长的办学智慧	个案 G 描述的是校长的坚持自我、保持清醒以及独立的教育认识和判断；个案 J 描述的是校长办学的自觉自醒、积极行动、保持与外界的批判性互动；个案 P 描述的是校长对结合外在资源发展学校的理性认识；内置于三个范畴之后的是校长的实践理性
G4 强调以学生为主体的课堂	J25 强调尊重学生的兴趣和体验	—	个案 G 中强调课堂中以学生为主体展开教学，个案 J 中强调课程设计和选择尊重学生的兴趣和体验，二者均是将学生作为课程教学的逻辑起点，学生是主体，知识是客体，而非知识是主体，学生是客体
G3 明确乡土课程的价值	—	P10 引入茶知识拓展学校的功能	个案 G 阐释的是乡土资源进入教学对于学校和学生的意义，个案 P 阐释的是引入茶知识对于学生、学校、地方有哪些作用，因而从本质来看，二者代表的均是对新的课程取材的价值合理性的确认
G5 以学生学习能力为教学初衷	J26 以培养幸福生活的儿童为目的	P11 学校培养学生的目的是多元的而不仅是为了升学	三个案例在教育目的上更加强调儿童的实际获得，指向的是作为人的儿童、作为公民的儿童
G6 生活化的课程素材	J7 链接地方特色文化	P4 当地家家户户都种植茶叶	三个案例变革的课程取材与当地之间存在着紧密的联系，是将地方资源转化为学校知识的过程
G7 课程实施中的教师角色多元化	J22 教师角色转变	P20 教师角色转变	个案 G 中教师转变为学习者、陪伴者、创造者以及反思者；个案 J 中教师转变为学习者、创造者、示范者；个案 P 中教师转变为学习者和反思者；三个案例变革中的教师角色发生了多元化的转变
G8 教师的宽松管理	J12 教师的管理激励　J14 以教师为中心的校长领导	—	个案 G 的宽松管理和个案 J 中的榜样示范、公正公开等均是为了激发教师积极性的管理举措

续表

个案 G 的范畴	个案 J 的范畴	个案 P 的范畴	共性要素点归纳
G9 对学生进行评比奖励	J21 对学生进行成长认定	—	个案 G 会对学生课程作业进行评比奖励，个案 J 会对学生乐器学习情况进行考级认定，从本质上都是一种基于学生学习过程的评价激励
G10 弱化考试评价	J13 弱化成绩导向的学生评价	—	弱化考试评价
G12 与学科知识相结合的教学策略	—	P17 将茶知识与学科知识相融合	个案 G 是融合多科知识展开乡土课程教学；个案 P 是将茶知识融入学科知识，虽然逻辑次序相反，但均是二者的结合
G13 网络作为学习媒介	J24 借用网络学习	P21 借助网络学习	借助网络
G14 为学生提供展示机会	J20 为学生提供舞台	P16 组织活动为学生提供展示舞台	三个案例的变革实践中均给学生提供了公开展示学习成果的舞台
G15 校长积极学习 G16 学习型教师队伍	J23 学习型社群 J18 师生拥有共同技艺	P15 为教师学习提供支持 P19 校长了解茶的知识	个案 G 中校长通过参会、自学等方式学习课程变革需要的知识，与教师的学习在性质上是一致的；个案 J 中师生拥有共同技艺与师生互学性质是一致的；个案 P 中校长对茶知识的了解是个体学习的结果，为教师提供学习支持也是教师学习的表现；这一共性抽象的是变革带来了学校内不同主体的自主学习和交互学习
G17 良好的校园人际关系 G18 强化了校社关系 G19 良好的家校关系	J19 学校教师团队精神很好 J15 师生见面拍手打招呼 J16 学校活动向家长和社区开放 J17 家校互动增加	P9 同事相互合作 P8 家校积极互动 P7 与社区联系紧密	个案 G 课程的实施需要教师和学生共同参与、教师之间的合作，同时需要村民在空间和知识上的帮助，学习的结果刺激了教师与家长之间的分享，学校的关系变得紧密起来；个案 J 中乐器的教学、演出等需要教师之间合作、师生间共同学习，对外开放的活动增加了家长和社区的加入，人际关系变得和谐；个案 P 的变革初衷在于为地方服务，为乡民提供培训服务、邀请家长和社区、企业参加学校的活动、与企业建立实践基地合作关系等增加了学校与社区间的人际互动；三个案例中虽然包含多个主体间的关系，但其主体间关系的改变与知识学习的变化是联系在一起的，这些关系构成了学校相对和谐的人际关系网络

续表

个案 G 的范畴	个案 J 的范畴	个案 P 的范畴	共性要素点归纳
G20 学生多方面发展	J11 学生获得多面向学习体验	P14 习茶磨炼学生品性	个案 G 中学生的自主学习能力、解决问题的能力得到提高，自信、勇敢、善于表达与合作；个案 J 中的学生自信、自觉学习、获得对人生的新体悟；个案 P 中学生学习的毅力增加、学习的浮躁气减少，茶知识技能的增加；由此可见，三个案例的变革带给学生的发展是多方面的，而不仅仅是关注学生的知识接受和学习成绩
G21 外界肯定性回应	J10 外界积极评价	P2 获得社会支持 P13 毕业生的积极反馈	三个案例的变革赢得了来自社会上的积极评价
G22 学校对外开放	J9 对外交流	P1 建立向城市学校开放的游学基地	三个案例的变革实践均把学校带出了乡村，以特有的课程类型和知识形式获得了对外展示的机会
G23 政府的肯定与支持	J8 政府肯定	P3 获得政府肯定	政府肯定
G24 学校改革的成本低	J4 学校改革选择低成本素材	—	个案 G 表达了学校的改革实践并没有花多少钱，而个案 J 则是在改革伊始选择了不需要花钱的自然材料做成音乐器材的办法，因此，二者总体表现的都是一种从低成本出发的改革实践
G25 探索式实践	J6 在探索中逐渐提炼实践路径	P6 缓慢的探索和提升过程	三个案例具体的发展方向和实践做法是在实践中逐渐提炼出来的，因而是探索式、生成式的，而非计划式的
G26 乡土课程凸显学校办学特色	—	P5 形成学校发展特色	个案 G 和个案 P 中均提到这种办学改革凸显了学校的办学特色
—	J2 校长的社会圈文化水平高	—	不符合保留原则，删除
G11 调整学校课程结构作为保障	—	—	不符合保留原则，删除

对三个案例基本范畴内涵指向的对比分析是提炼关键要素的初始过程，如表6-1所示，在抽象三个案例各范畴基本内涵之后，共得到22个反映乡村教育在地化变革的共性要素点，提炼关键要素是对共性要素点本质内涵的理论概括，即在与相关理论互动中得到关键要素的抽象概念，提炼出来的关键要素以"K1，K2，K3……"的形式呈现出来。这一关键要素提炼过程得到了22个抽象概念，分别为：

K1 对乡村学校的正向认知；K2 校长实践理性；K3 生本位的教育逻辑；K4 课程取材的教育价值确认；K5 教育目的的人本认识；K6 地方资源知识化；K7 多元化的教师角色；K8 教师管理激励；K9 学生的过程性学习激励；K10 弱化考试评价；K11 知识组合式教学设计；K12 借助网络；K13 赋予学生舞台；K14 学习型社群；K15 去权力化的学校人际网络；K16 学生综合发展；K17 社会信任；K18 对外推介资本；[①] K19 政府支持；K20 低成本；K21 生成式；K22 有特色。

为了进一步明晰各关键要素在案例中所处的位置，分析步骤再一次回到了与原始文本资料的对比中，以期通过对各关键要素在每个案例中表现程度的对比更清晰地呈现各关键要素与在地化变革之间的关联程度，为确定各关键要素在在地化变革中所处的位置提供判断依据（见表6-2）。

表6-2　　　　　　　关键要素在个案中的表现程度

关键要素	表现维度	个案G	个案J	个案P
K1 对乡村学校的正向认知	强—弱	强	强	较弱
K2 校长实践理性	强—弱	强	强	较弱
K3 生本位的教育逻辑	重视——般	重视	重视	一般
K4 课程取材的教育价值确认	清晰—模糊	清晰	清晰	清晰
K5 教育目的的人本认识	强—弱	强	强	强
K6 地方资源知识化	多元—单一	多元	单一	单一
K7 多元化的教师角色	多—少	多	多	少

---

① 对外推介资本，即对表6-1中G22、J9、P1三个基本范畴的总括式表达，指的是案例学校在地化实践的具体内容变成学校向外展示、介绍自身特色及优势，与外界进行交流和沟通，吸引外界关注、获得积极评价的资本。

续表

关键要素	表现维度	个案 G	个案 J	个案 P
K8 教师管理激励	大—小	大	大	小
K9 学生的过程性学习激励	大—小	大	大	小
K10 弱化考试评价	明显—模糊	明显	明显	模糊
K11 知识组合式教学设计	多—少	多	少	少
K12 借助网络	强—弱	强	弱	弱
K13 赋予学生舞台	多—少	多	多	多
K14 学习型社群	明显—模糊	明显	明显	模糊
K15 去权力化的学校人际网络	明显—模糊	明显	明显	明显
K16 学生综合发展	明显—模糊	明显	明显	模糊
K17 社会信任	明显—模糊	明显	明显	明显
K18 对外推介资本	明显—模糊	明显	明显	明显
K19 政府认可	明显—模糊	明显	明显	明显
K20 低成本	明显—模糊	明显	明显	模糊
K21 生成式	是—否	是	是	是
K22 有特色	明显—模糊	明显	明显	明显

明晰各关键要素在案例中表现程度是确定其在在地化变革中所扮演的角色和重要程度的依据。结合对案例原始文本资料以及开放性译码过程的分析和对比，描述每一个关键要素在在地化变革过程中所处的位置，各关键要素的内涵性质及其在要素中的位置描述见表 6-3。

表 6-3　　　　关键要素的性质及其位置描述

关键要素	要素内涵	要素中位置描述
K1 对乡村学校的正向认知	理性且积极看待乡村及其乡村学校	变革行动是建立在对乡村学校理性认识基础上的，依照认识指导行动的逻辑，这一要素属是变革的前提性要素
K2 校长实践理性	校长在实践中的自醒、自觉	校长是变革的发起者，校长的乡村教育实践理性是变革得以有序推进、运转的认识保证

续表

关键要素	要素内涵	要素中位置描述
K3 生本位的教育逻辑	尊重学生身心特点及规律的教育展开逻辑	从学生身心特点出发反映的是以生为本的教育本质，这是指导在地化课程实施和设计的基本准则
K4 课程取材的教育价值确认	明确课程取材的教育价值所指	课程取材的教育正当性与价值范围的确认是在地化课程实施的指导性认识
K5 教育目的的人本认识	强调教育对人的实际意义	强调教育对人的实际意义是变革的前提性认识
K6 地方资源知识化	就地取材的知识转化	将地方资源转为知识是在地化变革的核心方法技术
K7 多元化的教师角色	变革中教师拥有多种角色	拥有多重角色的教师是作为在地化变革行动者的具体呈现
K8 教师管理激励	通过管理激发教师积极性	对教师积极性的激发是变革展开的保障
K9 学生的过程性学习激励	通过过程性评比激励学生学习积极性	激励学生学习积极性是提升在地化变革效用的教育策略
K10 弱化考试评价	淡化考试分数的评价导向	淡化考试分数是减少教师顾虑，保障变革有效展开的有利条件
K11 知识组合式教学设计	知识间渗透或组合	知识组合的灵活性与渗透性意在优化教育效果，属于教学设计策略
K12 借助网络	以网络辅助新知识的学习	网络是变革中主体学习的一个重要媒介，属于保障条件
K13 赋予学生舞台	为学生提供展示或活动的舞台/机会	提供展示的舞台/机会是在地化课程实施过程中展现学生学习情况和效果的重要环节
K14 学习型社群	学校不同主体共同学习或相互学习	主体共同学习源于变革展开的需要，学习型社群的形成属于变革带来的效应

续表

关键要素	要素内涵	要素中位置描述
K15 去权力化的学校人际网络	和谐而非紧张的学校人际互动关系	和谐的人际网络关系是变革引发的交往互动效应
K16 学生综合发展	学生得到多方面的发展	属于变革对学生的直接影响
K17 社会信任	社会的积极评价和支持	社会信任属于变革带来的社会积极反馈
K18 对外推介资本	在地化课程为学校提供了对外展示的资本	变革实践向对外推介资本的转化属于变革结果的一种呈现
K19 政府认可	政府的肯定和支持	政府的肯定是对变革的一种积极回应
K20 低成本	改革的成本低	属于变革的起点特征
K21 生成式	探索性而非计划性	属于变革的过程特征
K22 有特色	结合地方彰显特色	属于变革的结果特征

二 基于范畴关系的跨案例比较分析

对三个案例基本范畴的跨案例对比分析已经将反映在地化变革中的关键要素提炼出来，并对各关键要素在各案例的表现程度及其在在地化变革过程中的位置有了总体认识和把握。那么，对具有相同指向维度的关键要素的归类则成为理顺在地化变革运转机理的关键步骤。研究在三个案例主轴译码分类维度的基础上，进一步分析了各关键要素的位置及其所反映的事件性质与类属轴之间的对应度和一致性，将22个关键要素进行了类属关系归纳。在此过程中与三个案例的类属分类进行的比照，其中综合了三个案例中"GG4 围绕生活化课程素材展开的教学策略""JJ4 围绕地方文化性资源展开的教学策略""PP3 围绕地方产业性资源展开的教学策略"的具体表述，合并了"内部效应"与"外部反馈"的表述，抽象和概括出6大类属，分别为：

KK1 背景性认识；KK2 行动中的主体角色；KK3 过程性策略；KK4 关联性约束条件；KK5 效应反馈；KK6 实践特征。

具体的维度位置及对应范畴详见表6-4。

表6-4 关键要素类别归纳及其对应范畴

类属轴	对应范畴
KK1 背景性认识	K1 对农村学校的正向认知
	K5 教育目的的人本认识
KK2 行动中的主体角色	K7 多元化的教师角色
	K2 校长实践理性
KK3 过程性策略	K3 生本位的教育逻辑
	K4 课程取材的教育价值确认
	K6 地方资源知识化
	K11 知识组合式教学设计
	K13 赋予学生舞台
	K9 学生学习的过程性激励
KK4 关联性约束条件	K8 教师管理激励
	K10 弱化考试评价
	K12 借助网络
KK5 效应反馈	K14 学习型社群
	K15 去权力化的学校人际网络
	K16 学生综合发展
	K17 社会信任
	K18 对外推介资本
	K19 政府支持
KK6 实践特征	K20 低成本
	K21 生成式
	K22 有特色

三 基于跨案例比较的乡村教育在地化变革的故事线梳理

总体来看，类属关系的进一步抽象已经将在地化变革的基本框架组织起来了。接着寻找类属之间的内在联系会让在地化变革中类属关系的位置角色以及作用类别清晰地显现出来，即通过挖掘类属关系之间的内在联结为乡村教育在地化变革的运转过程构图。通过进一步综合分析类属轴及其范畴关系发现：

KK1 背景性认识一维表现的是在地化变革的发生与思维转换之间的关系，对乡村资源、乡村办学、乡村学校优劣势、乡村改革思维的积极认识转向，对乡村儿童教育目的的人本转向是开启在地化变革的必要准备。如果办学者看不到乡村、乡村学校、乡村改革的正向空间，认识不到教育的本体意义，那么乡村教育在地化就失去了发生的认识支持，而没有认识支持的行动是没有展开空间和生命力的。因而，背景性认识一维是开启在地化变革的认识论基础，由此将其定义为乡村教育在地化变革的前置变项。

KK2 行动中的主体角色一维是对在地化变革中校长和教师角色的归纳性总结；KK3 过程性策略一维是对在地化变革中围绕新的教学内容和教学形式具体策略的凝练归纳；KK4 关联性约束条件一维虽与在地化变革无直接关联，却直接影响主体积极性和变革行动展开，三个类属均发生在在地化变革过程中，是对在地化变革过程复杂性的反映，因此将其定义为乡村教育在地化变革的过程变项。

KK5 效应反馈是在地化变革中的具体举措所引发的变化，综合了在地化变革内部效应和外部反馈两个类属，属于在地化变革带来的学校教育生态的改变，故将其定义为在地化变革的结果变项。

KK6 实践特征一维所呈现出来的"低成本""生成式""有特色"三重特质是对乡村学校在地化变革实践行动特点的总括式归纳，并非参与在地化变革过程的要素角色，这也就决定了 KK6 实践特征一维是作为在地化变革实践的常项而非变项的位置本质，故 KK6 实践特征一维不属于乡村教育在地化变革运转过程的实践要素。

综上分析，乡村教育在地化变革的故事线可概括为：乡村教育实践主体"对农村学校的正向认知"和"教育目的的人本认识"的背景性认识转向确立了乡村教育在地化的认识论前提，以"校长的实践理性""多元化的教师角色"的主体行动角色为支点，以"生本位的教育逻辑""课程取材的教育价值确认""地方资源知识化""知识组合式教学设计""赋予学生舞台""学生学习的过程性激励"的过程性策略为方法体系，以

"教师管理激励""弱化考试评价""借助网络"的关联性约束条件为调节杠杆构成了在地化变革的展开过程,这样一种综合性的方法集改善了学校的内部生态,构建了一个"学习型社群",弱化了校内外相关主体间交往的权力约束,形塑了主体间和谐共在的"去权力化的学校人际网络",学生获得多面向发展,学校内部教育生态氛围的改善、学生综合发展的呈现使得学校获得较好的外部反馈,赢得"社会信任""政府支持",在多方承认和肯定效应下,使学校能够跨出乡村,将变革实践转换为"对外推介资本",外界关注度和交往空间的扩大打开了乡村学校生存和发展的新局面。

第二节 乡村教育在地化变革的运转机理

跨案例比较分析的过程提炼了反映乡村教育在地化变革的关键要素,明晰了乡村教育在地化变革的组织框架,故事线的提炼初步勾勒了乡村教育在地化的实践逻辑。总地来看,乡村教育在地化变革作为学校层面自下而上的自主改革实践尝试,既是一次打破弱势思维和对比思维的认识革命,又是一次基于乡村地方资源基础上的学校教育变革方法论创新,将地方资源纳入学校教育的过程内置的是"空间资源化—资源知识化—知识资本化"的作用路径,以"知识齐性的聚合效应"和"舞台化学校的审美效应"优化着乡村学校教育的内外系统生态,赋予乡村学校以"乡村社会半公共空间""附着乡村特质的教育审美空间"的"二重身份"。

一 乡村教育在地化变革的过程模型

基于对跨案例扎根译码的比较,析出了反映乡村教育在地化变革的共性要素及其对应的维度位置,前置变项、过程变项、结果变项的维度规定基本涵盖了乡村教育在地化变革的一般化过程,构成了乡村教育在地化的运转过程模型(见图6-1)。具体来看,前置变项内置的要素提供了乡村教育在地化变革对教育实践活动主体的认识革新要求;过程变项内置的要素构成了乡村教育在地化实践的基本框架;结果变项则是对乡村教育在地化变革效应的直接呈现。

(一)前置变项:以超越弱势思维的乡村教育辩证认知为实践前提

处理好道德的目标和变革的动力是有成效的教育变革的核心。[①] 依照"任何主体行动都是在认识支配下完成的"这一主体实践次序,基层教育场域中教育变革的发生是以实践主体的具身认识为行动前提的,以实践主体思想和理念等具身认识为行动指导的变革实践是具有行动力和生产性的。换言之,当作为具体实践者的教育行动主体在主观思想和理念上深刻认识到了某种教育行动的价值空间时,这种教育行动将转化为教育实践主体的一种自觉行为,而在主体能动性指引下的教育行动必将是具有行动力和生产性的。一直以来,长期被"城市偏向的大众生活审美""教育竞争的生存焦虑"笼罩着的乡村以及乡村教育实体的弱势思维从主观上制造了对乡村以及乡村教育的消极放弃,遮蔽了乡村教育场域中实践主体"发现的眼睛"和"理性的头脑",滋生了乡村教育实践主体"等靠要"的"哭穷思维",[②] 弱化了实践主体的行动责任和办学动力,遑论对乡村以及乡村教育的正向认知。

乡村教育的在地化变革是一次"挖掘乡村的教育价值"之旅,实践行动的展开是以客观认识乡村教育、承认乡村的教育价值为前提的。三个案例中的乡村教育在地化实践均是在跳出当前大众对乡村以及乡村学校落后定义的普遍消极认识,放弃对教育工具性价值的崇拜焦虑的前提下,理性且辩证地看待乡村学校办学的优劣势、乡村资源的教育价值、学校教育的育人性与筛选性之间关系,回归对人本体的教育关怀之后展开的主体行动。这种建立在乡村、乡村教育实体境况基础上的积极正向判断是一种认识理性支配下的自我审视,正是这种自我审视的理性认识刺激了乡村教育在地化变革的主体能动性,赋予了实践主体以行动力,在主体认识理性支配下的教育行动融入的是实践主体的思想、理念、构想和愿景,这对于减少变革不确定性下的主体恐慌心理和畏葸不前行为是有所助益的。同时,这种认识与实践之间的有效耦合是具有生产性的,"对教育目的的人本认识"确立了道德的教育目标以指导教育教学实践,"对农村学校的正向认知"形成了变革的持续动力以时时匡正和检视变革的具体实践和努力方向。

---

① [加]迈克尔·富兰:《变革的力量——透视教育改革》,中央教育科学研究所等译,教育科学出版社2000年版,第14页。
② 秦玉友:《新时期农村教育的取向选择》,《教育发展研究》2019年第6期。

由此可见，乡村教育在地化变革是建立在朴素且辩证的认识观念指导下的行动实践。如何理解乡村、乡村学校以及乡村学生是乡村教育在地化变革展开的必要认识论前提，构成了乡村教育在地化变革的前置变项，即超越弱势思维的乡村教育辩证认知。这种以承认乡村的教育价值、回归教育人本体的变革认知从本质上是一种辩证法式的乡村教育发展的哲学认识论，以价值理性超越工具理性的哲学辩证法思维发挥着"看见乡村的力量"，促成教育实践主体发现乡村、发现乡村学校里潜在的教育变革资源和行动域。很显然，若没有这一认识的变革，乡村教育在地化实践的展开便成了空中楼阁，无从谈起。

（二）过程变项：以"地方资源知识化"构建乡村教育在地化方法集

诚如迈克尔·富兰所言："对于变革的复杂目标来说真正重要的是技巧、创造性思维和投入行动。"① 乡村教育在地化变革的实践过程是在将"地方资源知识化"过程中完成的，"地方资源知识化"过程中教育行动实践主体创造性思维的发挥、实践技巧的生成构建了乡村教育在地化的实践方法集，而这一实践方法集的生成和实践是以"校长的实践理性"和"多元化的教师角色"为内在支点的，"弱化考试评价""借助网络""教师管理激励"是乡村教育在地化实践有序高质展开的关联性约束条件，作为调节杠杆有助于将在地化实践更好地嵌入学校这个复杂的系统中。

1. 围绕"地方资源知识化"的在地化变革实践策略

作为"基于互动的联结机制"，乡村教育在地化过程是寻找地方资源教育价值与学校教育契合点的过程。从学校作为专业知识代理机构的功能起点出发，"地方资源的知识化"毫无疑问地成为推进乡村教育在地化变革的核心步骤。很显然，资源选材的学校适用性和能产性成为衡量地方资源能否转置为学校课程知识的合法性前提。也就是说，若想将地方资源纳入学校教育，则需要对所选取资源的教育价值及其与学校课程内容、育人理念间的适切性和价值空间进行判断和确认，即"课程取材的教育价值确认"一维，这一价值既可以指向人本体的学生，也可以指向作为社会组织的学校和地方。"课程取材的教育价值确认"这一步骤的完成基本确定了在地化变革中课程内容的方向，接下来如何进行教育设计（包括课

---

① ［加］迈克尔·富兰：《变革的力量——透视教育改革》，中央教育科学研究所等译，教育科学出版社2000年版，第14页。

程的设计、实施、组织形式、评价方式等）则是在地化变革中"化地方资源为知识"的重要实践艺术。而真正地将"地方资源知识化"的过程是一次由知识的输入到输出的过程。将地方资源转为课程内容的知识输入端，学生作为直接受众对课程的兴趣、课程中的体验、课程的接受程度是确定地方资源向知识转化的方向和形式的核心依据。因而，"生本位的教育逻辑"是进行在地化课程教学设计、教学实施的行动纲领和实践准则。在这一课程行动纲领的指导下，将学科知识与地方资源相结合的"知识组合式的教学设计"会增加课程实施的灵活性和课程内容的代入感，在促进地方资源知识转化的同时，增强学科课程的解释力和实践理解。当然，这并不意味着此策略是在地化课程实施的唯一教学设计方法，将地方资源转化为一门独立的课程也不失为拓展学生的学习境域、丰富学生的学习内容、增强学生的学习兴趣的可行路径。

在将地方资源转化为课程内容的知识输出端，关注学生学得怎么样是任何一项负责任的教育行动都需要严肃完成的任务。那么，学生持续学习的动机则成为"地方资源知识化"输出端的必要条件。因而，除了在教学设计上激发学生的学习愿望之外，对"学生学习的过程性激励"也是一项维持学生学习动机的动力机制。评价作为检验课程学习的重要方式，通过在班级或者学校范围内评比并奖励学生的课程作业以及阶段性学习内容的表现等方式赋予学生学习的挑战性，成就和荣誉动机驱使下的学习为学生赢得了鼓励和进步的空间。这种维持学生学习动机的举措扩大了"地方资源知识化"在知识输出端的价值输出。相较之下，"赋予学生舞台"的实践技艺是"地方资源知识化"在知识输出端的直接呈现，这种艺术化的呈现方式既可以是一次真正的舞台展演，也可以是为学生提供一次展示的机会。这种知识输出形式赋予知识化的地方资源以美学价值、赋予学生以主体创造性和表达交往的自信，并且丰富活跃了学校的教育生态氛围。

综上可见，随着"地方资源知识化"过程的完成，乡村教育在地化变革的实践过程已经基本完成了，依据"地方资源知识化"需要所形成的实践步骤构成了乡村教育在地化的方法集，也就是说，"地方资源知识化"的实践过程对乡村教育在地化变革实施步骤及范围做出了基本规定。

2. "校长的实践理性"与"多元化的教师角色"是乡村教育在地化变革的内在支点

显而易见，将"地方资源知识化"的知识内容、教学组织形式异于学校既有的知识结构和课程实施样态，是一次全新的教育尝试，对教育实践主体的行动状态和角色提出了新的要求。

从管理上看，相较于自上而下的行政化教育变革，乡村教育在地化实践是一次自下而上的教育变革，校长是发起在地化变革、掌握在地化变革方向和实践策略的总舵主。学校系统的复杂性与不同于学校常态教育教学的在地化变革，要求校长协调在地化实践与整个学校生态系统的平衡，把握在地化变革的方向与步骤，对变革中的风险和收益保持审慎辩证的心态。这就需要以"校长的实践理性"作支撑，才能时刻保持清醒和自觉，以加强推进在地化变革实践敏感性、前瞻性、行动力和反思力，为在地化变革有序展开提供方向引领和理性智慧。

从教育教学上看，围绕"地方资源知识化"的乡村教育在地化变革是一个知识生产的过程，超出了教师已有的知识储备和教育教学经验积淀的范围，新的教学方式、教学内容考验着教师对地方资源、知识、文化的适应和掌握程度，要求教师理解并把握课程内容的展开次序、组织形式以及输出方式等。因此，教师作为乡村教育在地化变革的行动者已超出单一维度意义上的执行者身份，拥有兼学习者、创造者、反思者等多重身份角色。一方面，新知识的介入是对教师既有经验的挑战，教师不再是占领知识上游的权威，为了增进自我知识储备，教师必须转变身份成为学习者，与同侪、学生及社区一起共同学习和交流；另一方面，因地方资源的丰富性和学校实际情况的差异性，乡村教育在地化变革很难形成统一的课程设计模板和固定的教学程式，因而灵活的教育设计对于教师既是一种挑战，又是一种创造。课程选材的宽泛性给课程设计、实施及组织提供了灵活的设计空间。也就是说，在地化课程赋予了教育实践主体以创造的空间，教师不仅是课程的实施者，更是课程的创造者。在地化课程实施需要教师以合作者的身份进行课程设计、组织及实施，以协助者身份参与到学生的课程学习中，以反思者的身份优化课程内容、提升教学效果等。

综上可见，校长和教师角色的转化是乡村教育在地化变革得以有序展开的必然要求和重要保障。作为乡村教育在地化变革行动者的校长和教师，"校长的实践理性"与"多元化的教师角色"是乡村教育在地化变革的内在支点。没有这个支撑，乡村教育在地化只会是浮于表面、机械而毫无生机、缺乏创造力，只会昙花一现。

3. 关联性约束条件作为调节杠杆

围绕"地方资源知识化"展开的乡村教育在地化变革虽然在实践形态上有不同的表达方式和推进路径，但绝不是一次颠覆性的学校教育变革行动，而是嵌入既有学校教育系统的优化乡村教育生态的一次改进尝试。很显然，作为嵌入学校教育系统的教育新举措，无论是将乡村场域中的新教育素材转化为学校知识，还是寻找乡村场域中可做学校课程证据的教育材料，在地化实践与"文本中心"的学科课堂教学相比都更为复杂和烦琐，在效率维度上是不占优势的。在崇拜标准化测试评价的学校系统中，这种需要教师投入更多精力却存在评价风险的教育变革举措是需要克服教师计算理性下的不作为和畏难情绪的。因此，如何平衡在地化变革与学校日常教学、管理之间的关系，能否调动教师的实践积极性是在地化变革绕不开的问题，这些问题的化解是保障在地化变革实践取得成功的关联性约束条件。

"弱化考试评价"是通过淡化考试评价的分数导向对学生及教师评价制度做减法以释放教师的应试和绩效评比压力、减少教师的计算心理和抵触情绪的同时，释放教师的教育价值选择空间，实现由关注结果到关注过程、由关注分数到关注儿童的转变。然则仅靠"弱化考试评价"来降低教师的消极情绪是不足以提升教师行动积极性的，若想获得教师的积极支持还需要在教师管理维度上做加法，以"教师管理激励"来刺激教师的自主自觉行动。转向管理维度的教师激励是从教师立场出发，合理设计在地化变革实践的教师投入，平衡教师的工作内容与工作强度并提供教师考评、奖励制度上的对应项，缓解教师的畏难情绪、实践压力和精神负担，让教师有动力、乐于且自主投入在地化实践。对于一项全新的教育教学变革尝试，网络作为一种学习工具可以更好地辅助教师快速学习新知识、挖掘新教育素材、寻找教学设计灵感，是教师置身在地化教学过程中不可或缺的必要媒介，因此，"借助网络"是在地化变革实践必不可少的，同时也对教师诠释和丰富在地化实践的内涵和形式起着调节作用。

综上可见，"弱化考试评价""教师管理激励""借助网络"三项要素虽然并不直接决定乡村教育在地化变革的具体实践，却是乡村教育在地化实践的展开和提质的中介调节机制。

(三) 结果变项：改进和优化乡村学校教育生态系统

效应反馈是对乡村教育在地化变革实践效果的直接呈现。乡村学校在地化实践虽然是嵌入学校系统的局部变革举措，但对学校教育生态的影响却是内外兼顾的，以课程、活动等形式为载体的变革实践泛起了由学生到教师进而浸润到学校整体生态的"效果的涟漪"，形塑了一条由内而外的在地化变革效果路径，构成了乡村教育在地化变革的结果变项。

一方面，在人本体教育关怀、坚持生本位教育逻辑以及更新教学形式内容的综合作用下，学生获得了兴趣、情感、意志、性格、习惯等多方面综合性的锻炼和发展，逐渐养成了自信、快乐的生命面貌；在地化实践中新的知识内容、教育教学组织形式的介入激活了校长、教师和学生作为实践主体的学习自主性和主体间学习交流的活力，构建了校长、教师和学生的集体学习镜像，学校成了一个学习型社群组织；在地化实践中学习实践空间的延展、学习内容对不同主体间交往的要求（师生、同侪、校社等）以及学校举办的分享活动、展示活动、开放式的主体活动等创造了更多的人际交往机会，主体之间交往合作、协同成长淡化了学校内外既有权力次序下的紧张关系，师生、校社、同侪之间的交往更加和谐，编织了一张乡村学校去权力关系的人际网络，调和了学校系统的生态氛围。

另一方面，学生个体生命面貌、学校教育生态氛围的积极变化得到了家长和当地社会的积极反馈和信任，生源危机的回暖迹象是对学校变革的承认，信任风险的降低使得学校与当地社区之间的紧张关系得到缓解；赋以地方色彩的学校办学理路和发展个性的在地化行动举措获得了政府的关注和认可，赢得了来自政府自上而下的教育支持，这种靠基层自主实践努力获取政府制度、资源支持的学校变革路径，在提供拓展乡村学校发展途径和为政府贡献乡村学校治理基层实践智慧范型的置换中完成了在地化变革自下而上的努力与自上而下的支持之间的有效衔接；而随着社会积极反馈、政府推介形成的扩散效应的增强使得学校获得了更多的对外交流的机会、更大的积极实践的勇气，在地化的实践内容转为学校的对外推介资本，这种内置地方意涵的教育内容及形式、附着一方水土色彩的办学图像成为解构标准化教育焦虑和压力下的新型教育审美，吸引着其他地方学校及家长们的目光。

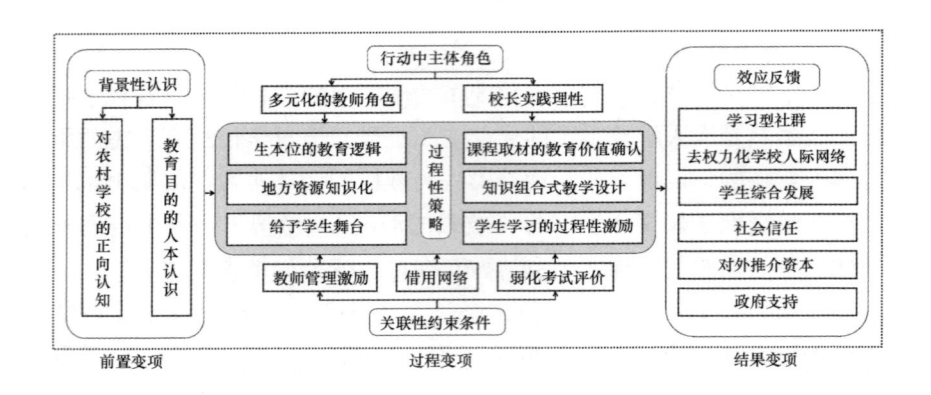

图 6-1　乡村教育在地化运转过程模型

二　乡村教育在地化变革的作用路径

综上，上文对乡村教育在地化变革运转过程模型的解释是对构成乡村教育在地化实践过程中要素内涵和基本框架的整体把握与具体回应。也就是说，乡村教育在地化变革的运转过程模型为在一般意义上如何推进乡村学校在地化变革提供了实践参考方案。那么，这一运转过程内置了怎样的变革作用路径？这一作用路径又是如何建立起乡村、学校、儿童三者之间的联结的？挖掘嵌入乡村、学校、儿童三者对应关系的中介变量，分析存在于乡村与学校、学校与儿童、儿童与乡村三组关系中的组织功能、主体需求及联结要素价值则成为发掘乡村教育在地化变革作用路径的突破口。

（一）空间资源化

从学校与乡村之间的关系来看，建立在教育提供方与教育需求方交往基础上的事件互动基本构成了乡村与学校作为社会组织间原始关系的全部，即乡村与学校之间的交往是以二者作为关联教育主体为前提的，关涉儿童学校教育的问题和事件构成了乡村与学校间交往的基本事实。而乡村教育在地化实践是以学校之眼发现乡村的过程，对乡村空间的教育正当性与教育价值空间的确认是乡村教育在地化实践得以展开的前提。也就是说，乡村教育在地化实践行动是超越了乡村与学校间原始的、基于事件互动的交往关系的，以对乡村中潜在的教育素材的发掘实现了乡村与学校空间维度上的关系再建构。

作为物象空间的乡村成为学校挖掘教育补充素材的载体，这种发现乡村物象空间教育价值的过程完成了学校教育实践主体对乡村物象教育资源身份确认的过程。学校视域下的乡村在作为教育关联主体的同时增加了物象空间的教育资源属性，这种资源属性成为乡村教育在地化实践中构建乡村与学校之间联结、调节学校与乡村之间关系的中介变量。很显然，在乡村教育在地化实践展开之初，随着乡村空间向教育资源空间的转向，乡村与学校的关系联结便得到了更新与深化。这种将乡村空间转化为教育资源空间的过程即是"空间资源化"的过程。那么，乡村空间是否能够转化为学校教育资源的关键在于"发现"，认识上是否能够达到"发现"、基于什么需要去"发现"、行动上如何实现"发现"是构建乡村与学校之间联结、实现乡村物象"空间资源化"的关键技术。

（二）资源知识化

从学校与儿童之间的关系来看，儿童之所以走进学校是以学校作为知识继承者和传输中介的身份为前提的。换言之，儿童与学校之间的规定关系决定了学校的知识属性，学校的基底是一个知识场域。因而，是否有益于儿童知识教育或有益于增加知识教育的贡献域就成为学校引入各种形式资源的重要判断标准和行动方向。以此推之，乡村教育在地化实践过程中的"空间资源化"仅是对乡村物象存在教育价值的主观转化，尚未从本质上将乡村空间资源糅进乡村学校教育之中。那么，如何使引入学校的乡村教育资源有益于学校的知识教育或者转化为（抑或是补充）学校的教育知识则成为巩固并维续乡村教育在地化运转的关键。这就涉及对资源所承载的教育内容的了解与筛选，对资源转化为知识的具体形式的思考与设计。很显然，这是一个需要发挥主体能动性的过程，一个由不确定到确定的过程，它既充满了挑战，又意味着开发与创造。

这种将资源转化为知识的过程即是"资源知识化"的过程，这一过程既包括将地方资源转化为提供知识内容的途径，也包括将地方资源转化为解释知识形式的路径。正如前文所述，乡村教育在地化实践的过程变项是以"地方资源知识化"为核心展开的，在教育实践主体的探索与开发中，学校是乡村空间"资源型"向"知识型"转化的中枢系统，这种乡村空间知识生产功能的开启赋以乡村学校作为知识生产场所的新角色，使得乡村学校超越了单纯以知识继承者身份存在的教育使命，赋予乡村资源以学校教育知识合法性身份的同时，打破了乡村学校与儿童之间固有的互动内容。乡村空间以知识形式介入学校教育的过程，以内容兼容的路径拉近了学校和乡村两个场域间的交往距离和文化亲近感，学校与乡村在内容表达上的贴近，为减少儿童移换空间场域的隔阂不适发挥了一定的作用，乡村、儿童、学校三者之间的内在联结在知识的维度上再一次得到巩固和深化。

（三）知识资本化

从儿童与地方之间的关系来看，对于每一个置身村中的儿童来说，所出生长大的村落是他的"乡"，然则学校教育作为促进社会结构整体现代化的文化整合机制，其作为流通资本作用形态存在的直接结果便是置换了儿童与地方之间的生命关联，转向儿童与地方之间的脱嵌机制。乡村教育在地化变革中将地方资源知识化的过程使得学校成为乡村空间知识的培植和阐扬场，学校对乡村资源的知识加工，既是对学校既有知识体系的拓展，又是对地方资源内在知识结构的提炼和升级，地方资源转化为儿童的舞台技艺或陶冶非智力因素的载体，知识化的乡村空间资源的升值拓展了地方传承和发展的空间，内化于儿童能力之中的地方内容以流通资本增值的路径形成了儿童生命成长和参与社会交往的地方资本，乡村地方资源的知识构型则积累了记录地方、传承地方、发展地方的文化资本。也就是说，乡村教育在地化实践中对"地方资源知识化"的教育转化努力使得乡村空间知识向资本的转化成为乡村教育在地化变革中联结儿童与乡村之间关系的新变量。而乡村空间知识向资本的转化所带来的乡村学校在教育内容维度和形式维度上的丰富拓宽了乡村学校的发展内涵和发展特质，这对于乡村学校而言无疑是增加了对外推介的资本，相应地，随着学校对外推介资本的增长，学校、儿童、乡村均会得到更多收益、获得更多的资源和机会。由此循环往复，学校、儿童、乡村三者之间形成了一个发展资本的循环圈，这一循环即是乡村教育在地化实践的"知识资本化"过程。"知识资本化"改变了儿童与乡村之间的脱嵌关系，知识内容的相融刺激了潜隐在儿童生命中的地方因子，儿童与地方之间的资本衔接开发了一种全新的途径和形式，使乡村儿童回归地方母体空间，附着在儿童身上的地方资本是经过学校教育转化的乡村内容，这种路径完成了学校、乡村、儿童三者之间的增值联结，使原来的有界存在转换为关系性存在，而在这种关系性存在规定下，乡村与学校之间是一种有机嵌入的关系本质。

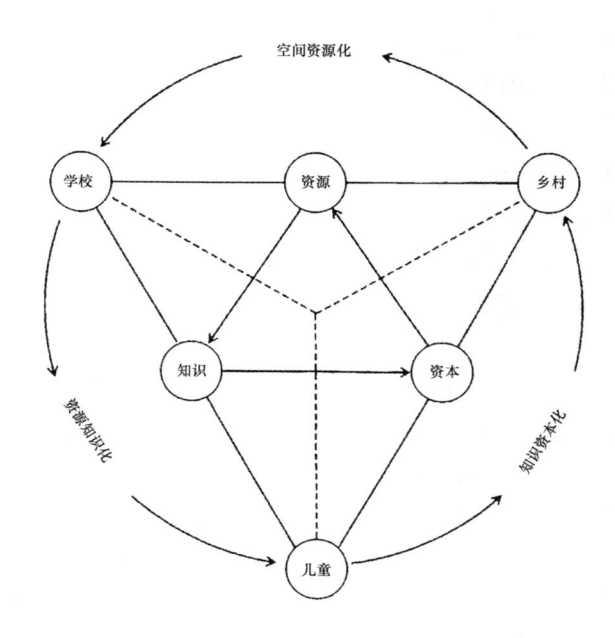

图 6-2　乡村教育在地化变革的作用路径

三　乡村教育在地化变革的效应机理

上文对乡村教育在地化变革运转模型及作用路径的深描是基于运转过程整体性上的理论解释。那么，从在地化实践之于学校生态系统变革的意义出发，乡村学校在地化实践对学校教育生态系统的优化是如何发生的？又内置着怎样的效应机理呢？聚焦于在地化变革的核心要素——"知识"将成为理解和回应乡村教育在地化变革效应机理的钥匙。

（一）"地方资源知识化"过程中"知识齐性的聚合效应"发挥着优化学校内部生态的机能

正如前文所述，乡村教育的在地化实践是以"地方资源知识化"的过程为主导的，地方资源无论是以提供知识内容的路径还是解释知识形式的路径进入学校教育，均会荡起学校教育场域中"知识的涟漪"，正是这种"知识的涟漪"调和着学校场域内因既有知识形态构成的教育生态。那么，在解释乡村教育在地化过程中"地方资源知识化"在学校场域中所荡起的"知识的涟漪"之前，了解学校既有知识形态是必要的。学校作为标准化测试制度下儿童获取知识的合法性组织，毋庸置疑，教授知识的具体内容和组成结构需提前做准备，这就意味着，一所学校里，儿童所学习的知识是提前被规定的，学校校长、教师队伍的既有知识容量和教学经验则成为规定知识的固定搭配，也就是说，在对知识内容的统一要求下，学校既有的知识结构是固定的。那么，在规定的知识结构中，是否拥有学校规定的知识、知识占有量的大小，包括教学经验的丰富与否、是否是考试科目等差异形成了学校场域内的知识级差，这种知识级差所附着的利益空间和竞争优势决定了学校场域内的权力次序。在学校，所谓的"主科""副科""骨干教师""普通教师"等依据知识内容重要性程度和教师个体知识储备差距而形成的称谓等级即是对不同主体知识维度上所形成的权力次序的一种直接话语表达，相比之下，校长教师间、师生间、师师间、生生间、家校间的知识级差是可想而知的。当知识级差所形成的权力次序渗向学校场域内主体间的交往活动时，便开启了一张基于权力次序的学校人际网络的编织，这种权力化的人际网络带来的是人际关系的紧张、主体间交往的形式化与工具化，拉大了主体间互动的交往距离。相反，乡村教育的在地化实践是对"地方资源知识化"的教育努力，地方资源或以知识内容、或以知识形式的状态介入学校教育，但无论如何，这与学校既有的知识结构是存在一定差异的，或者是知识构成内容是外在于学校知识体系的，或者是解释学校知识的形式是超出教育者已有知识和经验储备的。然而，恰恰是这种知识的新内容或者新形式刺激着学校场域内个体的行为和群体的交往方式，影响着学校内部教育生态的改进。具体来看，乡村学校在地化实践对学校的变革效应表现在对学校教育实践主体的能动性以及主体间交往生态的影响上。在地化实践中所生产出来的新的知识内容或者新形式与学校教育中既有知识结构的差异意味着校长、教师、学生对这项知识的认知程度基本是持平的，既有的知识级差在这项实践中隐匿了。也就是说，学校场域内主体对于"地方资源知识化"所提供的知识是生疏的、缺乏知识准备的，这项"新知识"所带来的主体间知识预备的持平程度构成了主体间的知识齐性。很显然，这种主体间的知识齐性意味着学校场域内既有的权力次序将被打破，教师之于学生不再是知识的权威，教师间因既有知识级差生成的权威身份被淡化，家校既有的知识差序发生逆转，师生、师师、家校之间交往的权力张力变得松弛。这种弱权威式的主体间性增加了主体间交往互动的包容性，这种交往互动包容性的存在是真实交往发生的前提,即随着在地化实践的展开,地方资源向知识转化过程中潜在的不确定性需要作为行动者的校长、教师拓展知识获取途径,向社区、向家长、向同侪或是向学生了解相关的历史性、社会性以及技术层面的背景知识以提升知识转化技术,因此增加了主体间的交往机会。学校实践交往中主体包容性的渗入是人际关系构建的和谐因子,在地化实践中建立在主体间交往包容性基础上的主体交往行动促成了校长、教师、师师、师生、家校间和谐的学校人际关系网络。而这种嵌入和谐的人际关系网络中的校长、教师、学生间的"地方资源知识化"过程,一面刺激了行动者的学习主体性,一面增加了学校教育中基于商谈、民主的学习氛围,教师可以向学生学、校长可以向教师学、年老教师可以向年轻教师学,学校可以向社区和家长学习,等等,自主学习和交互学习成为完成在地化教育实践的必要程序,学校因而迈向学习型社群的教育交往结构。主体交往形式的成熟性对于学校发展是至关重要的,这种对学校去权力化人际关系网络的形塑、对学习型社群的实践构型是在在地化实践介入下展开的,以新知识内容或形式在场形成的主体间的知识齐性对学校场域内教育实践主体间交往行动、交往关系、交往结构的重塑,反映的即是"地方资源知识化"过程中"知识齐性的聚合效应"。

(二)"地方资源知识化"的知识型以"舞台化学校的审美效应"诠释着乡村学校的"二重身份"

毋庸置疑,在地化实践所提供的新增知识内容或解释知识的新形式重置了学校教育的知识体态,以科学性、抽象性主导的学校教育知识结合体转变为融入地方历史文化、社会生活、自然生态、支柱产业等可能因子的综合性知识体。学校场域内知识的内涵、边界发生了一般性与多样性的碰撞,对一般性与多样性的兼容改变了学校场域内的知识型。知识型的改变意味着儿童学习生态(学习内容结构、学习方式、学习氛围等)的调整,与学校既有知识内容对儿童学习的规定不同,完成在地化实践中"地方资源知识化"的过程是面向学校全体儿童的,学校不再是成绩导向下的"少数人的舞台",在地化实践中知识转译程序的开放性与表现形式的分享性决定了每一个儿童都可享有展示自我、表达自我、证明自我的机会。

所谓在地化实践中知识转译程序的开放性是指,无论"地方资源知识化"吸入的是知识内容还是解释学校知识的具体形式，这一转译过程都赋予儿童以主体性的空间。具体来看，知识的转译即为由知识本体转为儿童知识的过程，学校教育既有的知识体系是通过固定的课堂教学模式完成转译的，以教师教、学生学的二元模式为主，而在地化过程中知识通达儿童的转译程序则是灵活多样的，既可以在室内也可以在室外，学习场域既可以是教室也可以是田野，学习的组织形式既有教学、也可以是活动，等等。在这一过程中，学生们拥有了更多在场的机会，这种在场可以是一种具身体验、交往活动抑或是学习发现，儿童在与知识相遇的互动中可以觉察到思考的自我、行动的自我以及群体中的自我，这种自我的发现即是在地化实践中知识转译程序的开放性以一种或显性、或隐性的机会实现的。而所谓知识表现形式的分享性则是相对于学校教育中既有知识的考核环节而言的，与以纸笔测验为知识教学最终环节的教育设计不同，在地化实践中知识学习的最终呈现方式或是通过课堂内的学习分享，或是以活动、比赛、演出等形式出现的。知识的表现方式是集体参与的知识分享活动而非个体知识竞赛。很显然，带有分享性质的教育设计赋予学生以舞台，为儿童提供了更多公开表达、展示自我的机会。在地化实践中为儿童提供的自我展示机会，其本质是一种教育审美眼光的转向，学校不再是只凝视少数绩优生的"比武擂台赛"而是发现每个儿童的"舞台化学校"，这种从更广阔的范围内发现儿童的做法，相较于传统学校知识对认知的影响，在地化知识更多影响的是儿童的情感、态度、兴趣、意志、自信等非智力因素。而"非智力因素"虽不直接参与认知过程，但直接制约认知过程，具有显著的动力作用和定向、调节等功能。[①] 正如案例 J 学校教师所言：学习艺术、参加比赛使得学生比较自信、比较阳光，学习落下了，学生们也会自己找时间补上。案例 P 学校教师也表示，学生在学习上不那么浮躁了、能够静下心来，能够坚持。

综上，为儿童提供更多展示机会的在地化教育设计在调和儿童认知与非认知因素的学习生态中推进了儿童的综合发展。换言之，儿童在非智力因素方面的成长和发展培植和保护了儿童的学习兴趣、学习习惯以及自信等，这些方面的发展反过来又是助力于学生认知能力和学业成就提升的，是一种螺旋式的教育成长过程。同样，正是儿童综合发展局面

[①] 柳夕浪：《走向整体的人：核心素养的整合意义》，《中小学管理》2019 年第 4 期。

的打开淡化了学校的知识竞技场身份，赋予了乡村学校"二重身份"：第一重身份是以乡村社会半公共空间的形式存在的。学校开展在地化实践过程中举办的开放性展示、表演和主题活动等，其价值意义不仅仅停留在家校社互动交往、汇报学生学习情况等教育维度，更是作为一项重建乡村内部联结的"公共事件"存在的。现代化进程中受个体的原子化、社会流动等因素的影响，既有的乡村公共交往空间逐渐消匿，乡村内部的人际交往日渐贫乏冷淡，乡村学校在地化实践的开放式活动或者表演为地方人提供了主体社会交往的公共时空，乡村居民在学校内的相遇、交谈、互动赋予乡村学校以社会互动的功能，乡村学校变成为乡村社会提供主体交往活动的半公共空间。第二重身份则是以附着乡村特质的教育审美空间的形式存在的。乡村学校在地化实践或是以提供知识内容或是以丰富知识解释的路径对学校教育知识型的更新，在将地方多样性、个性化的特质融进乡村学校的整体形象的同时，舞台化、艺术化、知识化的实践技术带来的是对乡村资源物化存在的美学赋意，发挥着转译、阐释并介绍乡村之美的功能。可见，在地化实践一方面展现着乡村学校的办学特质；另一方面以知识的方式谱写着乡村美学。乡村儿童的快乐自信成长、乡村里的自然生态之美、生产生活之美以及传统文化之美等均是降低现代社会大容量、快节奏、"钢筋水泥"背景中人们生活焦虑、教育焦虑的良药，是吸引人驻足的一道风景，乡村学校成为一种展示乡村美学与乡村教育美学的教育审美空间。也正是在地化变革赋予乡村学校的新的"二重身份"使得乡村学校获得了对外推介的资本，搭建起乡村学校与乡村社会以至更广阔的社会空间的交流和联系。综上所述，在地化实践中以"地方资源知识化"的知识型为儿童提供展示机会和舞台化的教育设计所带来儿童综合发展以及乡村学校的"二重身份"即是在地化变革中所表现出来的"舞台化学校的审美效应"。

综上可见，乡村学校的在地化变革通过对"地方资源知识化"的转译，所生成的"知识齐性的聚合效应"和"舞台化学校的审美效应"优化了乡村学校的教育生态、人际生态以及社会生态，既有益于乡村儿童及学校的健康发展，同时助力乡村社会的可持续建设。发展生态的优化对乡村学校办学自信的重塑、办学声望的改善打破了"资源束缚""乡村社会衰败"等言论下乡村学校走向衰亡的消极认识，社会信任的复归增强了乡村学校的吸引力，就读生源的增加、教师工作积极性及留任意愿的提升不仅减少了乡村学校其自身师生群体的"向城性流动"选择，而且生源的回流也是有益于减缓乡村社会人口流失的，进而能够在一定程度上缓解、扭转乡村学校因内外部环境导致的流体式存在状态。乡村学校流体式状态的改变是对实践主体办学自信的加持，为全面提升乡村学校的育人质量提供了基础，以此往复可推进乡村学校办学质量的螺旋上升，从而跳出低质量的泥潭陷阱。可见，乡村学校的在地化实践虽然并非直接以提升乡村儿童学业成绩为变革初衷，但其在结果处对改善学校教育生态、社会信任方面产生的效应实质上为乡村教育质量的提升提供了另外一种实践逻辑和改进路径。

第三节　作为一种实践范式的乡村教育在地化再审视

上文以三个实践案例为依托呈现了乡村教育在地化变革的运转过程模型、作用路径以及效应机理，回答了乡村学校在地化实践是如何展开的、有哪些要素参与、是如何起到变革学校教育生态、影响学生发展作用等问题，为乡村教育在地化作为一项实践方法论提供了事实与理论的双重答案。那么，跳出乡村教育在地化具体实践，站在乡村教育在地化作为实践方法或实践范式的立场上，对在更大范围内推广在地化变革的现实合理性进行再审视是必要的。作为一项实践方法论，面向最广大的乡村学校，乡村教育在地化实践是否具有普遍推广价值？接下来将基于实践优势、实践空间、实践要求三方面的分析，为乡村教育在地化变革的普遍实践可能性提供有价值的证据支撑。

一　乡村教育在地化变革作为方法论的实践优势

对乡村教育在地化变革实践优势的讨论是基于方法论的层面展开的。基于前文对乡村学校在地化实践的综合性描述可以看出，自下而上的过程性自主实践是乡村教育在地化变革作为一项实践方法论的总体表现。相较于当前强调资源短板投入和城市教育崇拜下仿城化[①]的乡村教育治理立场，乡村教育在地化变革作为方法论的实践优势表现在适配性、有机性和

---

① "仿城化"一词借用了秦玉友教授的表达。参见秦玉友《新时期农村教育的取向选择》，《教育发展研究》2019 年第 6 期。

可持续性三个方面。

（一）自下而上的实践逻辑增强了变革的适配性

自下而上的变革进路是乡村教育在地化实践的基本逻辑。在这种教育改革中，"自发行动"是一种基本样态。[①] 乡村教育在地化变革源起于学校教育实践活动主体对学校自身的自省认识，完成于学校教育实践主体的自觉实践。毋庸置疑，这种建立在学校教育实践主体自醒自觉基础上的学校自主实践，学校自身已有的资源准备、现实问题以及优长和缺憾、主体的教育愿景等都将成为变革的逻辑起点所在。很显然，基于学校客观实际情况展开的变革行动是与学校发展的直接需要相互衔接的，从前文对三所案例学校在地化变革推进路线的描述中可以看到，虽然走上在地化变革之路并非计划之举，但选择的实践起点均与校长的办学愿景、学校的实际需要有关。范家小学在地化学习的开展与缺乏学习生气的班额紧密相连，长坑小学在地化的艺术教育则源于寄宿生闲暇时间的管理，而成佳学校链接地方产业的做法则是校长顺应地方发展需求办学愿景的实践。也就是说，作为学校教育实践主体的自发行动，乡村教育在地化实践是紧密结合学校自我意愿和发展需要的，这种思与行统一、有针对性的变革举动是在地化变革方法论适配性的表现。而这种适配性是关注外在资源投入以及追求仿城化的乡村教育治理所不及的。

一方面，正如迈克尔·富兰所言："规划之所以失败的基本原因之一，是变革的规划者或决策者并不清楚未来的实施者所面临的形势。"[②] 长期以来，强调乡村学校办学条件、资源配置结构的治理路径是以乡村教育作为整体单位（即乡村学校的集合）推进的，虽然将乡村教育作为整体单位以提高资源配置效率的实践思路本身无可厚非，但不得不承认这种长距离、有限的资源投放对乡村学校个体差异的通约难免会带来供给与需求的非对称分布，乡村学校的个性化需求无法得到满足，致使资源投入效率和使用效率失衡，由此产生的吊诡现象是资源投入并没有转化成乡村学校的办学动力和自信，相反却造成了对资源短板的担忧和抱怨。相较之下，在地化变革作为学校的自主发展选择，实践主体既是变革的决策者又

---

① 吴康宁：《教育改革成功的基础》，《教育研究》2012年第1期。
② ［加］迈克尔·富兰：《教育变革的新意义》，赵中健等译，教育科学出版社2005年版，第101页。

是变革的实施者，资源的选择和使用融入了主体对学校的事实判断，是基于学校需要和学校现有资源及可调度资源做出的客观选择，这一过程是实践者打破了对乡村学校既有资源短板刻板印象后重构乡村学校发展资源的治理智慧的表现。很显然，基于学校客观条件和实际需要的资源使用无疑是高效和高质的，同时也化解了因不了解学校发展趋势和变革形势可能招致的经济风险。

另一方面，仿城化的乡村学校改进治理路径是建立在悬置乡村学校自身实际情况和实际需要基础上的一种盲目模仿，而在地化变革则是建立在自醒基础上的自觉实践，二者之间存在本质差异。相较于过度模仿城市教育的发展路径，依托乡村发展学校教育的变革路径体现出更强的务实性，正如前文所述，对乡村以及乡村学校的辩证且积极的正向认知是在地化变革展开的前置条件，实践主体对乡村学校自身特点以及与城市学校之间差异的清醒认识支配下的实践行动必然是从实际出发的，因而，相较于仿城化的实践取向，在地化变革的行动举措是务实的、低风险的。可见，自下而上变革逻辑下在地化实践举措所表现出来的较高适配性无疑是一种实践优势。

（二）过程实践的有机性赋以学校变革活力

一般来说，乡村教育资源"投入—产出"配置逻辑多将实践重点集中在学校资源投入量和投入结构上，建立在学校需求始端的资源投入方式因缺乏对学校资源状态的真实把握，往往容易导致机械化的以量为主的短期投入行为。换言之，"投入—产出"逻辑下的资源投入若没有与学校教育实践建立起有效连接，那么投入的资源将是"死的资源"。譬如有些乡村学校虽然有种类丰富的文娱器材，却摆在架子上或锁在教室里。相较之下，乡村教育在地化变革的渐进性实践是以地方资源的学校转化为依托的，实践的重点不在始端的资源投入量上，而在于实践过程中学校资源的配置状态。也就是说，乡村教育在地化变革激活了资源的实践价值，是一种"活资源"。

在地化变革重在通过乡村资源与实践主体的互动完成资源的知识转化，互动的过程即是资源发挥使用价值的过程，对资源的教育使用价值挖掘要求拓展实践主体的知识和能力，扩大学校场域中"人"作为资源的效用边界。因此，相较于资源配置治理路径短期投入的机械性，渐进性的在地化变革实践对资源转化过程的强调体现出更强的有机性，赋予了学校变革的活力。一方面，由资源价值激活的主体努力促进了实践主体的思考、行动、尝试和探索，这是资源配置治理路径所不能保证的，相比来说，在地化变革实践主体与资源投入间的积极互动是充满生命力的，是对学校内部组织生态的一种激活；另一方面，资源转化过程中对实践主体作为"人"的资源效用边界的拓展对于学校的影响具有资源叠加效应和全息性的作用，被拓展了的主体知识和能力作为一种人力资源影响着个体的行动和思想，而这种思想和行动必将融入个体日常工作和教学工作中去，因此，从这个层面来看，实践主体自身活力的激发无疑是有助于学校变革发生的。

（三）面向学校内部的治理基点彰显方法论的可持续性

以学校的实际需要与地方资源之间有效衔接为治理基点决定了乡村教育在地化变革是面向学校内部的一种治理方式。非强制性下教育主体实践行动的主动性、"就地取材"资源获取途径的便利性与来自外部的资源补给式与制度支持式的治理路径相比本身即意味着一种可持续性。同时，建立在学校与地方联结基础上的乡村教育在地化发挥着维续乡村地方和学校自身可持续发展的作用。

将地方资源纳入学校教育的过程内置的是在地化变革作为方法论的一体两面。一方面，将地方资源纳入学校教育赋予了主体行动与创造的可能空间，对教育实践主体的主体性、行动力和创造性的确认彰显着改变学校内部生态的实践价值，同时也意味着来自学校教育实践主体的成长和激活将成为学校可持续发展的内在驱动力。以地方特质获取学校对外推介资本的变革结果给予了乡村学校以办学自信，办学自信的增长是社会积极反馈的结果，同时反过来还会促进乡村学校教育实践主体以更加积极的行动反馈社会。很显然，在当前乡村教育处于集体焦虑和普遍萧条的大背景下，办学自信的获得对于学校的可持续发展是至关重要的，而在当下的乡村教育治理中，能够激起乡村学校教育实践主体自信的方法并不多见。另一方面，将地方纳入学校教育过程发挥着记录和传承乡村的功能。也就是说，将地方资源纳入学校教育过程本身可看作是一种地方可持续发展技术。乡村作为一处未被注意的知识世界，随着乡村儿童对乡村日常生活世界的疏远化和陌生化，对乡村自然生态的熟视无睹、对乡村日常生产生活以及历史文化的陌生疏离，已然堵住了乡村作为"地方"被发现和传承的通道。将学校作为发现乡村的知识桥梁，通过地方资源在学校内部以知识化形态输送至儿童，使得乡村空间的知识形态得以保存下来，这种转化和保留从本质上是推动地方可持续发展的表现。因而，乡村教育在地化变革既是一种依托地方促进乡村学校可持续发展的方法技术，同时也是一种维续乡村可持续发展的方法论范式。

二　行动表征下乡村教育在地化的实践空间分析

上文跨案例比较分析的结果呈现了在地化变革的三个实践特征，即低成本、生成式、有特色的。这三项特征从其内涵所指来看是对乡村教育在地化实践由起点到过程以至结果的行动表征的抽象化概括。那么，对三项表征内涵所指的再释将是通过行动表征回归到为乡村教育在地化变革所提供的实践空间论证。

（一）"低成本"降低了在地化变革的实践门槛

在传统观点看来，充足的经费、良好的师资、齐全的设施、明晰的管理是决定学校教育质量的重要因素。[①] "没有钱""没有人"是横亘在乡村学校改进路上的普遍路障，对乡村学校"人财物"效应的过度看重，使得"有没有资金支持""需要多少资金支持"成为乡村校长是否参与学校改革的判断依据。三所案例学校以"低成本"的在地化实践推动乡村学校变革的举动颠覆了这一传统认知。

"低成本"是乡村教育在地化变革的行动起点。所谓"低成本"指的是乡村教育在地化变革是一项低经济成本的改革选择，一方面表现在在地化变革对学校自身拥有的经济成本要求低；另一方面表现在在地化变革本身所消耗的经济成本较低。其一，从在地化变革的经济成本要求来看，虽然目前三所案例学校无论从师资配置、硬件建设还是经费支持方面均已得到保障，但这些资源作为受益于变革结果的解释力是要大于作为变革条件的解释力的。如案例描述所示，三所学校在地化变革伊始的办学条件都未达到当下所呈现出来的状态，尤其是起步较早的长坑小学，办学条件是相当有限的，甚至在当下长坑小学的办学条件依旧是朴素的。也就是说，学校既有经济资本的多寡并不是在地化变革的决定性要素，即使学校条件有限、经济资本较低也不影响变革的开展。变革经济门槛较低为在地化变革的普遍开展提供了实践可能性。其二，从在地化变革实践的经济成本支出

---

① 周兴国：《农村学校改进问题与出路》，《中国教育学刊》2014 年第 5 期。

来看，立足于乡村本土的教育变革是乡村学校办学主体经过经济计算的理性选择的结果，选择以乡村场域内自然生态资源、社会文化资源以及地方产业资源等作为教育素材是一种"就地取材"式的教育选择，并不需要较高的经济成本投入。

G案例校长说："我们这个地方在做乡土课程，你打开校门把学生带出去能花多少钱？一堂课做下来就只花个买烟抽的钱，其他的还花什么钱？所以说我们是不需要花钱的。另外我们搞课程教学改革，大家在一起商讨，然后这个课程花多少钱？这个也是不需要花钱的。"J案例校长也谈道："因为二胡笛子，山上有毛竹，自己都可以做的，不需要家长花钱，这个还是一个限制条件嘛。"

可见，较低的经济成本消耗对变革风险的弱化无疑是助益于在地化实践获得学校教育相关利益主体支持的，因此，可以说，这种低成本投入的学校在地化改革既释放了学校的行动空间，也厚植了变革的家庭基础。综合以上两个方面，"低成本"的行动起点表征再现了在地化实践的朴素形象，为在地化实践在更广泛意义上的推广降低了经济风险，即便是经济资本较弱的乡村学校也是可以尝试的。除此之外，三所学校以自下而上的教育变革获得自上而下的政府支持（资源、经费、制度等方面）的资源配置路径重置了学校改革与资源配置之间逻辑次序的传统认知，逻辑次序的转置也在变相激励和提醒着处于焦虑、抱怨之中的乡村教育实践者和管理者：经费支持和资源配置并不是乡村学校发展的绝对限制条件，乡村学校向好发展是建立在实践主体思维认知转换和积极作为基础上的，学校办学有起色便可获得政府支持和社会认可。

（二）"生成式"释放了在地化变革的实践压力

"生成式"描述的是乡村教育在地化变革的行动过程。所谓"生成式"指的是乡村教育在地化实践过程并不是计划性的而是探索性的，是在实践中探索、反思、创造的过程。

三所学校的变革实践既不是自上而下的行政规划设计行为，也不是学校预先编制了变革的行动计划蓝图，将地方空间、地方资源引入学校教育场域的决定常常是学校教育与地方资源的一次偶然相遇，起始于学校朴素的办学初衷。譬如范家小学在地化课程变革源自一次"春游寻宝"活动的偶然启发，在实践启示中逐渐转向学科课程的整体设计；长坑小学在地化艺术教育最初仅是一个对寄宿生学校闲暇时间的管理策略，在不断探索中才逐渐升级为地方传统文化的转译中介；而成佳学校则缘起于服务地方产业，而后才转向学校文化构建的，虽然其变革过程中校长有着相对明确的发展初衷，但随后转至学校文化的提炼上也并不是初始设定，而是后期在探索中逐渐形成的。可以说，三所学校的在地化实践都是只有方向而没有具体规划线路的，学校变革的发生是在不断的实践碰撞中完成的。正如迈克尔·富兰对教育变革的形容一样，变革是非直线的，充满着不确定性，是一项旅程，而不是一张蓝图。如果你想针对环境的复杂性采用复杂的实施计划，那么，进程就变得难以控制、曲折和往往是错误的。[①] 在地化实践的"生成式"行动过程特征既符合教育变革的一般要求，也有助于释放在地化行动过程中的主体实践压力。一方面，自上而下的教育改革多是一种附带行政压力的效率作业，校长、教师是教育改革的执行者而不是发起者，需要应对上级对改革的检查、考核等要求，订计划、按要求完成指定改革无疑对于校长教师而言是一种任务压力，而在地化变革实践是自下而上的，校长教师是变革行动的主动发起者而非被动执行者，"缺乏计划性的零散尝试"释放了作为行动者的校长教师的主体实践压力；另一方面，在地化变革的"生成式"实践过程充满了不确定性和挑战，过程中的不确定性虽然比不上计划性改革有工作效率，但非结构化实践拓展了主体行动和学习的空间，也就意味着可能性和创造性，因此，可以说，这种"生成式"的在地化变革是赋以主体创造空间的，是主体能动性与创造性下的教育实践。由此可见，"生成式"的在地化实践是一项低实践压力并赋予主体创造性的实践活动，对缺乏主动性和积极性的乡村校长教师而言虽是一种挑战，但也是一次重新恢复自觉的机会。

（三）"有特色"提高了在地化变革的实践价值

"有特色"呈现的是乡村教育在地化变革的行动结果。所谓"有特色"指的是在地化实践相较于一般乡村教育实践所表现出来的教育特质。乡村教育在地化实践的运转过程，无论从实践取材还是知识转化来看，一方面乡村场域中存在的资源是多种多样的；另一方面学校场域中潜在的教

---

① ［加］迈克尔·富兰：《变革的力量——透视教育改革》，中央教育科学研究所等译，教育科学出版社2015年版，第33页。

育着力点、教育教学技艺也是多种多样的，乡村中资源类型的丰富性与学校教育策略选择的广阔性之间构成了一组多位数的排列组合，选择什么样的资源素材、如何组织教育内容、以何种教学方式展开教育活动都是灵活多样的，学校可依据自身的发展偏好自由组合。很显然，不同地区、不同类型、不同理念的学校可以选择的变革路径也是丰富多样的。因此，每个乡村学校在基于本地资源的教育变革中都有着创造和选择的空间，即每个学校都有发挥自身创造性、选择适合自身实践方式的空间，这无疑是彰显学校特色的变革实践。

　　研究中三所案例学校的在地化实践在构建自身办学特点与地方资源之间的组合过程中均形成了学校自身的办学特色，譬如范家小学将乡村空间转变为教学空间，将乡村植物、文化遗迹、社会问题等转化为教育素材，推进了集学生学习方式与教师教学方式变革于一体的在地化课程，提供了一项彰显小规模学校班额优势的在地化实践范型；长坑小学将地方传统文化项目——婺剧、民乐转变为一张既附着地方文化特质又彰显寄宿制学校办学特色的名片；而成佳学校将地方产业融入学校文化建设，成为现代田园教育的实践典范。"有特色"的在地化实践为三所学校赢得了较高的社会评价，成为学校对外交流的重要窗口。由此可见，在地化实践的选材与设计是别具一格的，能够彰显乡村学校办学特色，能给乡村学校带来更多地关注和更多的发展机会。可以说，"有特色"这一行动结果提高了在地化变革在更大范围推广的价值。

　　综上可见，乡村教育在地化实践作为一条低成本、有特色、生成式的教育发展之路，并不是特定条件下特定学校的偶然成功。在地化变革对改革成本、实践主体的要求是一般乡村学校可及能力范围之内的事项，尤其是近年来乡村学校师资配置、硬件配备以及信息化建设等全面得到改善的情况下，更有助于乡村学校开展在地化教育变革实践。彰显学校特色的行动举措将引领乡村学校攀登更高的阶梯，打开乡村学校发展进阶的新局面。可以说，乡村学校在地化实践是符合乡村学校实际的观光旅程，是各美其美、富有创造性的低门槛之路。

三　乡村教育在地化变革型本质下的实践要求

　　与上文对在地化变革作为一项方法论之于普遍意义上的乡村教育的可行性论证不同，实践要求作为一种变革前的准备是在地化变革作为本体对普遍意义上的乡村教育的发问和要求。而回答乡村教育在地化变革的实践要求，则需要深刻认识作为一项实践范式的在地化变革的型本质构成。

（一）乡村教育在地化变革的型本质："基于地方赋权挖潜"的优势治理

乡村教育在地化变革是乡村与学校互动的一种联结机制，将乡村地方空间视作乡村学校发展的价值意义场是这一项实践方法论的潜在认识论基础。通过"地方资源知识化"将乡村由"空间物理场"转化为"价值意义场"，本质上是对地方资源教育能产性的挖掘。乡村教育在地化实践的过程是以承认乡村作为地方的教育正当性为前提挖掘乡村资源教育能产性的过程。从实践范式维度对这一过程进行的抽象概括即是乡村教育在地化型本质的体现。一方面，对乡村作为地方的教育正当性的承认，根本上是从价值维度为乡村赋权的表现。现代化进程中的学校教育从知识、主体关系以及实践空间三个维度制造的"乡村退场"造成的直接影响即是乡村的教育价值阙如。乡村教育在地化变革对乡村作为知识空间、教育空间和支持空间的价值确认，赋予了乡村参与学校教育的价值正当性，乡村的自然生态资源、生产生活资源和历史文化资源可以转化为丰富的学校教育知识型，乡村空间可以转变为学校教育的实践场域，乡村家长可以获得更多参与子女学校教育的机会。可见，作为一种实践范式，乡村教育在地化变革本质上是对乡村居民、乡村资源以及乡村空间的教育赋权。

另一方面，对地方资源教育能产性的挖掘是乡村教育在地化实践的重点，同时也是对乡村作为学校教育"价值意义场"的终极确认。所谓地方资源的教育能产性是指乡村资源的知识转化空间、学校适用性以及教育产出价值。乡村教育在地化的实践过程完成了对地方资源教育能产性的挖掘，学校对外推介资本的形成即是以地方资源的教育能产性释放乡村资源内在教育潜力的过程。因此，乡村教育在地化变革在借助地方资源发展学校的同时，也在挖掘地方资源的教育潜力。

基于此，乡村教育在地化作为一种实践范式的型本质抽象概括为"基于地方的赋权挖潜"。那么，很显然，从作为实践主体的学校一侧来看，对乡村空间的赋权挖潜遵循的是一种以学校比较优势形成学校发展优势实践逻辑。之所以这样说在于，依托乡村以发展学校教育这一逻辑本身即是建立在乡村间的差异性、乡村与学校之间的短距离以及乡村内丰富资源基础上的，这很显然是乡村学校特有的地理区位和自然生态，其所嵌入的地方的差异性本身即意味着一种优势。除此之外，为地方资源寻找学校教育适用空间的过程需要结合学校自身的教育教学特点，这一过程实质上是对乡村学校潜在比较优势的确认。譬如范家小学较小的班级规模，显然对开展在地化学习是一种优势；而寄宿制则为长坑小学开展在地化艺术教育提供了充足的时间和空间。随着在地化实践逐渐走向成熟，特别是学校办学特色及内涵特质的不断彰显，作为学校对外推介资本的在地化课程则转变为学校的一种发展优势而存在。因而，从这一层面来看，乡村教育在地化变革"基于地方的赋权挖潜"是一种基于优势、构建优势的治理方法论。

（二）型本质下乡村教育在地化变革的实践要求解析

赋权乡村空间教育正当性，挖掘乡村空间教育能产性的乡村教育在地化作为一种"就地取材"式的朴素变革，虽然低成本的实践技艺释放了乡村学校在资源短板维度上的改革阻力，但若想将在地化技术转变为一种实践范式推广至更多的乡村学校，需要关注到制度、实践主体在变革过程中的作用和影响。

其一，从学校外部管理制度上看，在地化变革要求地方教育行政部门给予乡村学校一定的办学自主权。当前，很多乡村学校受行政权力的束缚在推进学校改革层面上是不具备自主选择权的，尤其是村校，无论是否拥有独立法人资格，均从属于乡镇级的中心学校或学区的统一领导，缺乏支配和调整自身学校资源和制度的权力空间及领导教师的公信力。而乡村教育在地化作为一项生成性的实践，变革过程是逐步探索和不断调适的过程，需要学校拥有调度资源、修订和调整学校内部管理制度的相应权力。若学校不具备变革过程中的资源、制度等方面的决策权，那么很显然，在地化变革实践的推行在权力缺位的困囿下是存在变革风险和阻力的。因此，为地方作为价值意义场赋权的前提在于给予乡村学校一定的办学自由，为乡村学校赋权是乡村教育在地化变革落地的前提保障性条件。前文三所案例学校均属于独立法人，且拥有相对自由的学校发展决策权，校长可以在教育局允许的制度空间内对学校的资源、教师以及管理评价制度等进行必要的调配，既不用听命于中心校，也保有在学校教师群体中的权威和话语权，权力上的赋权保障了学校推进在地化变革的行动空间。如若像当前部分村校连买粉笔的经费和自主权尚且无法保障，又怎会有自信和勇气开展在地化变革呢？当然，需要澄清的是，这里所探讨的本质问题并不是乡村学校的法人身份问题，而是乡村学校的办学自主权问题，给予乡村学校一定的办学自主权是在地化变革得以推进的制度前提。因此，如何通过制度变革或创新赋以乡村学校一定的办学自由是在地化实践能否得以展开的现实挑战。同时，这一实践前提也在提醒我们，反思如何进行乡村学校外部管理制度创新是推进乡村学校自主发展必须要回应的关键问题。

其二，从变革的主要推动者来看，乡村学校校长的在地化变革领导力是在地化变革得以实践的核心所在。一方面，在地化变革能够得以展开源自于校长的发展自觉性和教师领导力。某种程度上，当前乡村学校的衰落与校长的消极发展思维是联系在一起的，一些乡村校长以"管理者"自居，却缺乏引领学校发展的自觉、视野和管理智慧，对乡村学校持消极认知但却将其作为自己的"独立王国"，化身学校的管理权威，将教师作为自己的管理对象和下属看待，难以形成学校实践主体间的行动合力。而在地化变革得以展开源自乡村学校校长的实践理性和发展冲动，且校长的管理智慧是在地化变革中形成团队合力的重要条件。三个学校案例中的校长是既作为管理者又作为服务者存在的，无论是在对学校发展方向的把握上还是对学校教师的管理上都充满了智慧，搭起了变革愿景和行动之间的桥梁。因此，可以说是否有一位有智慧的校长对于在地化变革很关键。另一方面，在地化变革要求实践主体清晰把握学校自身的短长。作为由学校比较优势生成学校发展优势的治理方法论，在地化变革实践主体对学校自身办学优缺点（包括课程、教师等）、学生特点（包括学情、家情及性格、习惯、互动交往等）的详细了解是判断以什么形式、引入什么乡村资源的关键所在。只有实践主体对学校自身情况有清醒且清晰的认识和判断，才能发现地方资源介入学校的潜在教育增长空间，才能在达成实践理性与价值理性辩证统一的过程中精准实施在地化实践。

其三，从变革的主要实践者来看，清晰地定位和认识乡村教师的发展空间和主体能动性是推进在地化变革的重要前提，在地化实践要求学校及管理者转变对乡村教师"教不好"的刻板认识。乡村教师对于乡村教育发展的重要性已成为一项普遍共识，作为乡村教育在地化实践的行动者，教师的作用尤甚。因此，如何认识和理解乡村教师是影响在地化变革的重要前提。"素质不高""能力不强"是当前对乡村教师队伍的一种普遍认识和判定，这种建立在城乡对比基础上的弱势认知遮蔽了乡村教师作为人力资源本体的自我生长性和学习力，以期通过吸引优秀大学生或教师到乡村从教来改变乡村教师队伍质量的呼吁和实践本质上是对当前乡村教师群体发展空间的忽视和伤害。当然，这里并不是在批判为乡村引入优秀人才的呼吁，意在强调清晰认识和定位现有乡村教师的发展可能性。三所案例学校的在地化实践已经充分证明了在没有优秀师资引入的情况下，本校教师是如何通过自主学习和探索参与在地化实践，并推进课程、活动等教育教学实践有效且富有创造性地展开的。由此可见，在地化变革虽然是以学校教师作为主要行动者展开的，但这并不意味着只有优秀的教师才能担此担子，教师主体性、能动性以及创造性的发挥在校长的承认、期许以及引领的基础上，是能够得以发挥且收获良效的。这就要求乡村校长首先要转变对教师的既有认知，要重新审视教师并看到教师作为学校发展资源的潜力和优势，充分调动教师的积极性和行动力，只能这样乡村教育在地化实践才会切切实实地落地并收获更大的创造可能。这同时也启发并提示我们，在乡村教育治理中，相较执迷于缺乏优秀教师而推卸学校发展责任，看到现有乡村教师作为人力资源的潜力对于乡村学校发展而言是务实且高效的。

第四节　本章小结

本章分析阐释了乡村教育在地化变革的运转机理，具体由三部分构成。第一部分是对三所案例学校的跨案例对比分析，将共性要素提炼为乡村教育在地化的运转过程构型。经过对比分析三所案例学校资料的开放性译码、主轴译码及选择性译码，共抽象提炼出乡村教育在地化变革的 22 个基本范畴和 6 个类属，串成了乡村教育在地化运转过程的基础故事线。第二部分则是在所提炼出的关键要素的基础上进一步分析和筛选出前置变项、过程变项、结果变项 3 个过程维度，提取出 KK1 背景性认识、KK2 行动中的主体角色、KK3 过程性策略、KK4 关联性约束条件、KK5 效应反馈 5 个类属轴，以及 K1 对农村学校的正向认知、K2 校长实践理性、K3 生本位的教育逻辑、K4 课程取材的教育价值确认、K5 教育目的的人本认识、K6 地方资源知识化、K7 多元化的教师角色、K8 教师管理激励、K9 学生学习的过程性激励、K10 弱化考试评价、K11 知识组合式教学设计、K12 借助网络、K13 赋予学生舞台、K14 学习型社群、K15 去权力化的学校人际网络、K16 学生综合发展、K17 社会信任、K18 对外推介资本、K19 政府支持共 19 个关键要素，构建了乡村教育在地化运转过程模型。并在与学术理论的对话中完成了对乡村教育在地化运转机理的解释，抽象概括出潜隐于乡村教育在地化变革过程的"空间资源化—资源知识化—知识资本化"作用路径，提炼出"地方资源知识化"过程中"知识齐性的聚合效应"和"舞台化学校的审美效应"赋予乡村学校以"乡村社会半公共空间""附着乡村特质的教育审美空间"二重身份的效应机理。第三部分对乡村教育在地化变革实践扩大化进行了再审视，跳出在地化变革的具体实践，从实践范式视域以实践优势、实践空间、实践要求三个维度审视乡村教育在地化作为一项实践方法论的推广合理性。作为一项实践方法论，乡村教育在地化实践保持着学校适配性、有机性和可持续性的实践优势，"低成本""生成式""有特色"的实践特征给予了在地化变革扩大化的实践空间，但"基于地方赋权挖潜"的优势治理型本质要求地方教育行政部门给予乡村学校一定的办学自主权，需要教育实践主体对学校比较优势保持清醒的认识，并洞悉乡村教师作为人力资源体的发展潜力。

结　语

> 风会熄灭蜡烛，却能使火越烧越旺。对随机性、不确定性和混沌也是一样：你要利用它们，而不是躲避它们。
>
> ——［美］纳西姆·尼古拉斯·塔勒布[①]

找到了慢变量，我们就找到了定力，但找到了小趋势，我们才能看到信心。[②] 针对当前研究者和实践者将乡村教育的痛点归结于"乡村社会的发展滞后""教育质量的比较弱势"继而热衷于"资源论""撤并论""仿城论"等论调的乡村教育发展的主流认识趋势和研究选题，对存在于基层实践中乡村学校在地化变革小趋势的理论关注和实践寻踪无疑是一次孤独冒险、困难重重且又充满了不确定性的研究尝试。行文至此，对"为什么能推进乡村教育在地化？""如何推进乡村教育在地化？"以及"乡村教育在地化是如何影响乡村学校和学生的？"三个问题的回应完成了本书的主要研究任务，迎来了研究的尾声。总地来看，研究以"理论的实践化"努力与"实践的理论化"构型相结合的研究理路，对乡村教育在地化的理论正当性、本土实践智慧以及运转过程机理三个面向进行了系统化的论述和阐证。然而，有限的文字表达与结构化的研究框架在一定程度上决定了本书对乡村教育在地化的阐述是一种有限解释，进一步对研究过程的总结、对研究观点的澄清、对研究努力的评价和反思将成为本书

[①] ［美］纳西姆·尼古拉斯·塔勒布：《反脆弱：从不确定性中获益》，雨珂译，中信出版社2018年版，第XV页。

[②] 何帆：《变量——看见中国社会小趋势》，中信出版社2019年版，第29页。

为增强研究辩证性、保持研究开放性所做的必要努力。

从选题来看，对乡村教育在地化研究的灵感来源于散落在国内外不同时空向度内基于乡村本体的乡村学校变革的探索实践。"如果说某几所学校短暂性的一时之举算作一种偶然事件，那么这种潜隐于国内外不同时间、空间维度里'不约而同'的变革实践是否蕴含着某种可通约性的必然之势呢？"基于这一来自实践的启发思考，为何"学校为体，乡村为用"的乡村教育在地化实践能够发挥作用以及如何发挥作用构成本书的理论命题，并以"为什么能推进乡村教育在地化？""如何推进乡村教育在地化？"以及"乡村教育在地化是如何影响乡村学校和学生的？"三个问题为线索链回应了乡村教育在地化的理论合理性、实践智慧及其运转机理。具体研究结论如下。

首先，对乡村教育在地化的理论合理性论证是通过纵向历史分析与横向理论融合相结合的技术手段完成的。一方面，在回溯现代化进程中乡村教育发展理路的纵向历史分析技术的支撑下论证了由传统私塾转向现代标准化学校过程中乡村由"在场"到"退场"的历史进路，阐明了现代学校教育中乡村空间教育价值被遮蔽进而作为"物理场"存在的客观事实；另一方面，通过横向理论融合的分析视域重新定义了乡村作为"地方"的教育正当性，以"地方"作为个体日常生活经验和生命记忆的原初场所载体、学校教育中个体具身实践情境的补充空间和知识转介机制、打破知识既定结论丰富知识解释框架的知识创新空间以及学校社会资本空间的四重角色为乡村作为介入学校教育的"价值意义场"赋权。简言之，纵向历史分析下的乡村退场为乡村教育在地化提供了合理性前提，横向理论融合视域下乡村的"地方"本质勾勒了乡村教育在地化的价值空间。

其次，关于乡村教育在地化实践智慧的探讨是通过对三个本土实践案例的具象描述呈现出来的。三所案例学校代表着乡村教育在地化的三种类型。第一个案例，范家小学在地化变革的类型为"生活化课程素材驱动下的在地化变革"，变革初衷在于培养学生的学习能力，源于范家小学的一次"春游寻宝"活动的启发，定型于一次乡土教材会议上教育专家的肯定，当前已转向基于项目式学习的在地化课程设计阶段。目前学校已构建了由"主题选择—方案设计—教师培训—方案实施—评估展示"五步组成的在地化课程基本模式，开发了自然观察类课程、历史文化类课程、生产生活类课程、社会调查类课程共四种课程类型。第二个案例，长坑小学在地化变革的类型为"地方文化性资源驱动下的在地化变革",变革起步于 20 世纪 90 年代,源于校长自身民乐技能与管理寄宿学生闲暇时间的结合,在实践主体由自发走向自觉的过程中,长坑小学的在地化艺术教育经历了由致力于生命个体发展向强调特色立校发展,再向地方文化传承发展的转换过程,经过几十年的坚持和探索,完成了由"借文化"到"养文化"的发展转型。当前,长坑小学的婺剧和民乐已经提升为学校艺术类拓展性课程群,每年会举办艺术节主题活动,创编经典曲目参加县、市、省以至全国的比赛和演出活动。第三个案例,成佳学校在地化变革的类型为"地方产业性资源驱动下的在地化变革",成佳学校起初建立与地方之间的联系源自教育服务地方的办学思想和实践启发,学校为地方服务的朴素愿望在实践中升华为学校文化和校本课程,办学特色的凝练成为学校对外交流的资本,促进了城乡学校的交流与融合,并使成佳学校获得政府更多的支持、社会更佳的反馈。归结起来,成佳学校在地化变革经历了从由外而内的输入再到由内而外的输出的发展过程,是将地方产业形象符号化为培养具有地方品性的人的过程,是由服务地方到形成学校特色发展优势的过程。当前成佳学校在地化实践的方式主要包括学校文化建设、茶主题校园活动和年度活动以及校本课程三种。以三所案例学校在地化变革的具象实践回应"如何推进乡村教育在地化"这一问题的写作进路目的不在于提供乡村教育在地化实践的标准答案,呈现案例学校在地化变革的资源、制度环境、整体过程以及实践细节的真实意图在于更加全面、立体且客观地呈现出案例学校变革的实践经验,以增强案例经验的实践指导价值。一方面可以避免研究者陷入为了研究需要即以"放大镜式的赞美"自说自话,为读者提供对案例学校在地化变革的理解和辩证思考的空间;另一方面期待通过对案例学校具体实践过程及做法的深描代替"简约式"的案例呈现以及"概括式"的经验策略提供,让乡村教育实践者更加清晰地看到在地化实践的可及性和经验智慧,以提供参照系进而提升其实践自信,不至于无所适从。

最后,对乡村教育在地化运转过程及作用机理的理论阐释是基于多案例与理论译码法相结合的跨案例比较分析的研究设计展开的。研究以范家小学、长坑小学、成佳学校在地化变革实践的一手实地调研资料和网络媒介二手资料为分析素材,利用格拉泽和施特劳斯的三级编码方法,对三所学校的案例资料进行了编码,并在对比分析三所学校案例资料的开放性译码、主轴译码及选择性译码的基础上筛选出反映乡村教育在地化变革的19个基本范畴、5个类属，以前置变项、过程变项、结果变项3个过程维度构建了乡村教育在地化的运转过程模型，通过进一步与学术理论的对话完成了对乡村教育在地化运转机理的解释，抽象概括出潜隐于乡村教育在地化变革过程内的"空间资源化—资源知识化—知识资本化"的作用路径，提炼出在地化变革过程中"地方资源知识化"以"知识齐性的聚合效应"和"舞台化学校的审美效应"赋予了乡村学校"乡村社会半公共空间""附着乡村特质的教育审美空间"二重身份的效应机理，在承认乡村空间教育合理性、挖掘教育能产性的过程中，重构了乡村、学校及儿童三者之间的联结，改善了乡村学校的教育生态和社会生态，提升了乡村学校的社会信任及评价。

  写作的尾声从实践范式的视域，以实践优势、实践空间、实践要求三个维度对乡村教育在地化作为一项实践方法论推广的合理性进行了分析。从方法论的视域来看，乡村教育的在地化实践保持着学校适配性、有机性以及可持续性的实践优势，"低成本""生成式""有特色"的实践行动特征给予了在地化变革扩大化的实践空间，其所构型的"基于地方赋权挖潜"的优势治理型本质要求地方教育行政部门给予乡村学校一定的办学自主权，需要教育实践主体对学校比较优势保持清醒，看见乡村教师潜在的发展潜力。

  如果以对研究问题的回应和解释为标准，以上陈述基本概括了本书对于乡村教育在地化这一问题所作出的研究努力。总体上，与当前将"在地化"置于"城镇化"对立面的乡村教育发展定位的认识相比，本书对乡村教育在地化的把握受益于"在地化教育"的理念，并从学校变革与发展一维来回应和解释乡村空间资源介入学校教育在方法论上的效用空间，以对在地化实践推进乡村学校变革内在机理的研究探索从理论和实践相结合的理路阐证乡村空间的教育合理性与能产性是本书最大的研究抱负所在，也是本书相较于已有研究的差异所在。然而受限于文本表达和呈现方面可能存在的缺憾，在此需要对本书研究呈现上可能造成的几处误识做进一步的澄清：

  其一，本书并没有否定现代化进程中学校教育发展过程中的标准化技术，对于学校资源配置和建设层面的标准化努力带给乡村教育的改变是秉持积极且肯定态度的。但标准化发展思维下均质化的、单一价值倾向的城市偏向教育审美思维对乡村空间教育合理性和能产性的忽略是应该被警惕和重视的，因此，本书重在提供一种对城市偏向教育审美思维的辩证审视思路，为"地方在场"的乡村教育寻找发展空间。简言之，从资源和技术维度上，标准化作为一项发展技术其对乡村教育的价值是值得被肯定的，但在社会和实践中已经形成的城市偏向的标准化式的教育审美思维却是值得商榷和批判的。

其二，需要再次澄清的是，本书对乡村教育在地化的讨论是从学校的变革和发展一侧展开的，无论是对乡村空间资源如何为学校所用的释例提供还是对在地化实践推进乡村学校变革机理的解释均是为阐释当前存在于实践中的乡村教育在地化何以挣脱衰败枷锁而服务的。因此，本书对"在地化"一词的理解并没有更多地纠缠于"乡土文化"这一概念范畴内，也无意于通过"在地化"重构乡村儿童（或人才）的培养目标，加之本书对乡村教育的探讨是限定在义务教育阶段，因此如果说"乡村教育在地化"的实践在教育目的上作了哪些贡献或者努力的话，更多的是体现在学校教育内涵的丰富性上，而非义务教育培养目标的重塑。对于现代社会而言，如果从宏观维度鼓励重塑乡村义务教育的培养目标其本质是对教育公平的亵渎而非努力，而若从学校维度来讨论培养目标的话，那么很显然每一所乡村学校均可以依据其办学愿景和地方期待，结合国家总体要求来重置，作为外来者仅有提供建议的权利而不应该掌握定义的主动权。

其三，本书对乡村教育在地化作为一项教育变革实践方法论的探讨是理论上的、兼容性的，意在为当前处于焦虑和迷茫的乡村教育提供一种有实践价值和实践空间的教育变革方法论，而这绝非代表推进乡村教育在地化是乡村教育发展的唯一选择。虽然正如前文所述，当前正在基层酝酿着、发展着的乡村学校在地化变革实践作为一股小趋势所展现出来的旺盛生命力，为正处于迷茫之中的乡村教育探索出了一条以"基于地方赋权挖潜的优势治理"为方法论指导的"低成本""有特色""生成式"的内生发展路径。但这仅仅是立足于当前乡村教育衰落和迷茫的事实，从实践中汲取智慧的研究努力，以期为乡村教育提供一种发展可能，这并不意味着其他乡村学校同样可以通过在地化实践获得成功，也不表示其他的改革路径没有生长空间。乡村教育在地化达至推动学校变革与发展的转向是需要实践主体回归朴素且积极行动的，同时如若国家和地方层面随着发展有条件在经费、资源和制度方面给予更多的支持，那么乡村教育的发展道路也会更加宽广。

其四，从研究方法来看，本书的研究方法是服务于对研究问题的分析和解释需要的，因此无法将之归入某一特定研究范式内，其中对扎根理论编码技术的运用是服务于跨案例对比分析需要的，也就是说跨案例对比分析是本书将"实践理论化"所依托的主要方法，依此来看，扎根编码技术是辅助性质的，而非一项严格意义上的扎根理论研究，如若单纯以扎根理论研究范式的思维和技术衡量本书是不可取的。除此之外，需要再次明确的是，案例学校的选择是以对在地化实践的相关要求为主要标准而参考地域要素的，并无意以三所学校代表当前乡村教育的基本类型，三所案例学校的资料之所以能够进行对比分析与学校类型、学校规模无关，而是依据其在地化实践的相似点展开的，即如虽然我们身处不同国家，但依旧可以出现类似的乡村教育发展变革实践一般的道理。也就是说，三所案例学校在地化实践过程中涉及的具体内容才是跨案例对比分析展开的载体，而从前文的阐述中也可以看到，三所学校在地化变革的内容与学校规模、类型等并没有因果联系。

然而，任何一项研究都不是完美无瑕的，任何一次理论努力都需要实践赋以其生命。对乡村教育在地化的合理性以及学校、儿童、乡村三者之间有效联结的理论解释不足是本书完成之际仍留有的遗憾，也是接下来需要进一步沉淀、挖掘和阐释的。同时，该如何把握和处理不同学段的在地化实践也是需要面对和解决的现实问题，如目前的乡村教育在地化实践更多地集中在小学阶段，但却显见于初中学段，从案例学校变革的成效中也可以看出有升学压力的九年一贯制学校与不存在升学压力的小学相比，很明显前者的升学压力挤压了实践主体的能动空间，因此，对于初中阶段而言，乡村学校的在地化变革如何在考试制度下生存、实践、保持生命力并发挥效用是一个有待探讨的学术命题。除此之外，本书对乡村教育在地化实践之于教育质量提升的贡献是通过深描三所案例学校的方式呈现的，并没有太多理论层面的论述，之所以如此处理，一方面是想通过具象化的方式来呈现乡村学校的生态、教师及学生精神风貌的现实样态以供读者判断和思考；另一方面也是有意绕开了将教育质量定义为学业成绩，很显然如若详细讨论三所学校学业成绩方面的表现，案例研究是无法提供有力证据的，而是需要通过一系列量化分析，控制影响学校变革的其他变量，对在地化实践与学业成绩之间的关系进行相关分析，而这并不在研究所关注的范畴之内。但这绝不是避重就轻，也无意为没有提供更具丰富性的教育质量论证寻找借口。本书通过对三所案例学校的挖掘和解释更多意在提供对乡村教育质量治理的批判性思考。从案例学校变革的过程和结果可以看到，乡村学校的在地化实践提振了实践主体的办学自信和学校的社会评价及信任，但若想乡村教育在地化变革发挥根本性效用，乡村学校办学自信的复归、乡村儿童非智力因素的发展仅是教育质量提升的前阶表现，持之以恒的深化实践才是避免跌入"虚假繁荣"陷阱的务实之举，进一步关注学生的智力因素和非智力因素相结合的教育设计将是升华乡村教育在地化变革实践内涵以全面提升乡村教育质量的关键技术。同时透过乡村学校的在地化变革实践，我们体会、感受到了更加包容、内涵更加丰富的教育质量定义，以及乡村教育质量治理的实践逻辑：新时代构建更加公平、更高质量的乡村教育需要跳出机械的"投入—产出"式质量改进逻辑，超越"唯成绩论"的狭隘视域，在实践顺序上，应优先关注如何激活乡村学校的办学自信和活力，激发校长、教师群体作为实践主体的积极性，回归教育的本体目的，以生为本，关注儿童智力因素与非智力因素的协调发展，赋以教育质量以更加丰富的内涵定义，既是转换变革思路推进乡村学校质量提升的创新路径，更是新时代提升义务教育学段乡村教育质量的核心要义。

最后想说的是，且不论乡村教育在地化实践能否算作乡村教育未来走向的前期探索，但实践的过程告诉我们，乡村学校发展的可能是掌握在基层教育实践主体手中的，教育实践主体的积极行动作为在地化变革的关键提供了一条宝贵经验，即乡村教育是一门"做的哲学"，教育实践者的积极、务实并持之以恒的努力才是更新乡村教育面貌、提升乡村教育质量的核心力量。换言之，国家之于乡村教育发展的顶层设计与资源支持固然重要，但需要同步激活基层教育执政者与实践者的主体自觉、行动自信与教育坚持，释放其能量与智慧，乡村教育才有了最坚实的发展力量。

参考文献

一　中文文献

（一）著作类

陈守林：《新中国教育大事纪略》，吉林大学出版社1990年版。
褚洪启：《杜威教育思想引论》，湖南教育出版社1998年版。
费孝通：《江村经济》，戴可景译，北京大学出版社2012年版。
费孝通：《乡土中国·生育制度·乡土重建》，商务印书馆2015年版。
贡华南：《知识与存在：对中国近现代知识论的存在论考察》，学林出版社2004年版。
郭秉文：《中国教育制度沿革史》，商务印书馆2016年版。
郭人全：《农村教育》，黎明书局1932年版。
何东昌主编：《中华人民共和国重要教育文献（1976—1990）》，海南出版社1998年版。
何帆：《变量——看见中国社会小趋势》，中信出版社2019年版。
蒋纯焦：《中国私塾史》，山西教育出版社2017年版。
李少元：《农村教育论》，江苏教育出版社1996年版。
李书磊：《村落中的"国家"——文化变迁中的乡村学校》，浙江人民出版社1999年版。
李子平：《农村小学教育》，察哈尔文教社1950年版。
联合国教科文组织编：《反思教育：向"全球共同利益"的理念转变?》，联合国教科文组织总部中文科译，教育科学出版社2017年版。
梁漱溟：《乡村建设理论》，商务印书馆2015年版。
林金藻：《中国农村教育之研究》，正中书社1953年版。

刘淑兰:《学校与社区的互动》,四川教育出版社2003年版。

刘铁芳:《乡土的逃离与回归:乡村教育的人文重建》,福建教育出版社2008年版。

吕达、周满生:《当代外国教育著名文献》(美国卷·第四册),人民教育出版社2004年版。

马培芳、马晓晴:《教育为农村发展服务》,甘肃教育出版社2003年版。

司洪昌:《嵌入村庄的学校——仁村教育的历史人类学探究》,教育科学出版社2009年版。

陶行知:《中国教育改造》,商务印书馆2016年版。

王慧:《中国当代农村教育史论》,光明日报出版社2014年版。

翁乃群:《村落视野下的农村教育:以西南四村为例》,社会科学文献出版社2009年版。

邬志辉、秦玉友主编:《中国农村教育发展报告2011》,北京师范大学出版社2012年版。

夏铸九:《空间的文化形式与社会理论读本》,明文书局股份有限公司1988年版。

徐建平:《学校:在政府、市场与社会之间——现代学校制度的理论探索及启示》,教育科学出版社2011年版。

晏阳初:《平民教育与乡村建设运动》,商务印书馆2014年版。

杨学为:《高考文献》(下),高等教育出版社2003年版。

叶柏林、陈志田:《标准化》,中国科学技术出版社1988年版。

游心超:《农村教育综合改革的理论与实践》,北京理工大学出版社1992年版。

袁朴:《标准化纵横谈》,印刷工业出版社1993年版。

张东荪:《科学与哲学》,商务印书馆1999年版。

张济州:《文化视野下的村落、学校与国家——一个地方社区基础教育变迁的历史人类型考察》,教育科学出版社2011年版。

赵家骥、杨东:《农村教育的困境与出路》,四川教育出版社1994年版。

赵清福:《农村基础教育功能拓展的理论与实践》,哈尔滨地图出版社2007年版。

中共中央马克思恩格斯列宁斯大林著作编译局编译:《马克思恩格斯全集》(第二卷),人民出版社1957年版。

中共中央马克思恩格斯列宁斯大林著作编译局编译：《马克思恩格斯全集》（第四十六卷），人民出版社 1979 年版。

朱铁臻：《城市现代化研究》，红旗出版社 2002 年版。

［丹］克努兹·伊列雷斯：《我们如何学习：全视角学习理论》，孙玫璐译，教育科学出版社 2017 年版。

［德］斐迪南·滕尼斯：《共同体与社会——纯粹社会学的基本概念》，林荣远译，商务印书馆 1999 年版。

［德］杰拉德·德兰蒂：《现代性与后现代性：知识、权力与自我》，李瑞华译，商务印书馆 2015 年版。

［加］迈克尔·富兰：《变革的力量——透视教育改革》，中央教育科学研究所等译，教育科学出版社 2000 年版。

［加］迈克尔·富兰：《教育变革的新意义》，赵中建等译，教育科学出版社 2005 年版。

［美］埃里克·哈努谢克、［德］卢德格尔·沃斯曼因：《国家的知识资本：教育与经济增长》，银温泉等译，中信出版社 2017 年版。

［美］查尔斯·M. 赖格卢特、詹妮弗·R. 卡诺普：《重塑学校——吹响破冰的号角》，方向译，福建教育出版社 2015 年版。

［美］查尔斯·霍顿·库利：《社会过程》，洪小良等译，华夏出版社 2000 年版。

［美］段义孚：《空间与地方：经验的视角》，王志标译，中国人民大学出版社 2018 年版。

［美］段义孚：《恋地情结》，志丞等译，商务印书馆 2018 年版。

［美］肯尼思·J. 格根：《关系性存在：超越自我与共同体》，杨莉萍译，上海教育出版社 2017 年版。

［美］理查德·F. 埃尔莫尔主编：《二十位教育先行者对教育改革的反思》张建惠译，商务印书馆 2017 年版。

［美］罗伯特·K. 殷：《案例研究：设计与方法》，周海涛等译，重庆大学出版社 2012 年版。

［美］罗伯特·K. 殷：《案例研究方法的应用》，周海涛等译，重庆大学出版社 2014 年版。

［美］纳西姆·尼古拉斯·塔勒布：《反脆弱：从不确定性中获益》，雨珂译，中信出版社 2018 年版。

［美］乔伊斯·L. 爱泼斯坦等：《大教育：学校、家庭与社区合作体系》，曹骏骥译，黑龙江教育出版社 2016 年版。

［美］沃尔特·范伯格、乔纳斯 F. 索尔蒂斯：《学校与社会》，李奇等译，教育科学出版社 2006 年版。

［美］约翰·杜威：《我们怎样思维·经验与教育》，姜文闵译，人民教育出版社 2016 年版。

［美］约翰·杜威：《学校与社会·明日之学校》，赵祥麟等译，人民教育出版社 2018 年版。

［美］詹姆斯·C. 斯科特：《国家的视角：那些试图改善人类状况的项目是如何失败的》，王晓毅译，社会科学文献出版社 2004 年版。

［日］古川光、田中宏：《标准化》，李自卫等译，中国标准出版社 1984 年版。

［日］新堀通也等：《社会教育学》，张惠才等译，春秋出版社 1989 年版。

［瑞］裴斯泰洛齐：《裴斯泰洛齐教育论著选》，夏之莲等译，人民教育出版社 2017 年版。

［苏］苏霍姆林斯基：《给教师的建议》（下册），杜殿坤译，教育科学出版社 1981 年版。

［英］安东尼·吉登斯：《现代性的反思》，田禾译，译林出版社 2011 年版。

［英］怀特海：《教育的目的》，庄莲平等译，文汇出版社 2017 年版。

［英］凯西·卡麦兹：《建构扎根理论：质性研究实践指南》，边国英译，重庆大学出版社 2016 年版。

［英］刘易斯·科恩、劳伦斯·马尼恩、基思·莫里森：《教育研究方法》（上册），程亮等译，华东师范大学出版社 2015 年版。

（二）论文类

鲍传友：《论现代视阈中的农村基础教育取向》，《教育理论与实践》2005 年第 3 期。

蔡妤荻、张芳霖：《人类历史最早的标准化活动探源》，《江西社会科学》2017 年第 4 期。

蔡志良、孔令新：《撤点并校运动背景下乡村教育的困境与出路》，《清华大学教育研究》2014 年第 2 期。

曹长德、汪洋：《"村小去留"：乡村教育之困与政策选择》，《教育发展研究》2017 年第 6 期。

曹海林：《乡村社会变迁中的村落公共空间——以苏北窑村为例考察村庄秩序重构的一项经验研究》，《中国农村观察》2005 年第 6 期。

车丽娜、徐继存：《民办教师及其对乡村社会的影响》，《教育研究与实验》2014 年第 5 期。

陈浩然：《西方文论关键词：地方》，《外国文学》2017 年第 5 期。

陈红梅、田媛陈：《影响学校与社区互动的因素分析——基于湖北省武汉市的调查》，《中国教育学刊》2012 年第 7 期。

陈敬朴：《农村教育概念的探讨》，《教育理论与实践》1999 年第 11 期。

陈敬朴：《中国农村教育观的变革》，《东北师大学报》（哲学社会科学版）2001 年第 4 期。

程斯辉：《把农村学校建成农村社区的中心》，《教育理论与实践》2006 年第 11 期。

董慧：《理解空间的三条批判性路径》，《马克思主义与现实》2013 年第 5 期。

杜育红：《农村教育：内涵界定及其发展趋势》，《华南师范大学学报》（社会科学版）2013 年第 1 期。

杜育红、杨小敏：《乡村振兴：作为战略支撑的乡村教育及其发展路径》，《华南师范大学学报》（社会科学版）2018 年第 2 期。

凡勇昆、邬志辉：《社会转型背景下农村教育发展新走向》，《中国教育学刊》，2014 年第 5 期。

冯青来：《乡村教育方向之我见》，《教育发展研究》2009 年第 Z2 期。

高书国：《重估乡村教育价值，走出中国特色现代乡村教育之路》，《人民教育》2018 年第 17 期。

高水红：《乡村学校教育变迁与时空意识的变革》，《北京大学教育评论》2012 年第 4 期。

高小强：《乡村社会的教育规范：批判与重建》，《华东师范大学学报》（教育科学版）2012 年第 2 期。

葛孝亿：《创建"社区中的学校"：加拿大阿尔伯塔省 AISI 计划的实践与启示》，《外国教育研究》2014 年第 1 期。

葛新斌：《农村教育：现代化的弃儿及其前景》，《教育理论与实践》，

2003年第23期。

郭法奇、郑坚、吴婵：《学校演进的逻辑及发展趋势》，《教育研究》，2017年第2期。

郝锦花、王先明：《论20世纪初叶中国乡间私塾的文化地位》，《浙江大学学报》（人文社会科学版）2005年第1期。

贺雪峰：《谁的乡村建设——乡村振兴战略的实施前提》，《探索与争鸣》2017年第12期。

洪如玉：《教育新思维：地方教育与地方感》，《北京教育》（普教版）2017年第9期。

胡大平：《哲学与"空间转向"——通往地方生产的知识》，《哲学研究》2018年第10期。

胡俊生：《农村教育城镇化：动因、目标及策略探讨》，《教育研究》2010年第2期。

黄金来：《再论农村基础教育的方向——对一种错误观点的澄清》，《教育发展研究》2007年第9期。

姜乃强：《走进"新学校"看未来教育的模样》，《教育家》2017第47期。

蒋纯焦：《从私塾到学校：中国基础教育机构现代转型的史与思》，《华东师范大学学报》（教育科学版）2015年第2期。

蒋纯焦：《论近现代中国教育转型对传统私塾的改造》，《河北师范大学学报》（教育科学版）2011年第5期。

金志峰、吕武：《我国农村教师补充政策：变迁、困境及路径选择》，《学习与探索》2017年第9期。

柯政：《改革开放40年教材制度改革的成就与挑战》，《中国教育学刊》2018年第6期。

柯政：《课程改革与农村学生的学业成功机会——基于A市八年中考数据的分析》，《教育研究》2016年第10期。

李春玲：《教育不平等的年代变化趋势（1940—2010）——对城乡教育机会不平等的再考察》，《社会学研究》2014年第2期。

李红婷、李红强：《乡村学校与社区关系的人类学考察——以湖南大金村为例》，《湖南师范大学教育科学学报》2010年第5期。

李鹏、朱德全：《义务教育学校标准化建设：进程、问题与反思——基于2010年—2014年全国义务教育办学条件数据的测度分析》，《清华大学教育研究》2016 年第 1 期。

李少元：《城镇化的挑战与农村教育决策的应对》，《东北师大学报》（哲学社会科学版）2003 年第 1 期。

李涛：《中国乡村教育发展路向的理论难题》，《探索与争鸣》2016 年第 5 期。

李泽鹏：《哥伦比亚的新型学校》，《课程·教材·教法》1997 年第 11 期。

廖其发：《多元一体：中国农村教育的价值取向》，《中国农业大学学报》（社会科学版）2015 年第 1 期。

刘晶波、唐玉洁：《家庭教育理论的反思与革新——后喻文化的视角》，《江海学刊》2018 年第 4 期。

刘铁芳：《逃离与回归：乡土中国教育发展的两种精神路向》，《探索与争鸣》2009 年第 9 期。

刘铁芳：《乡村教育的人文重建：起点与路径》，《湖南师范大学教育科学学报》2008 年第 5 期。

刘云杉：《"悬浮的孤岛"及其突围——再认识中国乡村教育》，《苏州大学学报》（教育科学版）2014 年第 2 期。

柳海民：《农村基础教育发展的拐点：由普及外延转向提升内涵》，《教育研究》2008 年第 3 期。

柳夕浪：《走向整体的人：核心素养的整合意义》，《中小学管理》2019 年第 4 期。

吕昭河：《二元中国解构与建构的几点认识——基于城市"中心"与乡村"外围"关系的解释》，《吉林大学社会科学学报》2007 年第 2 期。

马健生、邹维：《高考改革 40 年的经验和教训：历史与比较分析》，《西南大学学报》（社会科学版）2018 年第 5 期。

明庆华、程斯辉：《发展我国农村教育要处理好几个关系》，《中国教育学刊》2004 年第 10 期。

聂清德、董泽芳：《一个值得高度关注的问题：城镇化背景下乡村教育生态危机》，《教育研究与实验》2015 年第 5 期。

庞守兴：《农村教育到底为了谁——对当前发展农村教育两个误区的辨析》，《教育发展研究》2006 年第 8 期。

秦玉友：《新时期农村教育的取向选择》，《教育发展研究》2019 年第 6 期。

容中逵：《百年中国乡村学校教学变迁的历史轨迹——基于颐村学校教育变迁的历史人类学考察》，《华东师范大学学报》（教育科学版）2013第3期。

容中逵：《当代中国乡村教育发展的根柢问题及其解决思路》，《教育研究与实验》2010年第6期。

盛晓明：《地方性知识的构造》，《哲学研究》2000年第12期。

施克灿：《浅析日本的"学社融合"论》，《外国教育研究》2002年第9期。

苏力：《文化制度与国家构成——以"书同文"和"官话"为视角》，《中国社会科学》2013年第12期。

田正平、陈胜：《清末及民国时期乡村教育的困境及其调适》，《华中师范大学学报》（人文社会科学版）2008年第5期。

万明钢：《"文字上移"——渐行渐远的乡村教育》，《教育科学研究》2010年第7期。

汪明杰：《在地化教学：教育生态化转型的支点》，《世界教育信息》2018年第12期。

王红、邬志辉：《国外乡村教育生态转型的在地化实践》，《比较教育研究》2019年第9期。

王乐：《村落文化的传承与乡村学校的使命》，《湖南师范大学教育科学学报》2016年第6期。

韦颖：《以人为本：构建新型的农村教育目的论》，《云南师范大学学报》（哲学社会科学版）2006年第2期。

邬志辉：《乡村教育现代化三问》，《教育发展研究》2015年第1期。

邬志辉、杨卫安：《"离农"抑或"为农"——农村教育价值选择的悖论及消解》，《教育发展研究》2008年第Z1期。

吴康宁：《教育改革成功的基础》，《教育研究》2012年第1期。

熊建辉、臧日霞、杜晓敏：《迈向全纳、公平、有质量的教育和全民终身学习——〈教育2030行动框架〉之具体目标和指示性策略》，《世界教育信息》2016年第2期。

徐汉晖：《空间、地方感与恋地情结的文学抒写》，《湖北社会科学》，2017年第11期。

徐湘荷、谭春芳：《温德尔·拜瑞的乡村教育哲学》，《比较教育研究》

2009 年第 1 期。
徐湘荷、赵占强：《生态区域主义视野下的乡村教育哲学》，《外国教育研究》2009 年第 4 期。
杨启光：《重叠影响阈：美国学校与家庭伙伴关系的一种理论解释框架》，《外国教育研究》2006 年第 2 期。
杨卫安、邬志辉：《城镇化背景下中国农村教育发展的路向选择》，《社会科学战线》2015 年第 10 期。
杨小敏：《以教育优先发展为乡村振兴提供支撑》，《紫光阁》2018 年第 4 期。
姚松、高莉亚：《大规模兴建寄宿学校能更好促进农村学生发展吗?》，《教育与经济》2018 年第 4 期。
张乐天：《重新解读农村教育》，《教育发展研究》2003 年第 11 期。
周兴国：《农村学校改进问题与出路》，《中国教育学刊》2014 年第 5 期。
朱永新：《家校合作激活教育磁场——新教育实验"家校合作共育"的理论与实践》，《教育研究》2017 年第 11 期。
朱永新：《农村教育的方向是什么》，《教育科学研究》2008 年第 11 期。
樊涛：《民国时期农村学校教育制度变迁研究》，博士学位论文，东北师范大学，2014 年。
黄大金：《中国乡村社区治理研究》，博士学位论文，湖南农业大学，2010 年。
李红婷：《无根的社区·悬置的学校》，博士学位论文，中央民族大学，2010 年。
刘洋：《中国农村社区教育研究》，博士学位论文，西北农林科技大学，2003 年。
马蔷：《互联网平台企业竞合战略选择的多案例研究》，博士学位论文，吉林大学，2017 年。
徐光：《组织即兴诱发机理研究》，博士学位论文，哈尔滨工业大学，2013 年。
许远旺：《规划性变迁：机制与限度》，博士学位论文，华中师范大学，2010 年。
张文静：《农村社区建设进程中农民主体性缺失与建构研究》，博士学位论文，华中师范大学，2013 年。
刘磊：《让农村教育反哺农村发展——四川省蒲江县推进现代田园教育采

访纪行》,《中国教育报》2013年10月28日第01版。

张平原:《范家小学是农村教育的乌托邦?》,《中国青年报》2019年3月25日第005版。

(三) 报纸网站类

缙云局非遗办:《缙云长坑小学举办婺剧进校园活动》,http://www.zjfeiyi.cn/news/detail/31-1664.html。

李海峥:《2018 中国人力资本报告:人力资本四十年增长九倍》,https://edu.sina.cn。

中共中央、国务院:《中国教育现代化2035》,http://www.gov.cn。

中华人民共和国教育部:《2018年教育统计数据》,http://www.moe.gov.cn。

中华人民共和国教育部:《2018年全国义务教育均衡发展督导评估工作报告》,http://www.moe.gov.cn。

中华人民共和国教育部:《绘制新时代加快推进教育现代化建设教育强国的宏伟蓝图——教育部负责人就〈中国教育现代化2035〉和〈加快推进教育现代化实施方案(2018—2022年)〉答记者问》,http://www.moe.gov.cn。

中华人民共和国教育部:《中小学综合实践活动课程指导纲要》,教材〔2017〕4号。

中华人民共和国外交部:《变革我们的世界:2030年可持续发展议程》,https://www.fmprc.gov.cn/。

中华人民共和国外交部:《中方发布〈中国落实2030年可持续发展议程国别方案〉》,https://www.fmprc.gov.cn/web/zyxw/W020161012709956344295.pdf。

二 英文文献

Alethea H. W, "Rural Education" *The Journal of Negro Education*, Vol. 10, No. 1, 1941.

Avestter, I., Bakker, C., "From Location and (Non-) Place to Place Attachment and Sense of Place: An Exploration of Imagination as the Key to Transform Spaces into Places" *Religion & Education*, Vol. 44, No. 3, 2017.

Bertling, J. G., "Non-Place and the Future of Place-based Education", *Environmental Education Research*, Vol. 24, No. 11, 2018.

Bonnie L. S., "A case study of three mothers' experiences in the Alberta Initiative for School Improvement: Having a voice versus getting a hearing", *Leadership in Education*, Vol. 8, No. 2, 2005.

Bonnie L. S., "Unlocking the Schoolhouse Doors: Institutional Constraints on Parent and Community Involvement in a School Improvement Initiative" *Canadian Journal of Educational Administration and policy*, No. 6, 2004.

Brook, J., "Placed-Based Music Education: A Case Study of a Rural Canadian School" *Action, Criticism & Theory for Music Education*, Vol. 15, No. 4, 2016.

Corbett, M. J., "Standardized individuality: cosmopolitanism and educational decision-making in an Atlantic Canadian rural community" *Compare: A Journal of Comparative and International Education*, Vol. 40, No. 2, 2010.

Cruz, A. R., Selby, S. T., Durham, W. H., "Place-based Education for Environmental Behavior: a 'Funds of Knowledge' and Social Capital Approach", *Environmental Education*, Vol. 24, No. 5, 2018.

Cuervo, H., "Problematizing the Relationship Between Rural Small Schools and Communities: Implications for Youth Lives" *Alberta Journal of Educational Research*, Vol. 60, No. 4, 2014.

Dawn C. W., Laura R., "Educational Prioroties and Capacity: A Rural Perspective" *Canadian Journal of Education*, No. 3, 2008.

Deringer, S. A., "Mindful Place-based Education: Mapping the Literature" *Journal of Experiential Education*, Vol. 40, No. 4, 2017.

Evans, R. T., Kilinç, E., "History of Place-based Education in the Social Studies Field" *Journal of Social Sciences/Sosyal Bilimler Dergisi*, Vol. 6, No. 14, 2013.

Gene F. S., "Rural Community Development" *Annual Review of Sociology*, No. 12, 1986.

Green, B., "Australian Education And Rural-Regional Sustainability", *Australian and International Journal of Rural Education*, Vol. 25, No. 3, 2015.

Gruenewald, D. A., "The best of both worlds: A critical pedagogy of place"

Environmental Education Research, Vol. 14, No. 3, 2008.

Hanifan. L. J., "The Rural School Community Center" *The Annals of the American Academy of Political and Social Science*, No. 67, 1916.

Jeynes, W. H., "The Relationship Between Parental Involvement and Urban Secondary Student Academic Achievement: a Meta-Analysis" *Urban Education*, Vol. 42, No. 1, 2007.

Lewicki, J. "100 Days of Learning In Place: How a Small School Utilized "Place-based" Learning to Master State Academic Standards", https://Files. Eric. Ed. Gov/Fulltext/ Ed459023. Pdf.

Lúclo, J., Ferreira, F., "Rural Schools and Local Development in Portugal: Rehabilitation, Participation and Socio-educational Innovation" *Australian and International Journal of Rural Education*, Vol. 27, No. 2, 2017.

Maurice F. S., "Community Schools as Rural Centers" *The Phi Delta Kappan*, Vol. 36, No. 1, 1954.

Mcinerney, P., Smyth, J., Down, B., "Coming to a Place Near You?"

Michael Corbett., "Toward a Geography of Rural Education in Canada", *Canadian Journal of Education*, No. 3, 2014.

Smith G, A., "Place-based Education: Learning to Be Where We Are", *Phi Delta Kappan*, Vol. 83, No. 8, 2002.

Sobel, D., "Beyond Ecophobia: Reclaiming the Heart in Nature Education" *Nature Study*, No. 49, 1999.

The Politics and Possibilities of a Critical Pedagogy of Place-based Education" *Asia-Pacific Journal of Teacher Education*, Vol. 39, No. 1, 2011.

The Rural School and Community Trust. "The Rural School and Community Trust Annual Report 2001", https://files. eric. ed. gov/fulltext/ED459032. pdf.

Wikipedia. "Foxfire (magazine)", https://en. wikipedia. org.

Wikipedia. "Rural School and Community Trust", https://en. wikipedia. org/wiki/Rural_ School_ and_ Community_ Trust.

附　　录

附录1　校长访谈提纲

1. 请您介绍一下贵校当前的整体状况
　　·学校建校时间及历史；
　　·在校生的整体情况（在校生总量、本地生源数量、学生流动情况、寄宿生情况、留守儿童情况、学生家庭背景、学生学业成绩等）；
　　·教师队伍构成及来源情况；
　　·学校课程结构及开设情况；
　　·学校硬件的历史情况和当前面貌；
　　·学校文化及办学理念、学校管理制度以及学校获奖情况等。
2. 请您介绍一下贵校借助地方资源推进学校变革的整体历程
　　·什么时间？什么原因？什么人？在学校面临什么样的处境下开始推进学校变革的？
　　·贵校变革是以什么为切入点着手推进的？起初的出发点和教育设想是什么？
　　·贵校变革实践的具体做法有哪些？经过了哪些变化？
　　·您觉得促进贵校变革成功的必要性条件有哪些？其中最核心的要素是什么？
　　·您觉得贵校在变革前后都发生了哪些变化？学生的学习状态和精神面貌有哪些改变？教师的工作状态和精神面貌有什么变化？
　　·贵校在变革实践中是如何激励教师行动的？
　　·贵校在变革实践中是如何处理家长和社区的介入的？

・您觉得贵校变革成功的自身优势有哪些？地方优势有哪些？

・在您推进学校变革过程中，您最深的感受是什么？

3. 请您谈谈您对乡村学校发展的总体评价

・您觉得当前农村学校面临的最紧迫问题是什么？提升农村教育质量的关键是什么？乡村学校发展的核心角色和关键项又是什么？

・您觉得乡村儿童发展的关键是什么？或者说应该关注乡村儿童的哪些方面？培养什么样的儿童？

・您如何定位学校、家长和社区之间的关系？

・如若其他乡村学校效仿贵校的改革措施，您觉得是否可行？您有哪些推荐性做法？有哪些风险顾虑？

4. 如果请您以一种比喻的方式来形容您变革前后的学校、教师、同事、家长、学生以及您的工作，您觉得会是什么？

附录2　教师访谈提纲

1. 请简要介绍一下您的基本情况

・自然情况：年龄、教龄、在该校任职时间；

・专业情况：任教科目、周课时量、职称、所学专业、毕业院校、学历、培训情况等；

・生活情况：婚姻情况、子女情况、是否是本地人。

2. 请您谈谈您对贵校所推进变革的看法

・您觉得促使您参与学校变革的动力是什么？

・您是如何进行（项目式学习、艺术教育、茶艺）课程的组织和实施的？有哪些心得？

・您在参与学校变革中的学习途径有哪些？

・您有哪些与同事合作组织和设计课程及教学的经验？

・您觉得在学校变革实践中最大的收获是什么？遇到的困难有哪些？（包括课程实施；家校互动；生活和工作协调；专业学习等方面）

・您觉得学生在课程学习中最大的变化是什么？（课堂表现；精神面貌；学业成绩；师生、生生交往等方面）。

3. 请您谈谈您在本校任职的感受

・您喜欢当前的学校氛围吗？为什么？

· 您喜欢当前学校的教育理念吗？为什么？

· 能简单形容一下您眼中的校长、同事、学生是什么样的吗？

4. 如果请您以一种比喻的方式来形容您的学校、校长、同事、家长、学生以及您的工作，您觉得会是什么？

索　引

B

标准化　20,29,43,58-63,66-83,
　　86,89,113,192,202,232,233,
　　237,256,258,259

C

城市教育　6,23,38,72,74,79,82,
　　88,242,244

城市偏向　75,77,78,80,82,83,86,
　　88,228,259

D

地方　7,11,13,15,16,19-24,26,
　　27,29,31,33,37-41,43,47,48,
　　56,59,61,65-67,76-78,81,
　　85,87,88,90-93,95-106,
　　108-114,117,119,128-131,
　　141,143,156,160,163,167,
　　169-171,178,179,181-183,
　　185,187-190,192-194,198-
　　203,205-211,213-215,218,
　　219,221,223-227,229-231,
　　233,235-239,241,243-254,
　　256-259

地方性知识　13,22,23,38,78,89,
　　102-105,139

G

工业文明　58-60,62,63,75,76,86,
　　88

K

可持续发展　2-4,18,20,21,83,84,
　　112,113,245,246

跨案例研究　45,46,50-52

Q

亲切经验　98,99,101,114

S

私塾　23,25,58,64-68,70,73,74,
　　80,256

X

现代化　1,2,4-6,9,12,16-18,20,
　　23-25,34,42,43,58,61-63,
　　74-78,80,82,83,86,87,96,
　　201,202,236,241,250,256,258

现代教育　1,4,24,63,66,75,79,86,
　　192

现代性　8,22,24,25,58,77,81,85,
　　94,96,97

现代学校　1,4,22-25,38,58,59,

62,63,70,74,75,78-81,84,86,88,108,112,256

乡村教育　1-20,22,24,25,31-36,38-51,55-59,63,66-75,78-83,85-89,95,96,100,113,116,125,153,164,167,168,172,202,215-217,221,222,225-238,241-261

新式学堂　63,66,67

Z

在地化变革　7-11,42,43,45-52,54,56,57,115,128,129,135,138,139,143,144,150-155,167,168,179,185-190,198,201-203,205-208,213-217,221-234,236,237,241-261

在地化教育　7,13,20,21,26-29,33,38-40,50,138,139,169,170,178,188,200,201,239,240,249,258

知识资本　3,4,56,227,236,254,258

后　　记

　　中国的教育现代化亟须给出乡村教育改革与发展的实践方案，这是在教育作为社会公正调节器时代里乡村社会最大的公共福祉。近百年来，民国时期涌现出来的乡村教育实验，中华人民共和国成立后"教育向工农开门"的政治承诺以及"普及义务教育"的国家担当……现代化建设的前半程中已经给出了乡村教育发展的答案，但在新开启的百年征程中，如何应对乡村教育陷入衰危的现实窘境，回应乡村社会对乡村教育低质量的发难，缺乏充分的证据和高度的共识。

　　管理者和研究者对乡村教育能否存续，以及未来朝什么方向发展的焦虑带来了乡村教育"进城"与"留守""离农"与"为农"的价值分歧。相较之下，近些年悄然在实践中兴起的在地化变革小趋势似乎让人看到了希望和惊喜。将新兴实践作为一个新的学术生长点并展开深入系统研究以助力乡村教育发展，对于以乡村教育为业的研究者而言既是幸运的，又责无旁贷。其实提到"在地化"，相信很多深耕乡村教育研究的学者会自然联想到寄希望于"乡土""社区"来改善乡村教育的理论倡导，但与此同时也就难以绕开一部分研究者对乡村教育在地化会不会导致乡村教育乡村化的质疑了。之所以会存在这般质疑，很大程度上是把"在地化"当作一种与城市教育分庭抗礼、构建乡村教育独立王国的发展策略来理解而造成的。但很显然，实践已经证明了这是对"在地化"的误读。事实上，乡村学校并没有因为在地化的教育形式或者是教育内容而放弃现代知识的学习，乡土知识的创造性转化与再生产是科学世界与生活世界碰撞下产生的，这种知识上的融合不仅不是对立、保守的自以为是，相反，对乡村之美的教育展示迎来的是外界的好奇和参访，乡村空间因为教育的阐释得以延展。因此，实践中的乡村教育在地化所表现出来的是一种融合思维，而不是复归传统的狭隘对立思维。另外，对乡村教育在地化陷入乡村化的担忧忽略了两个基本前提：其一，对乡村空间的认识不能仅仅停留在生产生活空间上，乡村空间更是一种生态空间、文化空间。作为一种生态空间，乡村空间里蕴藏的科学智慧是等待被发现和探索的，作为一种文化空间，对于中国一个有着悠久农业文明积淀的国家来说，难道不应赋予其教育的合法性吗？在这里，比起担忧在地化会不会沦为乡村化，也许我们更应该反问的是，乡村作为一种多维度的空间也好，作为一种文明形态也好，难道不应该在现代化进程中得到承认吗？为什么现代化进程里仅接受其生产生活功能却不能为其知识及文化的合法性明证？难道中国的教育现代化不应该承担起传承并解释乡村的责任吗？仅让乡村学校承担此责任才是更大的认识误区。其二，对乡村空间的认识不能是静止的观点。现代性的繁荣已经撬动了原本封闭保守的乡村，今时今日的乡村早已不再是印象中的传统乡村，而是深嵌于时代与社会的变革发展中，现代性的流动性带来的空间压缩以及赛博时代的来临极大程度提高了乡村空间的开放性，乡村空间已经不知不觉染上了现代性的颜色。乡村教育在地化所依托的是已经沾染了现代性的乡村，而不再是传统认识中的乡村。在现代性大流行的当下，试问还有多少乡村空间可以独自前行？反而乡村在现代性大潮中尚存的空间差异性倒显得独具一格，珍贵得很。综上，很显然，对乡村教育在地化会陷入乡村化的质疑明显是多虑了，现代性的肆虐留给乡村教育在地化的实践空间是有限的，这种在地化仅仅是部分的在地化，是无法剥离时代底色的在地化，因此无论是从在地化的实践基础上还是实践策略上来看，乡村教育在地化都不是与城市教育的对抗赛，而是发现乡村、挖掘乡村空间教育能产性的过程，对乡村教育在地化落入"乡村化"窠臼的担忧大可不必。

　　回到理论上，对乡村教育在地化的理解可以链接到西方国家关于在地化教育的学术呼吁和乡村实践。"在地化教育"起始于全球化时代教育重建地方、重建人地关系的责任，以期通过户外学习、项目学习、服务学习等方式促进学校、儿童和社区福祉的共同进步。可以说，在地化教育的提倡不仅是教育理念的更新，更像是一个教育理想的延续。无论是从理论层面还是实践层面来看，古今中外相似的教育理想并不鲜见，像杜威、像陶行知……那么如果从教育理念或者更高维度的教育理想层面来看的话，在乡村学校开展在地化教育无疑是前沿的、先进的。然而，这就又牵扯出来两个现实问题：一方面，历史上类似的教育实验并没有收到理想的效果，确切地说尚未有成功落地并得以广泛展开的实践，依此来看，当前的乡村教育在地化实践会不会仅是普遍大萧条下的短暂安慰？会不会是仅在一时内迎合了研究者审美的虚假繁荣？会不会如既有的乡村学校般，红极一时然后销声匿迹？另一方面，符合受教育者的利益诉求是教育理念落地的重要一维。在当前学历依旧是个体社会参与重要符号资本的时代里，在地化教育怎样处理其面临的效率困境和成绩风险以满足乡村儿童接受教育的功利性诉求，决定了乡村教育在地化实践的空间及生命力。由此来看，乡村教育在地化又是冒险的、充满挑战的。

乡村教育不是一块试验田，乡村儿童经不起折腾，无论是研究者还是实践者都需要为乡村儿童获得更加公平的教育竞争机会负责，推进乡村教育在地化实践并不是乡村儿童竞争失利的替补方案，相反是要更好地为提升乡村教育质量负责的表现。这既是一个严肃的发展命题，也是一个十分复杂的现实问题。乡村教育在地化其内在的质量内涵和质量逻辑是什么，该如何调和效率和质量之间的矛盾，处理教育理想与竞争需要之间的排斥，深耕实践提供现实解决方案固然重要，但更重要的在哲学层面对乡村教育在地化给予价值确认。也就是说，乡村教育在地化的未来首先是价值问题，其次才是方法问题。对乡村教育在地化价值的承认即是对乡村空间教育价值的承认和对乡村教育空间价值的确定，而对以上价值的确认其本质是要对中国现代化进程中乡村所附带的文化及知识在时间和空间向度上延展的合法性以及学校教育的乡村意识与责任作出回应，以从根本上回答乡村教育在地化现代化的本体价值及其发展未来的问题。然而这又开启了另外一个庞大的研究话题，需要更多关心乡村教育的研究者和实践者共同努力来完成。

这样看下来，一本二十万字的著作所能回应的问题是十分有限的，疏漏与浅薄在所难免，希望在更多前辈和同仁的批评和指导下进一步精进。书稿是对博士学位论文的简单修饰，得以完成受益于导师邬志辉教授的指导与帮助。之于我而言，整个写作过程是一次曲折且美丽的相遇！当我处在写作的迷茫、困顿中，像一只被关进四周封闭暗箱的"小蚂蚁"，找寻方向而不得法时，是老师一次又一次不厌其烦地坐在对面听我说，并毫不吝惜地讲出他的想法和思考，包容我的执拗，纠正我偏狭的研究思路，劳心又劳力地帮我调整写作框架、行文逻辑以及句法修辞，才让这篇文章渐渐有了灵魂、有了血肉。从硕士阶段起六年的研究生时光，老师不仅是我的学术领路人，更是照在我研究生涯中的一束光，他的学术视野、学术志趣、学术情怀、学术坚守、学术成就潜移默化地感染着我，感动着我，这不是简单的感谢之词所能表达的，更多的是感恩！此外，书稿在审稿、答辩的过程中得到了来自不同专家的建议，切中肯綮的评价与批评对于后期的修改和进一步深入研究帮助不小，在此表示敬意与感谢！

  至于我，文章写作的过程不仅仅是研究能力训练的过程，更像是对我这个"土生土长"乡村孩子的精神救赎，写作过程中浸润在对"乡村""乡村教育"本体的思考中，体悟着研究者们温暖而又有力量的文字，感受着研究者们对乡村教育的那份执着和坚定，看着翁乃群、钱理群、刘云杉、刘铁芳、李书磊、司洪昌、张济州、熊培云等人笔下的村庄，让我一次又一次想起自己儿时的那些同伴、生活了十几年的村庄以及至今还生活在那里的至亲和邻里们。那个滋养我生长的小村落不再是令人难以启齿、放在记忆角落里的"尘埃"，那份因"乡村"而失掉的自信似乎渐渐回来了。因而于我而言，这是一次美丽的相遇，研究的理性拯救了我那长久以来往返于城乡间惴惴不安的心灵。

2021 年 9 月 1 日于武汉家中

本书系"华中科技大学文科学术著作出版基金资助",教育部人文社会科学重点研究基地重大项目"中国农村教育发展基本类型与模型建构研究"(项目编号:18JJD880001)的阶段性研究成果。